I CONGRESSO DO CENTRO DE ARBITRAGEM DA CÂMARA DE COMÉRCIO E INDÚSTRIA PORTUGUESA
(CENTRO DE ARBITRAGEM COMERCIAL)

CENTRO DE ARBITRAGEM COMERCIAL

I CONGRESSO DO CENTRO DE ARBITRAGEM DA CÂMARA DE COMÉRCIO E INDÚSTRIA PORTUGUESA
(CENTRO DE ARBITRAGEM COMERCIAL)

INTERVENÇÕES

I CONGRESSO DO CENTRO DE ARBITRAGEM DA CÂMARA DE COMÉRCIO E INDÚSTRIA PORTUGUESA

COORDENADOR
ANTÓNIO VIEIRA DA SILVA

EDITOR
EDIÇÕES ALMEDINA, SA
Av. Fernão Magalhães, n.º 584, 5.º Andar
3000-174 Coimbra
Tel.: 239 851 904
Fax: 239 851 901
www.almedina.net
editora@almedina.net

PRÉ-IMPRESSÃO | IMPRESSÃO | ACABAMENTO
G.C. GRÁFICA DE COIMBRA, LDA.
Palheira – Assafarge
3001-453 Coimbra
producao@graficadecoimbra.pt

Junho, 2008

DEPÓSITO LEGAL
278991/08

Os dados e as opiniões inseridos na presente publicação são da exclusiva responsabilidade do(s) seu(s) autor(es).

Toda a reprodução desta obra, por fotocópia ou outro qualquer processo, sem prévia autorização escrita do Editor, é ilícita e passível de procedimento judicial contra o infractor.

Biblioteca Nacional de Portugal - Catalogação na Publicação

CONGRESSO DO CENTRO DE ARBITRAGEM DA CÂMARA DE COMÉRCIO E INDÚSTRIA PORTUGUESA, 1, LISBOA, 2007

I Congresso do Centro de Arbitragem da Câmara de Comércio e Indústria Portuguesa : intervenções / "I Congresso do Centro de Arbitragem..." ; [org.] Centro de Arbitragem Comercial, Associação Comercial de Lisboa
ISBN 978-972-40-3560-4

I - CENTRO DE ARBITRAGEM COMERCIAL
II - ASSOCIAÇÂO COMERCIAL DE LISBOA

CDU 347
      334
      346

I CONGRESSO DO CENTRO DE ARBITRAGEM DA CÂMARA DE COMÉRCIO E INDÚSTRIA PORTUGUESA
(CENTRO DE ARBITRAGEM COMERCIAL)
(15 e 16 de Junho de 2007 – Auditório da Culturgest, Lisboa)

1º Dia – 15 de Junho de 2007

Recepção
Abertura
- Dr. José Miguel Júdice
  Vice-Presidente da Associação Comercial de Lisboa – Câmara de Comércio e Indústria Portuguesa
- Dr. Rui Chancerelle de Machete
  Presidente do Centro de Arbitragem Comercial

1º Painel: Quadro normativo e a convenção de arbitragem
- Moderador: Prof. Doutor António Menezes Cordeiro
- **Balanço dos 20 anos de vigência da Lei 31/86: sua importância no desenvolvimento da arbitragem e necessidade de reforma:** Dr. Armindo Ribeiro Mendes
- **Portugal e as Convenções Internacionais em matéria de arbitragem:** Prof. Doutor Dário Moura Vicente
- **A convenção de arbitragem: conteúdo e efeitos:**
  Prof. Doutor Carlos Ferreira de Almeida

2º Painel: Tribunais judiciais e arbitragem
- Moderador: Prof. Doutor Germano Marques da Silva
- **Medidas cautelares decretadas em arbitragem: competências do tribunal arbitral e competências do tribunal judicial:** Prof. Doutor João Calvão da Silva
- **Intervenção do tribunal judicial na arbitragem: nomeação de árbitros e produção de prova:** Dr. João Raposo

3º Painel: A Decisão Arbitral: eficácia e impugnação
- Moderador: Prof. Doutor Manuel Henrique Mesquita
- **A execução em Portugal de decisões arbitrais nacionais e estrangeiras:** Profª Doutora Paula Costa e Silva
- **Recurso e anulação de decisão arbitral: admissibilidade, fundamentos e consequências:** Prof. Doutor Luís de Lima Pinheiro

2º Dia – 16 de Junho de 2007

4º Painel: Arbitragem no Direito Público
- Moderador: Dr. Miguel Galvão Teles
- **A tramitação do processo nos litígios sobre investimento estrangeiro em direito arbitral comparado:** Prof. Doutor José Manuel Sérvulo Correia
- **Arbitragem nas relações tributárias** Prof. Doutor Diogo Leite de Campos

ABERTURA

Na presente obra dão-se a conhecer as comunicações que tiveram lugar no I Congresso do Centro de Arbitragem da Câmara de Comércio e Indústria Portuguesa (Centro de Arbitragem Comercial), que se realizou nos dias 15 e 16 de Junho de 2007.

A realização daquele Congresso teve como desiderato dar-se início a um *forum* de debate de questões ligados à arbitragem – em particular, da arbitragem de natureza económica e comercial –, que possa contribuir, de forma eficaz e sustentada, para a realização da justiça pela sociedade civil.

E, para isso, não basta a realização do Congresso que se deseja com periodicidade anual; há que deixar memória das comunicações que foram feitas em cada um deles, por forma a que possam constituir referências no estudo, na divulgação e na implementação da arbitragem.

Eis o que se pretende com a publicação desta obra.

Rui Chancerelle de Machete

1º Painel
Quadro normativo e a convenção de arbitragem

Moderador: Prof. Doutor António Menezes Cordeiro

Balanço dos 20 anos de vigência da Lei 31/86: sua importância no desenvolvimento da arbitragem e necessidade de reforma
Dr. Armindo Ribeiro Mendes

Portugal e as Convenções Internacionais em matéria de arbitragem
Prof. Doutor Dário Moura Vicente

A convenção de arbitragem: conteúdo e efeitos
Prof. Doutor Carlos Ferreira de Almeida

BALANÇO DOS VINTE ANOS DE VIGÊNCIA DA LEI DE ARBITRAGEM VOLUNTÁRIA (LEI N.º 31/86, DE 29 DE AGOSTO): SUA IMPORTÂNCIA NO DESENVOLVIMENTO DA ARBITRAGEM E NECESSIDADE DE ALTERAÇÕES

Armindo Ribeiro Mendes

I – REGULAMENTAÇÃO TRADICIONAL DA ARBITRAGEM

1. A arbitragem voluntária é hoje considerada como um dos meios alternativos de resolução de litígios, por referência ao modo tradicional de resolução de controvérsias através de tribunais dos diferentes Estados.

Trata-se de uma forma de *resolução jurisdicional de litígios ou controvérsias* "em que, com base na vontade das partes, a decisão é confiada a terceiro (…). Para este efeito considera-se terceiro um *particular* distinto de qualquer das partes e que não actua como seu representante."[1]

A par da arbitragem voluntária, fala-se, entre nós e em diferentes doutrinas e legislações, de arbitragem *necessária* ou *forçada*, a qual, em vez de se basear na vontade das partes, é imposta por lei.

2. De um ponto de vista histórico, a arbitragem voluntária tem raízes antiquíssimas.

---

[1] Luís de Lima Pinheiro, *Arbitragem Transnacional – A Determinação do Estatuto da Arbitragem*, Coimbra, Almedina, 2005, pág. 26. O autor dá nota de que esta noção é próxima da preconizada por vários autores (Jarrosson; Pierre Lalive/Gaillard; Lalive/ /Poudret/Reymond; Bernardini).

Um comentador do nosso primeiro Código de Processo Civil, ALVES DE SÁ, considerava o tribunal arbitral como "forma de tribunal mais antiga" e forma "universal".[2]

Independentemente do rigor desta afirmação, existe com efeito notícia da existência no Portugal medieval de formas primitivas de arbitragem voluntária nos juízos dos "ricos homens e dos bons e honestos varões", conhecendo-se relatos dos tempos iniciais do Reino de Portugal, sendo certo que, nas Ordenações Afonsinas, o título 113 do livro 3.º reproduzia uma "lei" de Dom Dinis – na realidade, um extracto de um tratado de direito processual – que referia a prática de arbitragem voluntária através dos "juízes alvidros."

Nas Ordenações Manuelinas e, depois, nas Ordenações Filipinas mantém-se a regulamentação dos juízes alvidros. Como refere FRANCISCO CORTEZ, dos textos das três Ordenações "parece resultar que era antiga «uzança geral» no Reino de Portugal as partes de um litígio celebrarem um «compromisso» pelo qual submetiam o mesmo aos «Juízes Alvidros»" (afastando a jurisdição dos Juízes Ordinários») com a promessa de pagamento de uma soma, uma «pena», pela parte que «nam quizer eftar pelos Juízes Alvidros», ou seja, que não aceitar a sentença arbitral".[3]

Todavia, a arbitragem voluntária, tal como hoje a conhecemos, aparece regulada em termos "modernos" no período do Liberalismo.

A Revolução Francesa tornou popular a arbitragem voluntária como forma de os particulares entregarem a resolução dos seus litígios a outros cidadãos particulares, em vez de se sujeitarem aos juízes herdados do antigo Regime, tendo a arbitragem, enquanto instituição processual, tido consagração na Constituição francesa de 1791.

Inspirada neste renascimento da instituição, a Constituição portuguesa de 1822, no título dedicado ao Poder Judicial, previu que "nas causas cíveis e nas penais civilmente intentadas é permitido às partes nomear Juízes Árbitros, para as decidirem" (art. 194.º). A mesma solução se manteve na Carta Constitucional de 1826, a qual constitucionalizou a

---

[2] *Comentário ao Código de Processo Civil Português*, 2.º vol., Lisboa, Tipografia de C. A. Rodrigues, 1878, pág. 108, transcrito em Francisco Cortez, A *Arbitragem Voluntária em Portugal – Dos «ricos homens» aos tribunais privados*, in "O Direito", ano 124.º, 1992, III, pág. 371.

[3] *Estudo* cit, *revista* cit., pág. 374. Ver José Duarte Nogueira, A *Arbitragem na História do Direito Português (Subsídios)*, in *Revista Jurídica*, n.º 20, págs. 9 a 31.

regra de que as sentenças arbitrais podiam ser "executadas sem recurso, se assim o convencionarem as mesmas partes" (art. 127.º).

As sucessivas Reformas Judiciárias regularam, no plano do direito ordinário, o juízo arbitral, sendo de destacar a Novíssima Reforma Judiciária de 1841 que estabeleceu uma definição das matérias susceptíveis de ser dirimidas por árbitros e consagrou o princípio de que ninguém podia recusar-se a ser árbitro, excepto com legítimo impedimento. No artigo 150.º desta Novíssima Reforma, estabeleceu-se que podiam ser submetidas a arbitragem "as causas cíveis ou crimes civilmente intentadas sobre direitos, de que as partes interessadas tiverem livre disposição, em que não houver lugar a intervenção do ministério público."

3. Os três sucessivos Códigos de Processo Civil promulgados em Portugal – Códigos de 1876, 1939 e 1961 – mantiveram os juízos arbitrais.

No primeiro diploma, a influência da legislação napoleónica é nítida, embora não fosse enjeitada a tradição das Ordenações e da anterior legislação processual liberal. A arbitrabilidade dos litígios confina-se às questões "sobre que possa transigir-se, ainda que afectas aos tribunais ordinários" (art. 44.º, 2.ª parte). Apenas se prevê como convenção arbitral o compromisso, o qual tem de ser celebrado por escritura ou acto público. Exige-se que conste do compromisso "o prazo dentro do qual devem (os árbitros) proferir a sua decisão", caducando aquele compromisso se o prazo viesse a ser ultrapassado (arts. 45.º e 55.º, § 2.º). Passa, porém, a valer como regra a de que ninguém pode ser obrigado a funcionar como árbitro (art. 47.º). No compromisso podia-se renunciar aos recursos (art. 45.º, § 1.º). Apesar da arbitragem voluntária estar subordinada à jurisdição ordinária, deixou de se exigir a homologação judicial da sentença arbitral (arts. 53.º e 54.º).[4]

4. O Código de Processo Civil de 1939 consagrou um livro próprio ao Tribunal Arbitral (Livro IV deste diploma). A sistematização é inovadora, regulando-se em títulos sucessivos o Tribunal Arbitral Voluntário (arts. 1561.º a 1576.º) e o Tribunal Arbitral Necessário (arts. 1577.º a 1580.º).

---

[4] Sobre o Código de Processo Civil de 1876, além do comentário de Alves de Sá, vejam-se J. Dias Ferreira, *Código de Processo Civil Anotado*, I. I, Lisboa, Tipografia Lisbonense, 1887, pág. 106 e Francisco Cortez, *Estudo* cit, *revista* cit, págs. 381-384.

Tendo as Constituições de 1911 e de 1933 deixado de fazer qualquer referência aos tribunais arbitrais, o legislador ordinário partiu da regulamentação antiquada de 1876 e procurou sistematizar em novos moldes a regulamentação do instituto da arbitragem. Enquanto o velho Código tratava dos tribunais arbitrais a propósito da competência, o Código de 1939 passou a regular em capítulos sucessivos o compromisso e a cláusula compromissória (arts. 1561.º a 1565.º), os árbitros (arts. 1566.º e 1567.º), o processo (arts. 1568.º a 1571.º), a decisão (arts. 1572.º a 1574.º) e os recursos (arts. 1575.º e 1576.º).

No diploma de ALBERTO DOS REIS ficava de fora do Livro IV a regulamentação da excepção dilatória de preterição do tribunal arbitral (art. 499.º, alínea h) e §2.º), a qual não era de conhecimento oficioso. Por outro lado, indicava-se como forma de extinção da instância a celebração de compromisso arbitral em relação ao mesmo litígio (arts. 292.º e 295.º).

O ponto mais inovador desta regulamentação é o do acolhimento da distinção da *cláusula compromissória do compromisso arbitral*. No Código precedente não se fazia qualquer alusão à cláusula compromissória, discutindo-se na doutrina e na jurisprudência se a figura era legalmente admissível.

O art. 1561.º considerava "admissível o compromisso pelo qual um determinado litígio, ainda que afecto ao tribunal, deva ser decidido por um ou mais árbitros". Além desta convenção clássica, o art. 1565.º estatuía que era também válida "a cláusula pela qual devam ser decididas por árbitros questões que venham a suscitar-se entre as partes, contanto que se especifique o acto jurídico de que as questões possam emergir".[5]

---

[5] Sobre o estado da doutrina e da jurisprudência sobre a cláusula compromissória, antes e depois do Código de 1939, veja-se Francisco Cortez, *estudo* cit., *revista* cit., pág. 392-397.

Interessante é a regulamentação do modo como deve ser dada execução a uma cláusula compromissória: surgindo alguma questão abrangida por essa cláusula e se uma das partes se mostrasse remissa a celebrar o compromisso, era facultado à contraparte "requerer ao tribunal de comarca do domicílio daquela" que a mandasse notificar pessoalmente para comparecer perante ele, em dia e hora designados, a fim de se comprometer em árbitros; se o notificado faltasse ou se recusasse a nomear árbitro, seria a nomeação feita pelo juiz, o qual nomearia, além disso, um terceiro árbitro; se as partes não chegassem a acordo quanto à nomeação, cada uma delas nomearia o seu árbitro e o juiz nomearia o terceiro (art. 1565.º, 2.º e 3.º incisos). Deve notar-se que ficariam em auto os nomes dos árbitros e o objecto do litígio, segundo o acordo das partes. Na falta de acordo, o objecto do litígio seria fixado pelo juiz, sendo a resolução deste recorrível.

Continuava a estatuir-se que não era válido o compromisso sobre "relações jurídicas subtraídas ao domínio da vontade das partes" (art. 1562.º, terceiro inciso).

O tribunal arbitral tinha de ficar instalado na sede da comarca em que a causa deveria ser proposta segundo as regras normais de competência (art. 1569.º, primeiro inciso).

Os termos do processo arbitral seriam os que, segundo o Código de Processo Civil de 1939, correspondessem à causa a decidir (art. 1571.º, primeiro inciso). Mas se as partes tivessem, no compromisso ou em escrito posterior, autorizado os árbitros a julgar segundo a equidade (*ex aequo et bono*), tal autorização envolveria necessariamente "a concessão, aos árbitros, da faculdade de determinarem os trâmites a seguir na instrução do processo, devendo porém ser sempre ouvidas as partes depois da preparação e antes da decisão da causa" (art. 1571.º segundo inciso).

No que toca à decisão, distinguiam-se as situações de os árbitros serem autorizados a julgar segundo a equidade ou, antes, segundo o direito constituído. Na primeira situação, os árbitros não ficariam sujeitos à aplicação do direito constituído e decidiriam conforme lhes parecesse justo. Na segunda situação, em que não tivessem sido autorizados a julgar segundo a equidade, deveriam apreciar os factos e aplicar o direito como o faria o tribunal normalmente competente (art. 1572.º).

A concessão, aos árbitros, da faculdade de julgarem segundo a equidade envolvia "necessariamente a renúncia aos recursos" (art. 1576.º). Das decisões tomadas segundo o direito constituído, se as partes não tivessem renunciado aos recursos, caberiam os mesmos recursos para a Relação que cabiam das sentenças e despachos proferidos pelo tribunal de comarca (art. 1575.º).

A decisão dos árbitros tinha a mesma força que uma sentença proferida pelo tribunal de comarca, não carecendo, por isso, de qualquer homologação judicial, sendo aplicável o disposto no art. 717.º sobre nulidades do acórdão proferido por uma Relação em recurso (art. 1574.º).

Na execução da decisão arbitral, havia fundamentos específicos de oposição por embargos (nulidade do compromisso, procedente do objecto ou da qualidade das pessoas; caducidade do compromisso; nulidade da sentença se as partes tivessem renunciado previamente aos recursos) – art. 814.º.[6]

---

[6] Cfr. J. Alberto dos Reis, *Processo de Execução*, vol I, Coimbra, Coimbra Editora, 1943, págs. 136-140, vol. II, 1954, págs. 34-37.

5. O Código de Processo Civil de 1961 manteve substancialmente inalterada a regulamentação constante do Livro IV do Código de 1939, continuando a distinguir a arbitragem voluntária da necessária.

No que toca à dualidade de tipos de convenção arbitral, manteve-se o regime do Código precedente quanto à execução específica da cláusula compromissória. Surgiu uma nova norma para a situação da falta à diligência judicial do requerente da celebração de compromisso, dispondo-se que, em tal caso, se entendia que o requerente da diligência tinha desistido da mesma, "salvo se, estando presente a outra parte, ela se conformar com o objecto do litígio indicado no requerimento inicial e requerer que se proceda imediatamente à nomeação dos árbitros" (art. 1513.º, n.º 4).

Deve notar-se que o art. 1517.º, n.º 3, deste Código estatuía que a remuneração dos árbitros e dos funcionários era regulada no Código da Custas Judiciais, deixando, por isso, pouco espaço à autonomia dos subscritores da convenção de arbitragem. O tribunal arbitral continuava a funcionar junto do tribunal de comarca competente para a propositura da acção, segundo as regras normais de competência, cabendo em regra a preparação do processo ao juiz de direito, tal como no Código precedente.

Não pode deixar de se considerar estranho que, vinte anos passados sobre a entrada em vigor do Código de 1939, o legislador haja sido tão pouco inovador, mantendo as soluções do diploma anterior, ao arrepio das tendências modernas do Direito da Arbitragem.

II – AS TENTATIVAS DE MODERNIZAÇÃO DA ARBITRAGEM VOLUNTÁRIA

6. A Revolução de 25 de Abril de 1974 e as alterações subsequentes da vida económica e social fizeram perder importância às soluções arbitrais, que não eram, de resto, muito frequentes na prática jurídica anterior.

A Constituição de 1976, na sua versão originária, não se referiu aos tribunais arbitrais, tal como sucedera com as precedentes Constituições de 1911 e de 1933. Houve, todavia, quem tivesse manifestado dúvidas sobre a legitimidade constitucional dos tribunais arbitrais.[7]

---

[7] Cfr. Miller Simões, informação-parecer transcrito em "5.º Inquérito acerca da Reforma do Código de Processo Civil", publicado in Ministério da Justiça, *Reforma do*

A verdade é que, na primeira revisão constitucional concluída no Verão de 1982, foi introduzida uma previsão normativa da possibilidade de existência de tribunais arbitrais, a par de tribunais administrativos e fiscais e tribunais marítimos (art. 212.º, n.º 2).

7. As reformas de processo civil iniciadas pelos Governos de Aliança Democrática a partir de 1981 abrangeram a arbitragem voluntária, propugnando-se a alteração dos arts. 1508.º e seguintes do Código de Processo Civil, ou, eventualmente, a publicação de uma lei específica sobre o instituto.

Em 1982, no "5.º Inquérito acerca da Reforma do Código de Processo Civil" elaborado pelo Conselheiro AMÉRICO CAMPOS COSTA, aparece um articulado sobre alguns aspectos da arbitragem voluntária inspirado num projecto de lei reelaborado pelo Procurador-Geral Adjunto MILLER SIMÕES, sobre um outro projecto anterior. Em tal projecto – que visava a arbitragem comercial institucionalizada – desaparecia a distinção entre compromisso arbitral e cláusula compromissória, regulando-se a figura geral de convenção de arbitragem. Segundo MILLER SIMÕES, "os vectores essenciais do projecto são a libertação do processo arbitral não só de todo o pesado formalismo do processo civil comum como também da intervenção, no mesmo processo, do tribunal judicial e do respectivo juiz, com vista à celeridade da decisão; e, por outro lado, o aproveitamento das estruturas das associações comerciais (e/ou de outras) para dar ao funcionamento da arbitragem o apoio que, pela natureza do instituto, não se deve ir buscar aos tribunais e ainda, por esta via, se alcançar maior facilidade na escolha de pessoas idóneas para desempenhar a missão de árbitro." [8]

De harmonia com o comentário de MILLER SIMÕES ao novo articulado, foram consideradas fontes internacionais nomeadamente a nova regula-

---

Código de Processo Civil – Lei n.º 3/83, de 26 de Fevereiro, Decreto-Lei n.º 128/83, de 12 de Março, Lisboa, separata de Boletim do Ministério da Justiça, n.º 324, págs. 265-266. O autor considera que a proibição dos tribunais arbitrais voluntários era contrária à evolução jurídica contemporânea e "constituiria mesmo um absurdo", pondo em causa a própria arbitragem internacional, colidindo com os acordos internacionais a que Portugal estava vinculado (Protocolo e Convenção de Genebra de 1923 e de 1927). Ver ainda Gomes Canotilho e Vital Moreira, Constituição da República Portuguesa Anotada, Coimbra, Coimbra Editora, 2.ª ed., vol II, 1985, pág. 324.

[8] Reforma do Código cit., pág. 268-269.

mentação belga sobre arbitragem e a Convenção Europeia sobre a Lei Uniforme em Matéria de Arbitragem, assinada em 20 de Janeiro de 1966 e que nunca chegou a entrar em vigor.

Em matéria de impugnação da decisão, propunha-se a impossibilidade de recurso para os tribunais estaduais, podendo as partes organizar uma instância arbitral de recurso. Seria irrenunciável o direito de anulação da decisão arbitral (art. 16.º).

8. Os diplomas elaborados por CAMPOS COSTA não chegaram a entrar em vigor, não tendo também chegado a ser alterada a regulamentação da arbitragem voluntária.

No Governo do Bloco Central, com o Ministro da Justiça RUI MACHETE, é publicado um diploma do Governo que fixa o enquadramento legal da arbitragem e determina o que pode ser objecto de convenção de arbitragem. Trata-se do Decreto-Lei n.º 243/84, de 17 de Julho, diploma que deveria ser revogado pela Lei n.º 31/86, de 29 de Agosto, se antes da entrada em vigor desta não tivesse sido declarada a inconstitucionalidade, com força obrigatória geral, de todo o diploma, como adiante se referirá.

No preâmbulo de diploma pode ler-se:

"O recurso à arbitragem constitui uma alternativa para resolução dos litígios judiciais de indiscutível importância. Trata-se de um processo que, por um lado, facilita a celeridade na prestação da justiça e, por outro lado, contribui para garantir soluções de equidade, pois os litígios são resolvidos por personalidades profundamente conhecedoras não só dos aspectos estritamente jurídicos, mas também dos problemas económicos e técnicos que a eles estão subjacentes, levando a uma melhor apreensão de todos os interesses em jogo.
Mal-grado o destaque atingido no plano internacional a expansão da arbitragem é em Portugal mínima. Importa ultrapassar tal estado de coisas."

O diploma inspira-se no articulado de MILLER SIMÕES e confina-se exclusivamente à arbitragem voluntária interna.

Segundo o art. 1.º, n.º 1, "todo o litígio, actual ou eventual, relacionado com a jurisdição interna que não incida sobre direitos indisponíveis pode ser objecto de convenção de arbitragem."

O art. 1.º, n.º 3, prevê a faculdade de o Estado celebrar convenções arbitrais (expressão que parece ser utilizada em sinonímia com a de "convenções de arbitragem") "desde que exista fundamento legal para o recurso à arbitragem".

Não se faz a distinção das figuras de compromisso e de cláusula compromissória, falando-se apenas de convenção de arbitragem que pode incidir sobre litígios actuais ou eventuais. No caso de, na convenção de arbitragem, ser feita "referência a um determinado regulamento de arbitragem, este é considerado como incluído na convenção de arbitragem" (art. 2.º, n.º 2). Idêntica solução é estabelecida para o caso da convenção arbitral "remeter a disciplina do litígio para certo regulamento de arbitragem" (art. 2.º, n.º 3). Por seu turno, o art. 37.º estabelece que "os regulamentos dos tribunais arbitrais prevalecem, relativamente ao formalismo do processo, sobre as regras precedentes". O art. 38.º, por fim, prevê a formalidade de aprovação pelo Ministro da Justiça dos regulamentos dos tribunais arbitrais, bem como dos regulamentos das câmaras de comércio e instituições análogas. Acolhia-se, assim, a arbitragem institucionalizada, a par da arbitragem *ad hoc*.

Inspirado pela Convenção de Estrasburgo que aprova a Lei Uniforme respeitante à arbitragem voluntária, o art. 5.º estatuía uma regra importante sobre o recurso a procedimentos cautelares requeridos no tribunal judicial:

"Não implica renúncia à convenção de arbitragem o requerimento de qualquer procedimento cautelar dirigido ao tribunal judicial."

Esta norma não transitou para a Lei n.º 31/86, por razões que se desconhecem.

Regulamentou este diploma em termos rígidos a tramitação de processo arbitral (arts. 16.º a 22.º) apesar de se prever a possibilidade de acordo das partes sobre as regras de processo na arbitragem (art. 15.º, n.º 1). Note-se que, se as partes não estabelecessem, até à aceitação do encargo pelo primeiro árbitro, um acordo sobre as regras de processo a observar na arbitragem, competiria essa indicação aos próprios árbitros.

No art. 23.º, n.º 1, estabelece-se a importantíssima regra da *Kompetenz – Kompetenz*:

"O tribunal arbitral pode pronunciar-se sobre a sua própria competência e, para esse fim, examinar a validade de convenção de arbitragem."

Em princípio, não haveria recursos das decisões arbitrais. Só poderia haver recursos se houvesse estipulação das partes nesse sentido.

Em contrapartida, considerava-se irrenunciável o direito de qualquer das partes de requerer a anulação da decisão dos árbitros (art. 32.º), estabelecendo-se fundamentos taxativos de anulação, nos termos do art. 31.º, n.º 1. A acção judicial de anulação devia ser proposta dentro de um mês, "a contar da data da notificação da decisão arbitral, ou, em caso de fundamento superveniente, a partir da data em que a parte dele teve conhecimento" (art. 33.º).

9. Além de não revogar expressamente o disposto nos arts. 1508.º a 1524.º do Código de Processo Civil, criando com isso alguma dúvida sobre se teria havido revogação de sistema da anterior regulamentação, o novo diploma teve, no dizer do Prof. RAÚL VENTURA, "uma vida infeliz", não podendo considerar-se "um diploma brilhante" (FRANCISCO CORTEZ).

Após a sua publicação, foi requerida a declaração de inconstitucionalidade, com força obrigatória geral, do Decreto-Lei n.º 243/84 pelo Presidente da Assembleia da República e pelo Provedor de Justiça, vindo o Acórdão do Tribunal Constitucional n.º 230/86 a declarar tal inconstitucionalidade orgânica com base em violação da norma do art. 168.º, n.º 1, alínea q), da Constituição[9]. A declaração de inconstitucionalidade deste diploma foi publicada já depois da publicação da Lei n.º 31/86, de 29 de Agosto, embora fosse plenamente eficaz, atendendo a que se previa uma *vacatio legis* de três meses relativamente a este último diploma

III – A PREPARAÇÃO DA LEI N.º 31/86, DE 29 DE AGOSTO

10. O Ministro da Justiça MÁRIO RAPOSO encarregou com urgência a Prof.ª ISABEL DE MAGALHÃES COLLAÇO de preparar um projecto de lei de arbitragem destinado a substituir o criticadíssimo Decreto-Lei n.º 243/84, atendendo à sua iminente inconstitucionalização.

Elaborado esse projecto, veio o mesmo a inspirar a Proposta de Lei n.º 34/IV, apresentada pelo Governo à Assembleia da República, a qual versava sobre a arbitragem aplicável a litígios em matéria civil ou comercial sobre direitos disponíveis.

---

[9] Publicado in *Diário da República*, I, Série, de 12 de Setembro de 1986 e nos *Acórdãos do Tribunal Constitucional*, 8.º vol., págs. 195 e segs.

11. Na Exposição de Motivos que acompanha a proposta chama-se a atenção para as alterações nas legislações internas de arbitragem de diferentes países (Bélgica, Reino Unido da Grã-Bretanha e Irlanda do Norte, França e Espanha, além do caso de Portugal), bem como para a importância da Convenção de Nova York de 1958 sobre o reconhecimento e execução das decisões arbitrais, destinada a substituir, entre os Estados que a subscreveram, o Protocolo de Genebra de 1923 relativo a cláusulas de arbitragem e a Convenção de Genebra de 1927, para a execução das sentenças arbitrais. Pode ler-se nessa Exposição:

"À escala universal, é sobretudo à actividade da Comissão das Nações Unidas para o Direito do Comércio Internacional (CNUDCI) que se devem os progressos mais importantes com vista à unificação do direito da arbitragem. Recorda-se a aprovação em 1976 do Regulamento de Arbitragem da CNUDCI, repositório de regras sobre o processo de arbitragem a que podem recorrer os interessados numa arbitragem comercial internacional, e, mais recentemente, em 21 de Junho de 1985, a aprovação, em Viena, da lei-modelo sobre a arbitragem comercial internacional"[10]

As linhas mestras da regulamentação proposta partem da ideia de que "a constituição e o funcionamento dos tribunais arbitrais devem desvincular-se de toda a desnecessária ou desrazoável intervenção dos tribunais judiciais, reconhecendo-se às partes, dentro dos limites fixados na lei, o poder e o dever de forjar soluções requeridas para a correcta actuação da instituição arbitral"[11].

Por isso, a intervenção do tribunal judicial passa a ser residual e os casos de recurso ao tribunal judicial podem indicar-se assim:

"*a*) Para suprir o acordo das partes que não conseguiu formar-se sobre a designação de árbitro ou árbitros de que depende a constituição do tribunal (artigo 12.º, n.ᵒˢ 1 a 3), bem como em situações análogas sobre a substituição de árbitro ou árbitros anteriormente designados (artigo 13.º);

---

[10] N.º 1, publicado no *Diário da Assembleia da República*, 2.ª Série, n.º 83, de 2 de Julho de 1986 e reproduzido em J. M. Galhardo Coelho, *Arbitragem Voluntária*, 2.ª ed., Coimbra, Almedina, 2006, pág. 14.
[11] *Exposição de motivos* cit, n.º 3.

b) Para a escolha do presidente do tribunal arbitral, quando essa escolha não possa resultar da decisão das partes ou dos árbitros (artigo 14.º n.ᵒˢ 1 e 2);

c) Para a delimitação dos precisos termos do litígio surgido entre as partes que não possam ser fixados por acordo entre elas (artigo 12.º n.º 4);

d) Para a produção de prova que depende do uso de poderes de autoridade de que o tribunal arbitral não dispõe (artigo 18.º, n.º 2)."[12]

O Governo chama ainda a atenção para a consagração na proposta do princípio de autonomia do tribunal arbitral, frente ao tribunal judicial, no qual radica a "solução que se traduz em entregar ao primeiro o poder de se pronunciar sobre a sua própria competência, ao mesmo que se afirma a independência da convenção de arbitragem relativamente ao contrato em que ela se insere (artigo 21.º)"[13].

Outro ponto fundamental da nova regulamentação é o que se refere à arbitragem institucionalizada, que se contrapõe à arbitragem *ad hoc*. Naquela, deixa de se prever a competência do Ministro da Justiça para aprovar os regulamentos das instituições que organizam arbitragens, afastando-se, pois, a solução constante do Decreto-Lei n.º 243/84, reservando-se àquele Ministro a indicação das entidades autorizadas a organizar arbitragens, bem como a delimitação do campo em que poderiam exercer essa actividade.

12. Diferentemente do que sucedia com o Decreto-Lei n.º 243/84 e com as tentativas que o antecederam, a Proposta regulamenta a delimitação do seu âmbito de execução no espaço. De harmonia com o art. 33.º, a disciplina proposta passará a aplicar-se às arbitragens que tenham lugar em território nacional, independentemente de se tratar de puras arbitragens internas ou "de direito comum" ou de arbitragens que apresentem conexões com países estrangeiros.

A par das arbitragens internas, no sentido apontado, surgem as chamadas "arbitragens internacionais" que são aquelas que põem "em jogo interesses do comércio internacional"[14]. É confessado que a fonte

---

[12] *Exposição de motivos* cit, n.º 3.
[13] *Exposição de motivos* cit, n.º 3.
[14] *Exposição de motivos* cit, n.º 6.

inspiradora foi a lei francesa de 1981 que incluiu a matéria de arbitragem no novo Código de Processo Civil. A nova lei regula em termos adequados a atribuição às partes da escolha do direito a aplicar pelo tribunal.

Segundo a *Exposição de Motivos*, a regulamentação proposta ao órgão parlamentar partia desta ideia:

> "Assim, qualquer que seja a nacionalidade, o domicílio, o lugar da sede ou do estabelecimento das partes, qualquer que seja a nacionalidade ou o domicílio dos árbitros e onde quer que se localizem os interesses sobre que versa o litígio, o facto de se ter designado para a arbitragem um lugar em território português determina a aplicação da lei nacional. [...].
> Em qualquer caso, a sentença arbitral proferida numa arbitragem localizada em território nacional será uma sentença portuguesa com o valor e a eficácia fixados no artigo 26.º. Não se põe, quanto a ela, o problema do reconhecimento do valor ou da eficácia que se levanta perante a sentença proferida numa arbitragem que teve lugar no estrangeiro".[15]

O carácter internacional da arbitragem localizada em território português releva em especial para a matéria da definição do direito a aplicar pelos árbitros.

Nas arbitragens de "direito comum", os árbitros julgam segundo o direito comum, se as partes os não autorizarem a julgar segundo a equidade. Tratando-se de arbitragem internacional podem as partes, quando não tenham autorizado os árbitros a julgar segundo a equidade, escolher o direito a aplicar pelo tribunal (art. 22.º, n.º 2, da proposta).

Segundo o Governo, a fórmula do n.º 2 do art. 22.º não deveria abarcar "a possibilidade de as partes submeterem o litígio a regras que não sejam as de um dado sistema jurídico (ou de vários sistemas jurídicos)"[16], nomeadamente a regras da chamada *lex mercatoria* ou a princípios ou regras escolhidas *ad hoc*. Trata-se de uma ideia que parece ter partido do Ministro da Justiça MÁRIO RAPOSO, não sendo perfilhada pela autora do Anteprojecto Prof.ª MAGALHÃES COLLAÇO.

Para a hipótese de faltar a escolha pelas partes do direito aplicável, a proposta não impunha aos árbitros o recurso ao direito internacional

---

[15] n.º 6.
[16] *Exposição* cit, n.º 7.

privado português, determinando-se diversamente que o tribunal aplique o direito mais apropriado ao litígio (art. 22.º, n.º 2, 2.ª parte), isto é, que escolha o direito material aplicável ao litígio.

13. Em matéria de impugnação de decisões arbitrais, a proposta optava por uma solução dualista: acção de anulação e recursos ordinários, podendo as partes renunciar a estes últimos.

Abandona-se, assim, a solução do Decreto-Lei n.º 243/84, voltando-se à orientação tradicional dos Códigos de Processo Civil de 1939 e de 1961.

A justificação para esta solução dualista que é avançada na Exposição de Motivos é algo conformista:

> "Não se ignora que os textos internacionais mais recentes sobre a arbitragem comercial internacional tendem a excluir a possibilidade do recurso, embora por vezes à custa de uma maior abertura nos fundamentos do pedido de anulação da sentença arbitral.
> Mas, uma vez que a disciplina proposta se aplica de pleno – embora não exclusivamente – à arbitragem puramente interna, não se descobriu razão suficiente para afastar a solução dualista, de resto na linha seguida também por algumas leis estrangeiras recentes."[17]

IV – A LEI N.º 31/86 E AS PRIMEIRAS APRECIAÇÕES CRÍTICAS

14. A Assembleia da República aprovou com alterações mínimas o texto da Proposta da Lei do Governo.

A principal alteração foi de ordem sistemática. Com efeito, a matéria da arbitragem internacional foi autonomizada num novo Capítulo VII da versão final da Lei n.º 31/86 e apareceram dois artigos novos, que não constavam da Proposta.

O primeiro artigo estabelece a regra da irrecorribilidade da decisão do tribunal, tratando-se de arbitragem internacional, "salvo se as partes tiverem acordado a possibilidade de recurso e regulado os seus termos" (art. 34.º).

---

[17] N.º 15. Francisco Cortez critica vivamente esta solução dualista designando-a como "reaccionária" – *estudo e revista cit.*, pág. 579. O Código francês adopta também a solução dualista.

O segundo, art. 35.º, subordinado à epígrafe "Composição amigável" dispõe:

"Se as partes lhe tiverem confiado essa função, o tribunal poderá decidir o litígio por apelo à composição das partes na base do equilíbrio dos interesses em jogo."[18]

Ao que parece, o legislador português acolheu a ideia corrente em França de que a *amiable composition* é uma forma de exclusão da obrigação de os árbitros aplicarem as regras de direito estrito, ideia que pode ser expressa por formas equivalentes: julgamento segundo a equidade ou *ex aequo et bono*.[19]

Na parte restante, o diploma aprovado pela Assembleia da República reproduz substancialmente as soluções da Proposta da Lei, bem como a formulação do respectivo articulado.

Além da autonomização do Capítulo VII e da introdução do novo art. 35.º, o relatório final da Comissão de Assuntos Constitucionais, Direitos, Liberdades e Garantias propôs ainda outras alterações:

- Alargamento da natureza do litígio susceptível de ser submetido a arbitragem, eliminando-se a condição de respeitar a "matéria civil e comercial" (art. 1.º, n.º 1);
- Atribuição às partes da possibilidade de alargarem o conceito de litígio, de modo a incluir aí "além das questões de natureza contenciosa em sentido estrito, quaisquer outras, designadamente as

---

[18] A fonte deste preceito parece ser o art. 1497.º do Novo Código de Processo Civil francês "*L'arbitre statue comme amiable compositeur si la convention des parties lui a conféré cette mission.*"

[19] Cfr. Jean Robert, *L'arbitrage*, 5.ª ed., Dalloz, Paris, 1983, págs. 160 e segs. Veja-se igualmente o art. 28.º, n.º 3, da Lei-Modelo da CNUDCI: "O tribunal arbitral decidirá *ex aequo et bono* ou como *amiable compositeur* apenas se as partes o tiverem expressamente autorizado a fazê-lo." No sentido de que a *amiable composition* é diversa da conciliação e do julgamento *ex aequo et bono* vejam-se Dário Moura Vicente, *Portugal e a Arbitragem Internacional*, in *Direito Internacional Privado – Ensaios*, II, Coimbra, Almedina, 2005, pág. 285 e Mário Raposo, *Temas de Arbitragem Comercial*, separata da Revista da Ordem dos Advogados, ano 66, I, Janeiro, de 2006, págs. 5 a 15 (citando este autor igualmente a posição de Paula Costa e Silva acerca da distinção, *Anulação e Recursos na Decisão Arbitral*, na Revista da Ordem dos Advogados, ano 51, III, Dezembro de 1992, págs. 893, sobretudo 939-940). Ver, por último, no sentido da equiparação dos conceitos, Luís de Lima Pinheiro, *ob. cit*, págs. 164-166.

relacionadas com a necessidade de precisar, completar, actualizar ou mesmo rever os contratos ou as relações jurídicas que estão na origem da convenção de arbitragem" (art. 1.º, n.º 3, aditado);
- Eliminação do "prazo de 30 dias" previsto no art. 4.º, n.º 1, alínea a), da Proposta de Lei n.º 34/IV para a substituição do árbitro que falecer, se escusar ou se impossibilitar permanentemente para o exercício da sua função;
- Alteração da redacção do n.º 2 do art. 7.º, explicitando de forma mais correcta a solução de designação de árbitros na falta de acordo, já encarada na Proposta ("cada uma indicará um árbitro, a menos que acordem em que cada uma delas indique mais de um em número igual");
- Substituição da solução de atribuir ao Ministro da Justiça o poder de autorizar as entidades competentes para organizar arbitragens voluntárias institucionalizadas (art. 34.º da Proposta de Lei n.º 34//IV) pela de prever a definição, através de decreto-lei do Governo, do "regime de outorga da competência a determinadas entidades para realizarem arbitragens voluntárias institucionalizadas" (art. 38.º da Lei n.º 31/86)[20].

15. A Lei n.º 31/86 representa, sem dúvida, um enorme progresso em relação à regulamentação do Código de Processo Civil de 1961 e, comparada com o Decreto-Lei n.º 243/84, revela um maior apuro técnico e um tratamento inovador das arbitragens internacionais.
Como escreve Francisco Cortez:

"Por tudo isto, a Lei n.º 31/86, não só pela referida afirmação solene, mas sobretudo pelas soluções do seu regime, constituiu um marco fundamental, integrado num movimento semelhante em direito comparado, atribuindo, ou melhor, reconhecendo à vontade das partes o estatuto de fundamento e essência da arbitragem voluntária".[21]

Por seu turno, a regulamentação das arbitragens internacionais na Lei n.º 31/86 afasta-se do regime das arbitragens comerciais internacionais da Lei-Modelo da CNUDCI. Na Lei-Modelo (art. 35.º), impõe-se o

---

[20] Cfr. Francisco Cortez, *estudo* cit., *revista* cit., págs. 549-550. O diploma previsto neste art. 38.º é o Decreto-Lei n.º 425/86, de 27 de Dezembro.
[21] *Estudo* cit., *revista* cit, pág. 552.

reconhecimento das sentenças arbitrais tanto no caso das sentenças arbitrais estrangeiras – as que são proferidas num Estado diferente daquele em que se pede o reconhecimento – como no caso das próprias sentenças arbitrais nacionais, ou seja, as proferidas no próprio Estado em que se pede o reconhecimento. Como escreve ANTÓNIO MARQUES DOS SANTOS:

> "Sendo assim, uma eventual incorporação da Lei-modelo da CNUDCI na ordem jurídica portuguesa tornará irrelevante, deste ponto de vista, o carácter *nacional* das sentenças arbitrais proferidas em Portugal – tratando-se de *arbitragem comercial internacional* –, pois elas ficarão sujeitas ao reconhecimento pelo tribunal judicial competente, a que se refere o artigo 35.º, 1 da Lei-Modelo.
> Nesse caso, só as sentenças arbitrais respeitantes à arbitragem *interna*, ou as sentenças respeitantes à arbitragem *internacional que não tenha o carácter de arbitragem comercial* (...) ficarão isentas de *exequatur*, actualmente previsto no artigo 1094.º e seguintes do CPC, admitindo que um tal regime – ou outro equivalente – se mantenha em vigor, não obstante a incorporação da Lei-Modelo da CNUDCI (...)".[22]

16. RAÚL VENTURA publicou, poucos meses após a entrada em vigor da Lei n.º 31/86, um estudo sobre a figura da convenção de arbitragem em que analisa as soluções desta nova lei.

Relativamente à eliminação, na discussão parlamentar, da limitação, constante da Proposta de Lei, da arbitragem a litígios em matéria civil e comercial, este Comercialista discorda da eliminação, sustentando que tal limitação era útil "porque afastava logo outras matérias que, sem isso, acabariam por ser afastadas por utilização de outros motivos e com maior esforço." [23] O autor considera igualmente infeliz a redacção do n.º 2 do

---

[22] *Nota sobre a Nova Lei Portuguesa relativa à Arbitragem Voluntária – Lei n.º 31/86, de 29 de Agosto*, in *Estudos de Direito Internacional Privado e de Direito Processual Civil Internacional*, Coimbra, Almedina, 1998, págs. 262-263. Deve notar-se que, na altura em que este Autor escrevia, Portugal não tinha ainda ratificado a Convenção de Nova York de 1958 sobre o reconhecimento e execução de sentenças arbitrais estrangeiras. Tal ratificação só ocorreu em 1994.

[23] *Convenção de Arbitragem*, in *Revista da Ordem dos Advogados*, ano 46, Set. 1986, pág. 318. Sobre a história da eliminação da expressão remete-se para Francisco Cortez, *Estudo e revista cit.*, pág. 557, nota (138).

art. 1.º da Lei de Arbitragem Voluntária na parte em que dispõe que a convenção de arbitragem pode ter por objecto um litígio actual, ainda que se encontre afecto a tribunal judicial, ou litígios eventuais "emergentes de uma determinada relação jurídica contratual ou extracontratual". Em sua opinião, dificilmente era concebível que um litígio em matéria não contratual pudesse ser objecto de um cláusula compromissória, sendo defeituosa a redacção legal porque "coloca as palavras «contratual ou extracontratual» apenas a propósito da cláusula compromissória, onde as relações extracontratuais não têm cabimento ou, quando muito, têm reduzido cabimento."[24]

No que toca à chamada pré-fixação judicial do objecto do litígio – que aparecia na versão primitiva do n.º 4 do art. 12.º da LAV, disposição que vigorou até à entrada em vigor do Decreto-Lei n.º 38/2003, de 8 de Março – RAÚL VENTURA desfere críticas certeiras à solução adoptada, recordando que já se tinha assistido "em Portugal a aplicações do art. 1513.º, n.º 5, [do Código de Processo Civil de 1961], em que as partes se digladiam, até ao Supremo Tribunal de Justiça, para que seja determinado o litígio que entre elas existe. Demoras e encargos de litigância, antes de se entrar no litígio, ou seja, um novo inconveniente da arbitragem ou – para ser mais brando – um desconto nas suas vantagens"[25].

Além disso, a infelicidade da lei era aumentada pelo esquecimento de que não existia no Código de Processo Civil processo adequado a essa determinação do objecto do litígio, tendo de recorrer-se ao processo declarativo comum.

Por último e no que toca ao regime do art. 19.º da Lei de Arbitragem Voluntária, RAÚL VENTURA lamentava "que a Lei seja tão parcimoniosa no tocante à prorrogação. Em primeiro lugar, se as partes estão de acordo na duração da prorrogação, não se vê motivo para a lei a limitar; os litígios devem ter um fim, mas também não devem ser forçados a um fim prema-

---

[24] *Estudo e revista* cit., pág. 320. No mesmo sentido, Francisco Cortez, *estudo e revista cit.*, pág. 563. Deve notar-se que Raul Ventura se mostrava igualmente céptico perante à inclusão, na Assembleia da República, da norma sobre arbitragem não contenciosa (n.º 3 do art. 1.º da LAV). M. Pereira Barrocas, por seu turno, considerava uma deficiência do Decreto-Lei n.º 243/84 a não previsão da arbitragem não contenciosa (cfr. *Necessidade de uma Nova Ordem Judicial – a Arbitragem*, in *Revista da Ordem dos Advogados*, ano 45.º, 1985, 2.º, págs. 453-454).

[25] *Estudo e revista* cit., pág. 355. Igualmente crítico, falando de uma "má solução", veja-se Francisco Cortez, *estudo e revista cit.*, págs. 569 e segs.

turo. Em segundo lugar, a recusa de acordo de prorrogação por alguma das partes faz terminar o processo arbitral, sem que a parte contrária se lhe possa opor com a consequente inutilidade do processo arbitral e os encargos que serão suportados pelo autor. No direito comparado havia bem por onde escolher para evitar tais inconvenientes".[26]

17. RAÚL VENTURA foi, como vimos, o primeiro comentador de algumas disposições do Decreto-Lei n.º 243/84 e, depois, da Lei de Arbitragem Voluntária.

As suas observações críticas foram analisadas por ANTÓNIO MARQUES DOS SANTOS, sendo boa parte delas acolhida por este especialista de Direito Internacional Privado.

Este autor publicou em Espanha, em 1987, numa revista da especialidade, um estudo sobre a nova Lei de Arbitragem, o qual constituiu o primeiro comentário sobre todo o articulado da nova lei.

Relativamente à solução de ampliar o conceito de arbitragem voluntária de modo a incluir a arbitragem não contenciosa prevista no n.º 3 do art. 1.º da LAV, MARQUES DOS SANTOS aceitava as críticas de RAÚL VENTURA, questionando-se sobre se a decisão de um tribunal arbitral atinente a questões não contenciosas (como sejam as relacionadas com a necessidade de precisar, completar, actualizar ou mesmo rever os contratos ou as relações jurídicas que estão na origem da convenção de arbitragem) teria a força de caso julgado, nos termos do art. 26.º da LAV. Também ele considerava menos adequada a solução de atribuir aos tribunais judiciais competência para fixar o objecto do litígio, em caso de discordância entre as partes de convenção de arbitragem (art. 12.º, n.º 4, da versão originária da LAV).[27]

Relativamente à solução constante do art. 21.º, n.º 2, da LAV (norma que faz prevalecer a autonomia da vontade das partes, na medida em que restringe a regra de que a nulidade do contrato em que se insira uma

---

[26] *Estudo e revista* cit., pág. 407. Ver ainda Francisco Cortez, *estudo e revista cit.*, pág. 573-575. Em sentido diverso, elogiando o art. 19.º, veja-se António Marques dos Santos *estudo e ob cit*, pág. 289, nota (104).

Deve notar-se que, no domínio de vigência do Decreto-Lei n.º 243/84, Raúl Ventura publicou um estudo sobre *Convenção de Arbitragem e Cláusulas Contratuais Gerais*, in *Revista da Ordem dos Advogados*, ano 46, 1986, I, pág. 5 e segs.

[27] *Estudo* e *ob cit.*, págs. 267-270.

convenção de arbitragem não acarreta a nulidade desta, "salvo quando se mostre que ele não teria sido concluído sem a referida convenção"), MARQUES DOS SANTOS manifesta reservas sobre a bondade desse normativo, por lhe parecer "levar mais longe que os outros textos citados [textos internacionais: Convenção de Estrasburgo de 1966 que aprova uma lei uniforme de arbitragem, Lei-Modelo de CNUDCI de 1985] a adopção do princípio de autonomia das partes na elaboração da convenção de arbitragem".[28]

Por último, censurava este Autor ao legislador de 1986 a não consideração da contrariedade da decisão arbitral em relação à ordem pública como um dos fundamentos taxativos de anulação:

"Custa-nos, no entanto, aceitar que sentenças arbitrais «(...) baseadas em falsas declarações, obtidas por corrupção ou suborno dos árbitros ou das testemunhas (...)» (...) ou proferidas em outros casos semelhantes, não possam ser susceptíveis de anulação, sobretudo se as partes, nos termos do artigo 29.º, 1, da Lei n.º 31/86, renunciaram aos recursos. Repugna-nos que tais sentenças se tornem inatacáveis e adquiram força do caso julgado e força executiva, de acordo com o artigo 26.º da Lei de Arbitragem, quando é certo que as hipóteses previstas no artigo 27.º, 1, desta Lei não abrangem casos deste tipo."[29]

18. A autora do Anteprojecto, Prof.ª IISABEL DE MAGALHÃES COLLAÇO, proferiu em 1991 uma conferência em Paris sobre a arbitragem internacional regulada na LAV.

Nessa conferência, a Autora analisa sobretudo a nova regulamentação das inovações consagradas nesta matéria, considerando que a influência do Direito francês sobre a definição de arbitragem comercial internacional não podia esconder a diferença apreciável entre as soluções do novo Código de Processo Civil francês e a da LAV na matéria.

---

[28] *Estudo* e *ob cit*, pág. 284.

[29] *Estudo* e *ob cit.*, págs. 228-229. Resta saber se, no caso das arbitragens de direito comum, isto é, não internacionais (no sentido da LAV) não haverá sempre a possibilidade de interposição de recurso extraordinário de revisão para sancionar situações do tipo das denunciadas.

Escrevia Isabel de Magalhães Collaço:

"Com efeito, segundo a lei portuguesa, o facto de as partes terem a sua residência em países diferentes não é nem uma condição necessária, nem uma condição suficiente para que a arbitragem seja tida como internacional (...)
Com efeito, a Lei n.º 31/86, no seu conjunto só se aplica directamente às arbitragens que têm lugar no território nacional (artigo 37.º) (...).
A arbitragem internacional, tal como prevista e regulada no Capítulo VII desta Lei, é pois uma arbitragem que só escapa às regras formuladas nos capítulos precedentes na medida em que as disposições específicas contidas nos artigos 33.º a 35.º o determinam."[30]

Esta Autora acentuava, assim, que não era aceitável "a oposição entre uma arbitragem interna e uma arbitragem internacional no quadro da Lei n.º 31/86. O que se deve assinalar, pelo contrário, é que esta lei contém, ao lado de um regime geral de arbitragem voluntária, o qual se poderá fazer corresponder à arbitragem de direito comum, uma regulamentação própria da arbitragem dita internacional que, em certos pontos, se afasta desse regime geral. Mas a arbitragem internacional, tal como é regulada pela Lei n.º 31/86, deve ser considerada como uma arbitragem interna, por oposição à arbitragem estrangeira".[31]

No que toca ao art. 33.º da LAV, Isabel de Magalhães Collaço inclinava-se para que a faculdade de escolha das partes do direito aplicável à arbitragem internacional não tinha de levar em conta as limitações à autonomia da vontade estabelecidas no direito de conflitos português e, por outro lado, preconizava "uma interpretação objectivista do art. 33-1 da Lei de Arbitragem, capaz de acolher as soluções mais liberais consagradas nesta matéria em certas leis nacionais e em textos internacionais recentes. Nestas condições, inclinamo-nos para admitir que a escolha do direito aplicável possa incidir na *lex mercatoria*, na medida em que contém regras de direito."[32]

---

[30] *L'Arbitrage international dans la recente Loi Portugaise sur l'Arbitrage Volontaire (Loi n.º 31/86, du 28 août 1986). Qualques réflexions*, in Droit International et Droit Communantaire, F. Calouste Gulbenkian, Centre Cultural Portugais, Paris, 1991, pág. 59.

[31] *Estudo e ob cit.*, pág. 59-60.

[32] *Estudo e ob cit.*, pág. 63. Contra tal posição se pronunciou em 1990 Dário Moura Vicente, *Da Arbitragem Comercial Internacional. Direito Aplicável ao Mérito de Causa*, Coimbra, Coimbra Editora, 1990, págs. 190 e segs.

19. Em 1989 foi elaborado um Anteprojecto de Lei de Arbitragem Voluntária para Macau por ANTÓNIO SERRA LOPES e ARMINDO RIBEIRO MENDES, o qual esteve na base do Decreto-Lei n.º 29/96/M de 11 de Junho.

Tal Anteprojecto acha-se fortemente influenciado quer pela Lei de Arbitragem Voluntária portuguesa de 1986, quer pela Lei-Modelo da CNUDCI. Vale a pena chamar a atenção para que a regulamentação proposta procurava afastar alguns dos defeitos que os primeiros comentadores da nossa LAV haviam posto em destaque.

Assim, o Anteprojecto não acolheu a solução do art. 1.º, n.º 3, da LAV portuguesa, omitindo qualquer referência à arbitragem não contenciosa. Afastou igualmente "a tão criticada solução da lei portuguesa, de confiar ao tribunal a determinação do objecto de litígio, quando falte o acordo das partes (art. 12.º, n.º 4, da Lei n.º 31/86)"[33]. Incluiu igualmente uma norma sobre os encargos do processo, considerando que tal omissão na LAV era susceptível de gerar conflitos.

Em matéria de procedimentos cautelares, o silêncio da LAV foi objecto de crítica, propondo-se um preceito sobre procedimentos cautelares em que se previa expressamente a possibilidade de qualquer das partes requerer ao tribunal judicial medidas cautelares, antes de instaurado o processo arbitral ou durante a sua pendência, sem que tal recurso aos tribunais judiciais pudesse ser tido como renúncia à arbitragem[34]. Por outro lado, dispunha-se, por influência do art. 17.º da Lei-Modelo da CNUDCI, que:

> "Salvo convenção das partes em contrário, o tribunal arbitral pode, a pedido de qualquer das partes, ordenar que estas acatem medidas provisórias ou conservatórias que considere adequadas em relação ao objecto do litígio ou exigir a qualquer delas que, em conexão com tais medidas, preste uma garantia adequada."[35]

---

[33] *Lei de Arbitragem Voluntária para o Território de Macau – Anteprojecto*, Governo de Macau, Gabinete para a Modernização Legislativa, Macau, Imprensa Oficial, 1990, pág. 33.

[34] Note-se que uma norma idêntica aparecia no Decreto-Lei n.º 243/84 (art. 5.º), mas não foi mantida pela LAV, não se encontrando explicação para a supressão.

[35] N.º 3 do art. 23.º. O número seguinte previa que, não sendo acatada a medida cautelar, o próprio tribunal arbitral podia solicitar ao tribunal judicial que decidisse sobre a conveniência das medidas determinadas e ordenasse a sua eventual execução.

Diferentemente da LAV, previa-se que as partes pudessem, por acordo escrito, prorrogar uma ou mais vezes o prazo para os árbitros proferirem a decisão, embora se mantivesse a regra de que, na falta de estipulação, seria de seis meses o prazo supletivo para ser proferida a decisão (art. 25.º, n°s 2 e 4).

Indo mais longe do que outras regulamentações e na linha da Lei--Modelo da CNUDCI, admitiu-se, no que toca à forma de convenção de arbitragem, que ainda se considerasse obedecer à forma escrita o acordo das partes no processo arbitral, mesmo que houvesse apenas aceitação tácita do demandado (omissão de suscitação da nulidade da convenção de arbitragem no articulado de defesa – art. 6.º, n.º 2, do Anteprojecto).

Por último, previu-se o tratamento dos pedidos de rectificação ou aclaração da decisão arbitral. Consagrou-se igualmente a possibilidade de as partes estipularem uma instância arbitral de recurso ou de poderem interpor recurso para o tribunal judicial de 2.º instância (art. 33.º). Em princípio, se não fosse estipulada a faculdade de recurso, previa-se apenas a anulação da sentença arbitral (art. 35.º-A).

20. As soluções do Anteprojecto vieram a ser convertidas em lei em 1996[36].

Este diploma regulou apenas a arbitragem interna no Território de Macau.[37]

O Decreto-Lei n.º 55/98/M, de 23 de Novembro, aprovou uma lei especial para a arbitragem comercial externa que corresponde quase integralmente à Lei-Modelo da CNUDCI sobre arbitragem comercial internacional.

---

[36] São poucas as alterações às soluções do Anteprojecto introduzidas pelo legislador de Macau: foi consagrada a regra de que a revogação da convenção de arbitragem não dispensa o pagamento aos árbitros dos honorários convencionados, ou, na falta de convenção, os estabelecidos na tabela publicada pelo Governo de Macau (art. 8.º, n.º 3); previu-se a possibilidade de as partes requererem a substituição dos árbitros ao tribunal judicial em caso de impedimentos verificados quantos aos árbitros nomeados (art. 16.º, n.º 3); criou-se a distinção entre a nulidade da decisão arbitral e a anulabilidade desta (arts. 37.º e 38.º).

[37] O Decreto-Lei n.º 110/99/M, de 13 de Dezembro aditou, através do seu art. 6.º, n.º 2, um novo capítulo à Lei de Arbitragem Voluntária sobre a arbitragem no domínio do contencioso administrativo (arts. 39.º-A a 39.º-C).

V – A EVOLUÇÃO LEGISLATIVA SUBSEQUENTE

21. Brevemente, assinalar-se-ão alguns diplomas que, ao longo da vigência da LAV, tiveram impacto na arbitragem voluntária.

Antes de mais, a Resolução da Assembleia da República n.º 37/94, de 8 de Julho, que aprovou para ratificação a Convenção sobre o Reconhecimento e a Execução de Sentenças Arbitrais Estrangeiras, assinada em Nova York em 10 de Junho de 1958.[38]

No domínio da vigência em Portugal da referida Convenção, tem sido controvertida a questão de saber se o processo de reconhecimento devia ser instaurado nos tribunais da Relação, de harmonia como processo especial de revisão e confirmação de sentenças estrangeiras (arts. 1094.º e segs. do Código de Processo Civil) ou antes nos tribunais de primeira instância.

Acabou por prevalecer, na jurisprudência, a tese de que os tribunais competentes são os de primeira instância (Acórdão do Supremo Tribunal de Justiça de 22 de Abril de 2004).[39]

22. Também na Reforma do Processo Civil de 1995-1996 se discutiu no, seio da Comissão Revisora, a necessidade de articular as normas sobre procedimentos cautelares – pensadas para a dependência de um processo já instaurado ou a instaurar em tribunal judicial – com as normas da LAV, sobretudo quando se trata de tribunais arbitrais a funcionar no estrangeiro.

---

[38] Ratificada pelo Decreto do Presidente da República n.º 52/94, de 8 de Julho. A Convenção entrou em vigor em Portugal em 16 de Janeiro de 1995, tendo sido feita a reserva de reciprocidade (Aviso n.º 142/95, in *Diário da República*, I Série-A, n.º 141, de 21 de Junho de 1995). Sobre esta convenção veja-se, entre nós, o estudo desenvolvido de Cristina Pimenta Coelho citado na nota (92) infra.

[39] Veja-se este acórdão publicado na *Revista de Direito e de Estudos Sociais*, Abril--Dezembro de 2005, ano XLVI (XIX da 2.ª Série), n.ºs 2, 3 e 4, págs. 361 e segs., com anotação desfavorável de António Sampaio Caramelo. Com toda a razão, chama-se a atenção neste comentário para que "a determinação dos termos e condições da execução (*enforcement*) destas sentenças pelos tribunais portugueses é necessariamente regida pelas referidas normas internas, em tudo o que não contrarie as disposições imperativas constantes dessa Convenção. Daí resulta, desde logo, que tem de aplicar-se aqui o art. 1095.º do CPC que atribui competência para efectuar a confirmação de tais sentenças (…) ao Tribunal da Relação competente (…)" (pág. 383).

Diferentemente da recente *Ley de Enjuiciamiento Civil* espanhola de 2000, diploma que dedicou várias normas aos procedimentos cautelares dependentes de processos arbitrais[40], o Código de Processo Civil revisto limitou-se a consagrar uma norma que é aplicável, no entendimento comum, às relações entre tribunais judiciais e tribunais arbitrais, quando hajam sido requeridos procedimentos cautelares nos primeiros. Trata-se do n.º 5 do art. 383.º, aditado pelo Decreto-Lei n.º 180/96, de 25 de Setembro:

"Nos casos em que, nos termos das convenções internacionais em que seja parte o Estado Português, o procedimento cautelar seja dependente de uma causa que já foi ou haja de ser intentada em tribunal estrangeiro, o requerente deverá fazer prova nos autos do procedimento cautelar da pendência da causa principal, através de certidão passada pelo respectivo tribunal."

Comentando este artigo, escreve LEBRE DE FREITAS que é "também ónus do requerido a alegação e, salvo quando se tratar de facto negativo, a prova de qualquer facto determinante da caducidade da providência, quando o procedimento cautelar dependa duma acção da competência do *tribunal arbitral*, caso este em que a competência para as providências cautelares é do tribunal judicial (...)".[41]

23. Além disso, a partir das alterações de 1995-1996, foi criado um processo especial de jurisdição voluntária para a determinação judicial do objecto do litígio, assim se adjectivando o n.º 4 do art. 12.º da LAV (aditamento pelo Decreto-Lei n.º 180/96, de 25 de Setembro, dos arts. 1508.º a 1510.º ao Código de Processo Civil).

24. Por último, o Decreto-Lei n.º 38/2003, de 8 de Março, diploma que aprovou a Reforma do Processo Executivo e introduziu numerosas alterações ao Código Civil, Código de Processo Civil e outros diplomas, veio modificar igualmente a LAV (através do seu art. 17.º).

---

[40] Arts. 722.º a 724.º; cfr. Juan Montero Aroca, Juan L. Gómez Colomer, Alberto Montón Redondo e Silvia Barona Vilar, *Derecho Jurisdiccional II– Proceso Civil*, Valência, Tirant Lo Blanch, 14.ª ed., 2005, págs. 669-673 e 846-847; David Arias, *Arbitraje y Medidas Cautelares en España*, in *Newsletter DGAE*, Ministério da Justiça, n.º 8 (Março de 2007), págs. 14-18.
[41] Lebre de Freitas, A. Montalvão Machado e Rui Pinto, *Código de Processo Civil Anotado*, vol. 2.º, Coimbra, Coimbra Editora, 2001, pág. 20.

O n.º 3 do art. 11.º sofreu uma pura alteração formal de redacção com transposição de uma frase para o meio do preceito:

"A notificação deve indicar a convenção de arbitragem e, se ele não resultar já determinado na convenção, precisar o objecto do litígio."

Com carácter substantivo, foi, alterada a epígrafe do artigo 12.º, eliminando-se a expressão "e determinação do objecto do litígio pelo tribunal judicial" e aditando-se, em substituição, a expressão "pelo presidente do tribunal da Relação".

Foi igualmente revogada a regra que confiava aos tribunais judiciais a determinação do objecto do litígio, em caso de desacordo das partes da convenção de arbitragem[42], passando o n.º 4 do art. 12.º a ter a seguinte redacção:

"Se a convenção de arbitragem for manifestamente nula, deve o presidente do tribunal da relação declarar não haver lugar à designação de árbitros; da decisão cabe reclamação para a conferência, precedendo distribuição, e do acórdão que esta proferir cabe recurso nos termos gerais."[43]

Do mesmo passo, o art. 4.º do Decreto-Lei n.º 38/2003, de 8 de Março, com início de vigência em 15 de Setembro de 2003, revogou os arts. 1508.º a 1510.º do Código de Processo Civil, dada a alteração introduzida no n.º 4 do art. 12.º da LAV.

A revogação da anterior versão do n.º 4 do art. 12.º da LAV correspondeu, assim, a um desejo generalizado de eliminar uma solução que punha em causa a modernidade da Lei de Arbitragem Voluntária.[44]

---

[42] Dispunha o n.º 4 do art. 12.º na versão originária da LAV: "se no prazo referido no n.º 2 as partes não chegarem a acordo sobre a determinação do objecto do litígio, caberá ao tribunal decidir. Desta decisão cabe recurso de agravo, a subir imediatamente". Sobre esta norma veja-se Acórdão da Relação do Porto de 18 de Setembro de 2000, in *Colectânea de Jurisprudência*, ano XXV, 2000, 4.º, pág. 185, na linha do Acórdão do Supremo Tribunal de Justiça de 9 de Novembro de 1995, in *Colectânea de Jurisprudência / Acórdãos do Supremo Tribunal de Justiça*, III, 1995, 3.º, pág. 107.

[43] Sobre estas alterações, veja-se António Sampaio Caramelo, *Recent Amendment to the Portuguese Law on Voluntary Arbitration*, in *Arbitration International – The Journal of the London Court of International Arbitration*, vol 19, 4, 2003, págs. 507-509.

[44] Vejam-se, por último, as críticas de José Lebre de Freitas, *Algumas Implicações de Natureza de Convenção de Arbitragem*, in *Estudos em Homenagem à Professora Isabel Magalhães Collaço*, II, Coimbra, Almedina, 2002, pág. 633, nota (20).

Com efeito, e como se exprime SAMPAIO CARAMELO, "a única solução lógica quando as partes não acordem sobre a determinação do objecto do litígio no início do processo arbitral será atribuir tal tarefa ou missão ao próprio tribunal arbitral que deverá então decidir, baseado na proposta feita pelo demandante e na contraproposta ou objecções feitas pelo demandado para o mesmo efeito, ficando obviamente entendido que, ao decidir tal questão preliminar, o tribunal arbitral está vinculado, como está sempre durante o processo arbitral, pelos limites ou fronteiras estabelecidas na convenção de arbitragem".[45]

VI – A ARBITRAGEM VOLUNTÁRIA NO DIREITO ADMINISTRATIVO

25. O Decreto-Lei n.º 243/84, de 17 de Julho (Lei do Processo nos Tribunais Administrativos), estabelecia, no n.º 3 do seu art. 1.º, que "[o] Estado pode celebrar convenções arbitrais desde que exista fundamento legal para o recurso à arbitragem".[46] Escassos meses antes, também o Estatuto dos Tribunais Administrativos e Fiscais de 1984 (aprovado pelo Decreto-Lei n.º 128/84, de 27 de Abril) estabelecia que são admitidos "tribunais arbitrais no domínio do contencioso dos contratos administrativos e da responsabilidade civil por prejuízos decorrentes de actos de gestão pública, incluindo o contencioso de acções de regresso" (art. 2.º, n.º 2)[47].

A LAV, por seu turno, prevê no seu art. 1.º, n.º 4:

"O Estado e outras pessoas colectivas de direito público podem celebrar convenções de arbitragem, se para tanto forem autorizados por lei especial ou se elas tiverem por objecto litígios respeitantes a relações de direito privado."

---

[45] *Comentário e revista* cit. na nota (43), pág. 509.

[46] Deve notar-se que, antes de 1974, não estava, de modo geral, prevista na lei a possibilidade de o Estado se comprometer em árbitros. No processo de expropriação era tradicional a existência de uma instância arbitral necessária. Cfr. Marcello Caetano, *Manual de Direito Administrativo*, tomo II, Coimbra, Coimbra Editora, 10.ª ed, reimp., 1990, págs. 1036 e segs.. Em contratos administrativos aparecia, por vezes, previsto o recurso a arbitragem voluntária, com base em lei especial.

[47] Sobre esta norma remete-se para J. M. Sérvulo Correia, *A Arbitragem Voluntária no Domínio dos Contratos Administrativos*, in *Estudos em Memória do Prof. Doutor João de Castro Mendes*, Lisboa, Lex, sem data, págs. 229 a 263; Raúl Ventura, *Convenção de Arbitragem* cit., págs. 312-316.

26. Deve notar-se que a Reforma do Contencioso Administrativo de 2002-2003 ampliou de modo significativo o âmbito da arbitragem voluntária nesse Contencioso[48].

Logo no art. 164.º do Projecto de Código de Processo nos Tribunais Administrativos se indicava que o tribunal arbitral pode ser constituído para o julgamento de acções e recursos administrativos.

A Reforma do Contencioso Administrativo consta de dois diplomas que entraram em vigor em 1 de Janeiro de 2004: o Estatuto dos Tribunais Administrativos e Fiscais (ETAF), aprovado pela Lei n.º 13/2002, de 19 de Fevereiro, e alterado pelas Leis n.ºs 4-A/2003, de 19 de Fevereiro, e 107-A/2003, de 31 de Dezembro, e o Código de Processo nos Tribunais Administrativos (CPTA), aprovado pela Lei n.º 15/2002, de 22 de Fevereiro, alterado pela Lei n.º 4-A/2003, de 19 de Fevereiro.

Nos termos do art. 36.º, n.º 1, alínea c), do ETAF, compete aos presidentes dos Tribunais Centrais Administrativos Sul e Norte a nomeação, "no âmbito do contencioso administrativo", dos "árbitros que, segundo a lei de arbitragem voluntária, são designados pelo presidente do tribunal da relação". O art. 37.º do mesmo diploma confia aos Tribunais Centrais Administrativos o julgamento dos recursos de decisões proferidas pelo tribunal arbitral sobre matérias de contencioso administrativo, salvo o disposto em lei especial (art. 37.º, alínea b)).

No CPTA, o Título IX (arts. 180.º a 187.º) tem a epígrafe "Tribunal Arbitral e Centros de Arbitragem".

O art. 180.º, sob a epígrafe "Tribunal Arbitral", estabelece os casos em que pode ser constituído tribunal arbitral, "sem prejuízo do disposto em lei espacial", para julgamento de: questões respeitantes a contratos, incluindo a apreciação de actos administrativos relativos à própria execução (n.º 1, alínea a)); a de responsabilidade civil extracontratual, incluindo a efectivação do direito de regresso (n.º 1, alínea b)); questões relativas a actos administrativos que possam ser revogados sem fundamento na sua invalidade, nos termos de lei substantiva, exceptuando-se os casos em que existam contra-interessados, salvo se estes aceitarem o compromisso arbitral (n.º 1, alínea c), e n.º 2).

---

[48] Veja-se sobre os trabalhos preparatórios, João Martins Claro, *A Arbitragem no Projecto do Código de Processo nos Tribunais Administrativos*, in *Reforma do Contencioso Administrativo – Trabalhos Preparatórios – O Debate Universitário*, Ministério da Justiça, vol I, 2000, págs. 179 a 185.

O CPTA prevê a existência não só de arbitragens *ad hoc*, como de arbitragens institucionalizadas (art. 187.º).

Está excluída a arbitragem, não podendo ser objecto de compromisso arbitral os litígios respeitantes "a responsabilidade civil por prejuízos decorrentes de actos praticados no exercício da função política e legislativa ou da função jurisdicional" (art. 185.º).

Os tribunais arbitrais são constituídos e funcionam nos termos da lei sobre arbitragem voluntária, com as devidas adaptações (art. 181.º).

Os interessados que pretendam recorrer à arbitragem no âmbito dos litígios previstos no art. 180.º CPTA podem exigir da Administração a celebração de compromisso arbitral, nos termos da lei (art. 182.º). Tal pedido suspende os prazos de que depende a utilização dos meios processuais próprios de jurisdição administrativa (art. 183.º), competindo a outorga do compromisso arbitral ao Ministro da Tutela, o qual tem um prazo de 30 dias para despachar o requerimento dos interessados (art. 184.º, n.º 1). Tal competência cabe, no caso de outras pessoas colectivas de direito público, ao respectivo órgão dirigente e, no caso das Regiões Autónomas e das autarquias locais, respectivamente ao governo regional e ao órgão autárquico que desempenha funções executivas (art. 184.º, n.ºs 2 e 3).

As decisões arbitrais podem ser impugnadas através de acção de anulação, a interpor para os Tribunais Centrais Administrativo "com qualquer dos fundamentos que, na lei sobre arbitragem voluntária, permitem a anulação da decisão dos árbitros pelo tribunal da relação" (art. 186.º, n.º 1). Podem igualmente ser objecto de recurso para os mesmos tribunais, "nos moldes em que a lei sobre arbitragem voluntária prevê o recurso para o Tribunal de Relação, quando o tribunal arbitral não tenha decidido segundo a equidade." (art. 186.º, n.º 2).[49]

---

[49] Sobre este título remete-se para Mário Aroso e C. A. Fernandes Cadilha, *Comentário ao Código de Processo nos Tribunais Administrativos*, Coimbra, Almedina, 2.ª ed., 2007, págs. 1005 e segs.; Em geral, sobre a problemática da arbitragem no domínio administrativo, vejam-se João Caupers, *A Arbitragem nos Litígios entre a Administração Pública e os Particulares*, in *Cadernos de Justiça Administrativa*, n.º 18, págs. 3-11, José Luís Esquível, *Os Contratos Administrativos e a Arbitragem*, Coimbra, Almedina, 2004; Mário Aroso de Almeida, *O Novo Regime de Processo nos Tribunais Administrativos*, 4.ª ed., Coimbra, Almedina, 2005, págs. 401 e segs.; J. C. Vieira de Andrade, *A Justiça Administrativa (Lições)*, Coimbra, Almedina, 8.ª ed., 2006, págs. 95-96 (este autor distingue a verdadeira arbitragem voluntária de "arbitragens" levadas a cabo por órgãos

VII – A JURISPRUDÊNCIA DOS TRIBUNAIS SOBRE PROCESSOS ARBITRAIS

27. Ao longo dos vinte anos de vigência da LAV, os nossos Tribunais Superiores foram sendo confrontados com recursos de decisões arbitrais ou com acções de anulação de sentenças arbitrais, tendo vindo a desenvolver uma jurisprudência que tem sido esporadicamente comentada pela doutrina[50].

De um modo geral, importa afirmar que os tribunais superiores portugueses têm assumido uma "pré-compreensão" amiga de arbitragem voluntária e do papel da autonomia privada na conformação do processo arbitral.

Pode dizer-se que um apreciável número de arestos dos tribunais superiores tem-se debruçado sobre questões de grande simplicidade no domínio da arbitragem voluntária, dirimindo conflitos decorrentes do proferimento de uma sentença arbitral que desagradou a um dos contendores.

Tal litigância parece decorrer de alguma incompreensão dos profissionais forenses, sobretudo dos advogados, relativamente ao próprio instituto da arbitragem voluntária e às finalidades por ele prosseguidas.

28. Analisadas numerosas espécies jurisprudenciais, pode dizer-se que boa parte delas versa sobre a delimitação do objecto do litígio

---

administrativos independentes, previstas em leis especiais, que não têm carácter jurisdicional); J. M. Sérvulo Correia, *Direito do Contencioso Administrativo*, I, Lisboa, Lex, 2005, págs. 675-689.

[50] Cfr., por exemplo, Miguel Teixeira de Sousa, *A Recorribilidade das Decisões Arbitrais* in *O Direito*, ano 120.º (1988), III-IV, pág. 566 e segs. (anotação ao Acórdão do Supremo Tribunal de Justiça de 15 de Janeiro de 1987); J. L. Lopes dos Reis, *Questões de Arbitragem Ad Hoc. Constituição do Tribunal Arbitral. Colegiabilidade dos Árbitros. Forma de Processo. Prazo para Decisão. Caducidade da Convenção. Honorários dos Árbitros – Anotação ao Acórdão do Tribunal da Relação de Lisboa de 10 de Fevereiro de 1994*, in *Revista da Ordem dos Advogados*, ano 58.º, 1998, I, págs. 479 e segs.; do mesmo autor, *Questões de Arbitragem Ad hoc* II, na mesma *Revista*, ano 59.º, 1999, I, págs. 217 e segs.; António Sampaio Caramelo, *Jurisprudência Comentada – Questões de Arbitragem Comercial, Revista de Direito e Estudos Sociais*, ano XLV, 2004, págs. 307 e segs. (anotação ao Acórdão do Tribunal da Relação de 18 de Maio de 2004); do mesmo autor, *A Disponibilidade do Objecto de Litígio*, in *Revista da Ordem dos Advogados*, ano 66.º, 2006, III, págs. 1233 e segs.

(problemática ultrapassada a partir da alteração da LAV pelo Decreto-Lei n.º 38/2003, nos termos atrás referidos) e sobre o prazo para a prolação da sentença arbitral.

Relativamente ao prazo para a prolação da sentença arbitral, tem prevalecido na jurisprudência do Supremo Tribunal de Justiça o entendimento de que o prazo de caducidade de seis meses para ser proferida a decisão final nos termos do art. 19.º, n.º 2, da LAV pode não só ser prorrogado expressamente, como ainda resultar da atitude processual de aceitação tácita ou implícita da prorrogação pelas partes.

Pode ler-se no Acórdão do Supremo Tribunal de Justiça de 17 de Junho de 1998:

"Nos termos do artigo 4.º da lei em consideração [LAV], a convenção arbitral caduca em três casos (...):
– Finalmente, falta de prolação arbitral no prazo de seis meses.
Isto, se outra coisa não resultar do *acordo das partes*, conforme se estabelece no n.º 2 do citado artigo 19.º. Tal acordo pode ser *expresso* ou pode resultar implicitamente da atitude processual das partes. Assim, se decorrido tal prazo elas continuam a praticar actos que pressupõem a continuação da competência do tribunal, é patente o acordo *implícito* ou tácito (...) É claramente o caso dos autos: é já numa das sessões da audiência de julgamento, depois de, há muito, se ter estabelecido a convicção da inexistência de problemas quanto à capacidade decisória e competência do tribunal que, inesperadamente, se avança com a questão da caducidade. A atitude parece mais um entrave abusivo ao alcance da esperada decisão do que uma reacção processualmente correcta e admissível, além de injustificada. Afigura-se, assim, violadora dos princípios da boa fé e dos bons costumes, afrontando o disposto no artigo 334.º do Código Civil (abuso do direito)"[51]

---

[51] In *Boletim do Ministério da Justiça*, n.º 478, págs. 286-287; ver ainda os Acórdãos da Relação de Lisboa de 2 de Fevereiro de 1995; in *Colectânea*, XX, 1995, 1.º, pág. 113, e da Relação do Porto, de 8 de Maio de 1995, na mesma revista e ano, 3.º, págs. 206 e segs.

Sobre a competência do tribunal arbitral para apreciar a sua própria competência remete-se para o Acórdão da Relação de Lisboa de 18 de Maio de 2004 (in *Colectânea*, XXIX, 2004, 3.º, pág. 76). Este aresto considerou admissível a coligação na lei de arbitragem voluntária, não havendo convenção em contrário e permitindo a cláusula compro-

E no Acórdão do mesmo Supremo de 6 de Outubro de 2005 refere--se o seguinte:

"Temos para nós como manifesto que a invocação da incompetência do Tribunal Arbitral foi extemporânea, por há muito já decorrido o prazo para tal invocação.
Repare-se que a incompetência do Tribunal Arbitral não é, na economia da L.A.V. (a que pertencem todas as normas citadas sem indicação expressa de diploma) uma nulidade absoluta; que permite a sua invocação a todo o tempo.
Isto mesmo se deduz do art. 27.º, n.º 2 da LAV (...); na verdade aí se consigna que «a incompetência do tribunal arbitral não pode ser arguida pela parte que dela teve conhecimento no decurso da arbitragem e que, podendo fazê-lo, não a alegou oportunamente».
Na sequência deste princípio, as partes estipularam regras temporais limitativas da arguição da referida nulidade na própria acta de instalação do tribunal: a incompetência ou irregularidade de constituição do tribunal só podia ser arguida até à contestação ou neste mesmo articulado (alínea g)).
Simplesmente no caso em apreço a eventual incompetência do tribunal ocorreu após a fase processual prescrita naquela alínea g); o que significa que a regra contida nesta alínea não é aqui aplicável sem que isto implique, porém, que seja vedado às partes arguir posteriormente a referida nulidade se ela tiver ocorrido após a apresentação da contestação.
As partes acordaram, entre as regras processuais por si escolhidas, que à presente acção arbitral aplicar-se-ia como padrão o modelo processual comum ordinário (alínea d)) (...)
Se a incompetência do Tribunal não é uma nulidade invocável a todo o tempo, ela terá que ser arguida nos limites processuais impostos pelo processo comum ordinário.

---

missória pluralidade de partes, quer do lado activo, quer do lado passivo. Refere-se no aresto a situação das *multi-party arbitrations*. Este acórdão está comentado por António Sampaio Caramelo, *Jurisprudência Comentada: Questões de Arbitragem Comercial* in *Revista de Direito e de Estudos Sociais*, ano XLV, 2004, n.º 4, págs. 327-351. A situação é curiosa porque, sendo instaurado um processo arbitral único com duas demandadas em coligação passiva, uma delas logo veio propor uma acção declarativa contra as outras partes sustentando a ilegalidade da opção da demandante. As demandadas foram absolvidas da instância por preterição de tribunal arbitral voluntário.

O prazo regra de arguição de nulidades neste processo é de 10 dias (art. 153.º do C.P.C.) contados nos termos previstas no art. 205.º do C.P.C.
Sucede, todavia, que as partes (por razões de celeridade processual) reduziram ainda mais aquele prazo; na verdade, na alínea e) da acta de instalação o prazo do artigo 153.º é reduzido para metade, ou seja, para 5 dias. (...)
Daí que a invocação da nulidade fosse (ao contrário do decidido) manifestamente intempestiva por ter, entretanto, precludido o direito processual de o fazer."[52]

29. No que toca à anulação das sentenças arbitrais, a jurisprudência dos Tribunais Superiores tem entendido que são taxativos os fundamentos de anulação constantes do n.º 1 do art. 27.º da LAV, louvando-se em regra nos estudos de PAULA COSTA E SILVA[53].

Pode ler-se no Acórdão do Supremo Tribunal de Justiça de 24 de Outubro de 2006:

"Importa, por isso, estabelecer à partida distinção clara entre a eventual *ilegalidade*, por *errada interpretação e aplicação de determinadas disposições da lei do processo*, das decisões interlocutórias a que o recorrente se reporta – desde logo, a da não consideração da réplica (só conservada nos autos para os indicados efeitos), fonte essencial do mais alegado – com as por ele invocadas *violações de princípios processuais, e até constitucionais, fundamentais* a que se alude nos arts. 16.º, alíneas a) e c), 23.º, n.º 3 e 27.º, n.º 1, als. c), d) e e) (...) da LAV, como seja o do contraditório (*audiatur et altera pars* – art. 3, n.º 3, do CPC) (...), da igualdade das partes e da fundamentação das decisões – cfr. arts. 13.º, 20.º e 208.º, n.º 1, da Constituição.

---

[52] Acórdão inédito, proferido na revista n.º 1776/05, sendo relator o Conselheiro Noronha Nascimento. No sentido de que esta caducidade não tem um efeito automático neste caso veja-se Acórdão do Supremo Tribunal de Justiça de 29 de Maio de 1991 (in *Boletim do Ministério da Justiça*, n.º 407, pág. 458), o qual se louva no entendimento de Raúl Ventura.

[53] Vejam-se desta autora: *Anulação e Recursos da Decisão Arbitral*, in *Revista da Ordem dos Advogados*, ano 52.º, 1992, III, págs. 893 e segs.; *Os Meios de Impugnação das Decisões Proferidas em Arbitragem Voluntária no Direito Português*, na mesma Revista, ano 56, I, págs. 179 e segs.

Como salientado na alegação que a ora recorrida ofereceu no recurso de apelação (...), na acção de anulação, necessária e estritamente assente nas causas de pedir, típicas e únicas, indicadas no art. 27.º da LAV, não é permitido censurar ou sindicar o mérito da decisão final, nem das decisões interlocutórias proferidas ao longo do processo que nela tenham influído."[54]

30. A fundamentação das sentenças arbitrais tem suscitado também a atenção da nossa jurisprudência.

No Acórdão da Relação de Lisboa de 9 de Novembro de 2000[55], abordou-se tal questão e escreveu-se que só a falta total da fundamentação exigida pelos arts. 23.º, n.º 3, e 27.º, n.º 1, al. d), da LAV é motivo de anulação dessa sentença:

"O que sucede é que, sendo inadmissível o recurso – ou porque a causa o não comporta, ou porque houve renúncia – terão as partes de suportar o ónus de uma fundamentação eventualmente deficiente (...)"[56]

O Acórdão do Supremo Tribunal de Justiça de 17 de Maio de 2001 reafirmou o mesmo entendimento no acórdão proferido na revista interposta do acórdão acabado de citar:

"Ora, uma vez que a lei arbitral não especializa a fundamentação aí querida, têm que aplicar-se os princípios gerais sobre igual tema, consagrados no processo civil, sendo certo que, a respeito, o legislador da arbitragem voluntária limitou-se a plasmar a norma do art. 666.º, n.º 1, b) do CPC que radica nos princípios consagrados nos artigos 205.º da CRP e 158.º do CPC. A exigência da lei quanto à

---

[54] In *Colectânea/Ac STJ*, XIV, 2006, pág. 87. A discussão sobre a possibilidade de impugnação de decisões interlocutórias do tribunal arbitral, quando as partes não tenham renunciado aos recursos, tem revelado pontos de vista divergentes. No sentido da recorribilidade, pronunciaram-se Teixeira de Sousa, em anotação atrás citada, e L. Carvalho Fernandes, *Dos Recursos em Processo Arbitral*, in *Estudos em Homenagem ao Prof. Doutor Raúl Ventura*, II, 2003, Coimbra, Almedina, págs. 139-164 (pág. 152) e, no sentido oposto, com base no art. 29.º, n.º 1, da LAV, J. A. Lopes dos Reis, *Questões de Arbitragem Ad Hoc* II, cit., págs. 266 e segs.

[55] In *Colectânea*, ano XXV, 2000, 5.º, pág. 87.

[56] *Colectânea* cit., pág. 88.

motivação das decisões compreende-se: quem perde deve poder questionar perante o tribunal de recurso a bondade do silogismo jurídico subjacente à decisão, mas, para isso, é imperioso que a decisão seja inteligível e portanto fundamentada, como se escreveu no acórdão recorrido".[57]

Posição rigorista e seguramente inadequada ao instituto da arbitragem voluntária foi assumida pela Relação do Porto, num recurso de apelação interposto de uma sentença arbitral:

"Assim, o Tribunal Arbitral não chegou a referir quais os depoimentos e documentos que o impressionaram, porquê, e em que medida, não justificando, portanto, na parte controversa, quais deles terão contribuído em maior ou menor grau para a criação da convicção firmada em ordem à decisão da matéria de facto.
A análise crítica das provas insere-se no dever de fundamentação, e, no caso presente, foi ele completamente omitido.
É entendimento doutrinário e jurisprudencial unânime, tanto quanto sabemos, que a fundamentação das decisões em matéria de facto se não basta com a simples enumeração dos meios de prova utilizados, exigindo-se a explicação do processo de formação de convicção do Tribunal".[58]

Este último acórdão proferido em 11 de Novembro de 2003 revela uma censurável incompreensão perante as características de arbitragem voluntária, não lhe tendo ocorrido que os árbitros não têm de ser juristas sequer. Por outro lado, transpõe uma exigência constitucional de fundamentação em processo penal quanto a decisões que só podem ser proferidas pelos tribunais criminais.

Espera-se que tal aresto constitua uma voz isolada numa jurisprudência "amiga" da arbitragem, expressa em dezenas de acórdãos dos nossos tribunais superiores.[59]

---

[57] In *Colectânea/ Acs. STJ*, ano IX, 2001, 2.º, pág. 90.
[58] In *www.dgsi.pt/jtrp/00036535*. Neste Acórdão, o Tribunal da Relação louva-se num Acórdão do Tribunal Constitucional de 2003 sobre o dever de fundamentação nos processos crime perante os extintos tribunais militares.
[59] A questão do fundamento de anulação consistente na omissão de pronúncia tem sido abordado em diversos acórdãos: Acórdão do Supremo Tribunal de Justiça de 19 de Dezembro de 2001 (in *Colectânea /Acs STJ*, IX, 3.º, pág. 152) e da Relação de Lisboa de 30 de Setembro de 1999 (in *Colectânea*, XXIV, 1999, 4.º, pág. 113).

31. A problemática dos litígios susceptíveis de ser submetidos a arbitragem ou da arbitrabilidade dos litígios tem sido abordada em algumas espécies:

Assim, a Relação de Lisboa considerou que a execução específica de um contrato-promessa de dação em pagamento de um imóvel é susceptível de ser objecto de uma convenção de arbitragem:

"O direito consagrado no art. 830.º, n.º 1, do CC não é, manifestamente, um direito indisponível, como, outrossim se sublinha na decisão arbitral, sentença apelada e alegações da ré, não exigindo a pronúncia do tribunal judicial.

Com menos acerto se fez radicar tal tese na diferença terminológica em destaque, posta pelas AA..

A nossa lei, efectivamente, desde logo, também usa a expressão sentença reportando-se à decisão arbitral.

E se o tribunal judicial só pode resolver segundo a equidade, a ocorrer qualquer das hipóteses contempladas no art. 4.º do CC, já o tribunal arbitral, na hipótese em apreço, o podia fazer, ponderado o constante do art. 22.º e o teor da cláusula predita".[60]

Em 2005, o Acórdão da Relação de Guimarães de 16 de Fevereiro de 2005[61] declarou a nulidade de uma cláusula de arbitragem inserida num contrato de distribuição em que se cometia a um tribunal arbitral a interpretação ou execução desse contrato, devendo os árbitros julgar segundo a equidade.

A Relação de Guimarães considerou que, na parte em que cometia a árbitros a resolução de litígios respeitantes a direitos indisponíveis – no caso, o direito à indemnização de clientela que o agente e o distribuidor adquirem, no momento da cessação dos seus contratos –, a convenção de arbitragem violava o art. 1.º, n.º 1, da LAV, uma vez que "o agente, protegido por norma imperativa relativa à indemnização de clientela, não poderia esperar de um tal tribunal arbitral um julgamento com estrita aplicação das normas legais de interesse e ordem pública relativas à indemnização de clientela."[62]

---

[60] In *Colectânea*, IX, 1.º, pág. 81.
[61] In *www.dgsi.pt/jtrg/000*.
[62] Cfr. *A Disponibilidade do Direito como Critério de Arbitrabilidade do Litígio* cit. pág. 1249.

Afigura-se que a análise que desta decisão faz ANTÓNIO SAMPAIO CARAMELO é de sufragar quando sustenta que a Relação de Guimarães adoptou um conceito "forte" de disponibilidade de direitos, exigindo que estes tivessem de ser objecto de renúncia pelo titular, não só após a sua constituição na esfera jurídica do titular, mas também antecipadamente, indo, em minha opinião, além do que dispõe a LAV, que parece contentar-se com uma exigência de disponibilidade fraca, "a qual se traduz na possibilidade de renúncia ao direito só após a radicação deste na esfera jurídica do titular."[63]

Diferentemente, porém, do que sustenta SAMPAIO CARAMELO, não parece correcta a decisão da Relação de Guimarães, se se aceitar o pressuposto de partida da posição daquele anotador: com efeito, se o distribuidor pode renunciar aos direitos indemnizatórios previstos nos arts. 32.º a 34.º da Lei do Contrato de Agência, após a cessação do contrato, não se vê bem por que razão a apreciação desses direitos pelo tribunal arbitral – a admitir que seja possível – não há-de poder fazer-se segundo a equidade.[64]

Outra questão complexa respeitante à disponibilidade de direitos entre nós é a de saber se é possível submeter a tribunais arbitrais a resolução de litígios em matéria de arrendamento vinculístico.[65]

32. As questões atinentes à arbitragem comercial internacional e a arbitragens realizadas no estrangeiro têm sido objecto de decisão nos nossos Tribunais Superiores.

O Acórdão da Relação de Lisboa de 24 de Janeiro de 1995 apreciou uma convenção de arbitragem outorgada entre duas empresas portuguesas, num recurso de agravo de uma decisão do Tribunal Marítimo de Lisboa que julgara procedente a excepção de preterição de tribunal arbitral voluntário deduzido pela ré. Estava em causa um contrato de

---

[63] Cfr. *A Disponibilidade do Direito como Critério de Arbitrabilidade do Litígio* cit. pág. 1249.

[64] Sobre os entendimentos da própria equidade enquanto critério decisório de litígios, veja-se Luís de Lima Pinheiro, *Arbitragem Transnacional* cit, págs. 159-166.

[65] Ver António Sampaio Caramelo, *A Disponibilidade do Direito* cit., págs. 1262 e 1263. Ver ainda António Marques dos Santos, *Arrendamento Urbano e Arbitragem Voluntária*, in *Estudos em Homenagem ao Prof. Doutor Inocêncio Galvão Telles*, vol. III, Coimbra, Almedina, 2002, págs. 573-589.

transporte marítimo de mercadorias embarcadas em Bordéus com destino a Lisboa. A convenção de arbitragem previa a constituição do tribunal arbitral e a aplicação ao litígio do direito inglês. A Relação de Lisboa considerou que se estava perante uma arbitragem internacional no sentido do art. 32.º da LAV, mantendo a decisão da primeira instância, embora com fundamento diverso (nesta considerara-se que se estava perante uma arbitragem interna, sem se atentar no modo com é regulada a arbitragem internacional na LAV).[66]

No Acórdão da mesma Relação de 11 de Maio de 1995, considerou--se irrecorrível uma decisão de um tribunal arbitral proferida num litígio entre a Região Autónoma da Madeira e um construtor naval estrangeiro, decorrendo de um contrato de empreitada de construção de navio, por se tratar de uma arbitragem internacional e dado o disposto no art. 32.º da LAV. Na fundamentação referiu-se:

"não é fácil determinar o exacto significado e alcance da expressão «interesses do comércio internacional», até porque o legislador não nos fornece pistas concretas.

Trata-se de uma fórmula elástica e geradora de incertezas, incumbindo à jurisprudência precisar os conceitos não só de «comércio» como de «internacional».

De todo o modo, deve entender-se que o termo «comércio» está usado em sentido *amplo*, abrangendo, pois, além das operações de produção e troca, as actividades de construção, os investimentos e toda a espécie de prestação de serviços".[67]

No Acórdão do Supremo Tribunal de Justiça de 11 de Outubro de 2005, este Alto Tribunal considerou que o disposto no art. 38.º do Decreto--Lei n.º 178/86, de 3 de Julho (Lei do Contrato de Agências), sobre a aplicação no espaço da regulamentação do contrato de agência, não impedia que as Partes convencionassem a competência de um tribunal arbitral estrangeiro (no caso, uma arbitragem CCI), mesmo que o contrato se desenvolvesse exclusiva ou predominantemente em território português.

---

[66] In *Colectânea*, ano XX, 1.º, pág. 98.

[67] In *Colectânea*, ano XX, 3.º, pág. 105. Aí se refere: "para que possam ser postos em jogo interesses de comércio internacional é suficiente, no fim de contas, que a operação «implique um movimento de bens, de serviços ou um pagamento transfronteiras" (mesma pág.). Critica esta noção ampla de actos de comércio internacional. L. Lima Pinheiro, *Arbitragem Transnacional* cit., págs. 36-37 e nota (32).

O caso sobre que se debruçou este aresto tinha a seguinte configuração: uma sociedade portuguesa propôs uma acção no Tribunal Cível do Porto contra uma sociedade indiana, pedindo a condenação desta a pagar-lhe comissões em dívida, indemnização pela denúncia do contrato de agência sem respeito pelo período do pré-aviso e indemnização de clientela. A demandada arguiu a incompetência do tribunal português por preterição da convenção de arbitragem a favor da Câmara de Comércio internacional e obteve a absolvição da instância.

O Supremo Tribunal, no recurso de agravo, considerou que o referido art. 38.º constituía uma norma de conflitos sobre o regime substantivo aplicável ao contrato de agência, não tendo qualquer influência sobre a convenção de arbitragem válida que afastava a competência dos tribunais judiciais, "pacto processual validamente estabelecido entre as Partes de designação dum tribunal arbitral, cuja competência tem de haver-se como exclusiva, no exercício da autonomia de escolha da entidade que haveria de apreciar os eventuais litígios"[68]. Citando Luís de Lima Pinheiro, pode ler-se neste Acórdão:

> "Se validamente convencionado o recurso à arbitragem, a determinação do direito aplicável à resolução do litígio «rege-se principalmente por regras e princípios próprios do Direito de Arbitragem do Comércio Internacional», sendo permitido que as partes remetam para um Direito estadual, para o Direito Internacional Público, para a *lex mercatoria*, para «princípios gerais» ou para a equidade. Não havendo designação expressa, «não há, em princípio, razão para as partes suporem que os árbitros decidirão o fundo da causa segundo o Direito em vigor no lugar da arbitragem»."[69]

33. Muitas outras questões foram tratadas em diversos acórdãos que não foi possível analisar. Valerá a pena referir que está firmada na jurisprudência a solução de que as partes de uma convenção de arbitragem podem recorrer aos tribunais comuns para obter providências cautelares sem o risco de se considerar que existe uma renúncia por parte do requerente da medida cautelar à solução arbitral.[70]

---

[68] *Colectânea/Ac STJ*, XIII, 2005, pág. 72. Sobre esta decisão vejam-se as considerações críticas de A. Sampaio Caramelo, *A Disponibilidade do Direito* cit, págs. 1250-1251.
[69] *Colectânea cit*, pág. 72.
[70] No sentido de que é possível requerer uma providência cautelar antes de instaurado o processo arbitral ou na pendência deste vejam-se os Acórdãos da Relação de Évora

Não é possível, no contexto desta comunicação prosseguir a análise jurisprudencial sobre outras questões resolvidas pelos nossos tribunais.

VIII – PERSPECTIVAS DE REFORMA DA LEI DE ARBITRAGEM VOLUNTÁRIA

34. Depois de analisadas, de forma necessariamente breve, as circunstâncias em que se operou a modernização do regime legal da arbitragem voluntária entre nós, as fontes da Lei de Arbitragem Voluntária de 1986, o acolhimento pela doutrina das soluções consagradas na nova Lei, as modificações introduzidas no Código de Processo Civil em 1995-1996 e na LAV em 2003 e as orientações jurisprudenciais que se firmaram em relação a algumas soluções legais, é altura de tomar posição quanto à evolução futura da própria LAV.
É o que passaremos a fazer.

35. Está anunciada pelo Ministério da Justiça a intenção de rever a Lei de Arbitragem Voluntária, estando encarregado o Gabinete de Legislação e Política Legislativa (GPLP) deste Ministério de elaborar os respectivos trabalhos preparatórios.
Desconhecem-se de momento as orientações determinadas para tal revisão.
Do meu ponto de vista, a opção básica a tomar pelo legislador é a de saber se se limita a introduzir alterações pontuais na LAV de 1986, na linha do que fez o Decreto-Lei n.º 38/2003, ou se a substitui por uma nova Lei.

---

de 12 de Julho de 1984 (in *Colectânea*, ano IX, 1984, 4.º, pág. 286), da Relação de Lisboa de 26 de Setembro de 2000 (*www.dgsi.jtrl.00028726*), da Relação do Porto de 17 de Maio de 2005 (*www.dgsi.jtrp.00038073*) e da Relação de Lisboa de 20 de Abril de 2006 (proferido no Proc. n.º 3041/2006-2).

Nos dois últimos acórdãos faz-se referência à problemática de os próprios tribunais arbitrais poderem decretar certas medidas cautelares, referindo-se o estudo de Paula Costa e Silva, *A Arbitrabilidade de Medidas Cautelares*, in *Revista da Ordem dos Advogados*, n.º 63, 2003, I-II, págs. 211-235. Os Acórdãos da Relação de Lisboa de 9 de Novembro de 2006 e de 21 do mesmo mês e ano, publicados na *Colectânea*, XXXI, 2005, 5.º, págs. 82 e 91 respectivamente, versaram sobre casos de arrestos decretados por um tribunal arbitral, não tendo afrontado directamente a legalidade dessas medidas cautelares.

36. Como se sabe, o Legislador espanhol optou pela segunda alternativa em 2003, publicando uma nova lei da arbitragem que revogou a lei de 1988, tal como esta tinha revogado a lei de 1953.

Nas palavras de SÍLVIA BARONA VILAR e de CARLOS ESPLUGUES MOTA:

"Muitas e variadas são as características que poderão destacar-se da Lei n.º 60/2003 [de 23 de Dezembro] de Arbitragem. Sem intenção de exclusividade, poderemos assinalar que o ponto de partida indubitável da nova Lei é a aposta no fomento da arbitragem e, em especial, da arbitragem comercial internacional. Este ponto constitui, provavelmente, a grande bondade da Lei: a vontade de oferecer um marco normativo que permita e fomente em Espanha a arbitragem comercial internacional, evitando-se as constantes fugas das arbitragens internacionais para instituições arbitrais com sede em Paris, Londres, Genebra, etc.. Isto torna-se especialmente relevante, dado o potencial económico alcançado pela Espanha e o crescimento das relações comerciais internacionais com a América Latina."[71]

Mas os autores deste preâmbulo notam que a preocupação do legislador espanhol de 2003 pode transformar-se num ponto fraco da lei, na medida em que as respostas que esta dá podem dificultar as arbitragens internas, tanto as institucionais, como, sobretudo, as *ad hoc*, oferecendo soluções pouco funcionais para estas, que são, por regra, menos complexas e economicamente menos relevantes que as arbitragens internacionais.

Seja como for, a Lei espanhola de 2003 adoptou uma concepção monista de arbitragem, não distinguindo as arbitragens internas das internacionais quanto à maior parte da regulamentação e acolhendo as soluções de Lei-Modelo da CNUDCI, com alguma rigidez[72]. O legislador optou por considerar que são susceptíveis de resolução arbitral "as controvérsias sobre matérias de livre disposição conforme o direito" (art. 2.º, n.º 1).

Eis, pois, um primeiro modelo que tem antecedentes na adopção pela Alemanha em 1997 das soluções da mesma Lei-Modelo, integrando-as

---

[71] Apresentação do livro *Arbitraje (Legislación básica)*, Valência, Tirant lo Blanch, 2004, pág. 11.

[72] Como se viu, outra foi a solução do Território de Macau que publicou em 1996 uma lei de arbitragem interna e, em 1998, uma lei de arbitragem para o comércio internacional, inspirada na Lei-Modelo da CNUDCI.

no Código de Processo Civil (§§ 1025.º a 1066.º da ZPO, *Zivilprozessordnung*), tal como sucedeu com numerosos países dos diferentes continentes. A Inglaterra publicou igualmente em 1996 uma Lei de Arbitragem nova, tal como a Suécia em 1999, ambas fortemente influenciadas pela mesma Lei-Modelo.

37. Já o legislador italiano seguiu a primeira alternativa, remodelando em 2006 os arts. 806.º a 840.º do *Codice di Procedura Civile*, através do Decreto Legislativo de 2 de Fevereiro, mantendo, por isso, a sistematização tradicional e continuando a distinguir a arbitragem *ritual* da *irritual* (cfr. art. 808.º – ter). Esta lei remodelou profundamente a regulamentação da convenção de arbitragem (Capítulo I – arts. 806.º a 808.º – quinqués), dos árbitros (Capítulo II arts. 809.º a 815.º), do processo (Capítulo III – atrs. 816.º a 819 – ter), da sentença arbitral (Capítulo IV – arts. 820.º a 826.º), das impugnações (Capítulo V – arts. 827.º a 831.º) e da arbitragem institucional segundo regulamentos pré-existentes (Capítulo VI – art. 832.º). Só a matéria do Capítulo VII (arts. 839.º e 840.º) sobre sentenças arbitrais estrangeiras não foi alterada, mantendo-se a regulamentação introduzida em 1994.

38. Do meu ponto de vista, parece-me que não se justifica a substituição integral da LAV por uma lei nova.

De facto, a LAV distingue claramente as arbitragens internas de direito comum das arbitragens internacionais, que têm um tratamento idêntico ao das arbitragens internas porque têm lugar no território nacional (art. 37.º), flexibilizando certas regras (por exemplo, sobre recursos) quanto a estas últimas. No que toca às decisões arbitrais "estrangeiras" – as que são proferidas em arbitragens que não têm lugar no território nacional – ao reconhecimento e execução das mesmas aplica-se o disposto na Convenção de Nova York de 1958 e, eventualmente, o Protocolo de Genebra de 1923 e a Convenção de Genebra de 1927. Daí que não se veja, à primeira vista, a necessidade de substituição da LAV.[73]

As preocupações do legislador espanhol de 2003 não parecem, salvo melhor opinião, transponíveis para Portugal, atendendo às soluções

---

[73] Luis Lima Pinheiro afirma que o regime interno da arbitragem voluntária "é um dos regimes mais modernos e favoráveis à arbitragem" – *Arbitragem Transnacional* cit, pág. 66.

inovadoras da LAV sobre arbitragem internacional. Seja como for, deixo aos especialistas de Direito Internacional Privado a ponderação sobre tais matérias.

A minha opção vai, pois, no sentido de se manter a LAV, introduzindo-lhe alterações pontuais que permitam adaptá-la ao desenvolvimento crescente da arbitragem como forma de resolução de litígios alternativa à dos tribunais.

39. Passarei a enunciar vários pontos que, a meu ver, merecem uma ponderação do legislador no sentido de se introduzirem eventualmente alterações ou aditamentos à LAV.

Sem a preocupação de ser exaustivo, passarei a indicar sucintamente as razões que parecem justificar tal ponderação.

40. a) O critério geral de arbitrabilidade do litígio (art. 1.º, n.º 1, da LAV)

A nossa lei só permite que sejam submetidos a arbitragem os litígios que não respeitem a direitos indisponíveis. Trata-se de um critério tradicional reafirmado recentemente pelo legislador espanhol em 2003 e pelo legislador italiano em 2006.[74]

SAMPAIO CARAMELO sustentou recentemente que "o critério da *natureza patrimonial de pretensão*" podia e devia "substituir com grandes vantagens o da *disponibilidade do direito*, como método de arbitrabilidade dos litígios"[75], aludindo não só às dificuldades do intérprete para saber se o art. 1.º, n.º 1, da LAV consagra um critério *forte* ou *fraco* de disponibilidade[76], como também à solução consagrada no § 1030.º, n.º 1, da ZPO alemã que prevê que qualquer litígio de natureza patrimonial pode ser objecto de convenção de arbitragem, explicitando a lei ainda que é eficaz a convenção de arbitragem que verse sobre litígios de natureza

---

[74] Art. 806.º, 1.º inciso, do CPC italiano – "As partes podem submeter a decisão de árbitros as controvérsias surgidas entre elas que não tenham por objecto direitos indisponíveis, salvo expressa proibição da lei."

[75] *A Disponibilidade do Direito* cit, pág. 1261.

[76] Recorda-se que, nas palavras do Autor, a *disponibilidade forte* designa "a possibilidade de renunciar ao direito, não só após a sua constituição na esfera jurídica do seu titular, mas também antecipadamente", ao passo que *a disponibilidade fraca* traduz-se "na possibilidade de renúncia ao direito só após a radicação deste na esfera do seu titular" (*A Disponibilidade* cit., págs. 1248-1249).

não patrimonial quando as partes são livres de transigir sobre o objecto desse litígio.

Pessoalmente, não creio que deva ser alterado o critério constante do n.º 1 do art. 1.º, desde que entendida a disponibilidade *no sentido fraco*, que me parece o mais adequado e acolhido na jurisprudência, com a excepção do Acórdão da Relação de Guimarães atrás referido.

Todavia, parece-me matéria carecida de ponderação e debate doutrinal.

41. b) A caducidade da convenção por falta de maioria na deliberação dos árbitros (arts. 4.º, alínea b) e 20.º, n.º 2, da LAV)

Trata-se, a meu ver, de uma solução "não amiga" em matéria de arbitragem enquanto solução oferecida a título supletivo pela lei.

Nos casos de pluralidade de árbitros, é usual que se forme uma maioria no sentido de uma das alternativas de resolução do litígio. Na falta dessa maioria, preconiza-se que a decisão seja confiada ao presidente do tribunal arbitral ou valha como decisão o seu parecer. Tal solução acha-se consagrada no Regulamento do Tribunal Arbitral do Centro de Arbitragem Comercial da Associação Comercial de Lisboa / Câmara de Comércio e Indústria Portuguesa (art. 25.º, n.º 2) e parece dever ser consagrada como solução-regra no sentido de conferir maior eficácia à arbitragem. Como é óbvio, as partes poderão afastar esta norma na convenção de arbitragem ou no regulamento de processo ou em outro escrito posterior (modificando-se, assim, o art. 20.º, n.º 2, LAV). Tal solução consta do art. 35.º da Lei espanhola de 2003, que se afasta da solução do art. 29.º da Lei-Modelo da CNUDCI.

42. c) Impedimentos e recusas dos árbitros (art. 10.º da LAV)

A regulamentação da nossa lei é ática, restringindo aos árbitros não nomeados por acordo das partes a aplicabilidade dos impedimentos e escusas estabelecidas na lei do processo civil para os juízes.

Não está minimamente adjectivado o procedimento para o efeito, nem a eventual intervenção dos tribunais judiciais na matéria.

Importa ver como o § 1037.º da ZPO alemã ou o art. 815.º do CPC italiano regula esta matéria e tornar exequível o que consta da lei portuguesa.

43. d) *Cooperação do tribunal judicial na produção de provas (art. 18.°, n.° 2, c) da LAV)*

Importa adjectivar minimamente esta cooperação, sob pena de se tornar inútil o preceito.

44. e) *Prazo para a decisão (art. 19.° da LAV)*

Deve admitir-se expressamente que as partes possam a qualquer momento fixar novo prazo ou prorrogar o prazo convencionado para a prolação da decisão, sem a limitação do n.° 4 do art. 19.°.

A regulamentação legal facilita a actuação da má fé da parte não interessada na arbitragem, no sentido de que a convenção venha a caducar.

45. f) *Estipulação do recurso à equidade (art. 22.° da LAV)*

Não parece de manter a solução rígida de as partes só poderem autorizar os árbitros a julgar segundo a equidade na convenção de arbitragem ou em documento escrito até à aceitação do primeiro árbitro. Uma maior flexibilidade é aconselhável, devendo as partes poder acordar em tal solução no decurso do processo e até à decisão final. Tal é a solução acolhida pelo § 1051.°, n.° 3, da ZPO alemã, explicitando o disposto no art. 28.°, n.° 3, da Lei-Modelo da CNUDCI.

46. g) *As formas de impugnação da decisão arbitral (arts. 27.° e 29.°, da LAV)*

Parece-me altamente inconveniente que, no silêncio da convenção da arbitragem ou de documento subsequente subscrito pelas partes, caibam da decisão arbitral os mesmos recursos que caberiam de sentença proferida pelo tribunal de comarca (art. 29.°, n.° 1, da LAV).

Julgo que, para serem admissíveis na arbitragem de direito comum recursos ordinários, deveria haver estipulação expressa das partes nesse sentido, à semelhança do que está previsto para a arbitragem internacional (art. 34.° da LAV).

De facto, o interesse de celeridade arbitral é completamente posto em causa se as partes tiverem, em regra, a faculdade de recorrer das decisões que lhes são desfavoráveis. Por outro lado, a lógica de confiar a decisão a árbitros fica seriamente comprometida com o controlo irrestrito dos tribunais judiciais por via dos recursos.

Em contrapartida, na arbitragem interna de direito comum, talvez se devesse estabelecer, à semelhança do disposto no art. 827.° do CPC italiano, ou do art. 43.º da Lei espanhola de 2003, que das decisões arbitrais cabem o recurso extraordinário de revisão e, enquanto se mantiver, o de oposição de terceiro, nos termos gerais.

Em resumo, dever-se-ia manter como modo normal de impugnação ordinária das decisões arbitrais apenas a acção de anulação prevista no art. 27.º da LAV, declarando a lei, e bem, que o pedido de anulação é irrenunciável pelas partes.

47. A experiência que vou tendo de prática arbitral leva-me a sugerir que deveriam ser regulamentadas certas matérias numa revisão da lei de arbitragem. Proponho, a título exemplificativo, o elenco das seguintes matérias:

48. h) Efeito da decisão absolutória da instância arbitral
À semelhança do disposto no art. 808.º-quinquiés do CPC italiano, dever-se-ia esclarecer que a conclusão do processo arbitral sem uma decisão de mérito não torna caduca a convenção de arbitragem.

49. i) A responsabilidade dos árbitros
O art. 19.º, n.º 5, da LAV estabelece que os árbitros que injustificadamente obstarem a que a decisão seja proferida durante o prazo fixado respondem pelos danos causados.

Parece-me que deveria estabelecer-se uma regra de equiparação, em matéria de responsabilidade civil, dos árbitros aos juízes dos tribunais estaduais.

A secção 29.º do *Arbitration Act* inglês de 1996 estabelece a regra geral de imunidade dos árbitros:

> "Os árbitros não são responsáveis pelo que tenham feito ou omitido fazer na execução ou pretendida execução das suas funções como árbitros, salvo se se demonstrar que o acto ou omissão foi determinado por má fé."

Este preceito ressalva a responsabilidade do árbitro decorrente do acto de renúncia deste.

No direito italiano, regula-se detalhadamente a responsabilidade dos árbitros (art. 813.º-ter CPC).

Parece que deveria precisar-se o regime previsto na formulação lacónica da LAV.

50. j) Os direitos dos árbitros
À semelhança de que ocorre com os arts. 814.º e 816.º-septies do CPC italiano, deveriam regular-se os direitos dos árbitros a reembolso de despesas, a honorários, nomeadamente quando a arbitragem não termine por uma decisão de mérito.
O art. 37.º da Lei Sueca de 1999 regula detalhadamente a questão dos encargos de arbitragem.

51. l) A situação de pluralidade de partes
Deveria regulamentar-se tal situação, à semelhança do que ocorre com o art. 816.º-quater do CPC italiano.[77]

52. m) A suspensão do processo arbitral
Com frequência, as partes acordam em suspender a instância arbitral. Tal matéria deveria ser regulada na lei (cfr. art. 819.º-bis da CPC italiano), nomeadamente no que toca à eficácia suspensiva dos prazos para a pronúncia da sentença arbitral.

53. n) A aclaração e a rectificação da sentença arbitral
À semelhança do art. 33.º da Lei-Modelo da CNUDCI, deveriam regular-se os requerimentos e decisões posteriores à prolação da sentença arbitral (cfr., por exemplo, art. 39.º da Lei espanhola de 2003 e art. 32.º da Lei sueca de 1999, bem como o art. 33.º da Lei-Modelo da CNUDCI).

54. o) A problemática das medidas cautelares
Como antes se referiu, a LAV é totalmente omissa no que toca às medidas cautelares conexas com o processo arbitral, não prevendo, por um lado, a articulação dos tribunais estaduais com os tribunais arbitrais no que respeita à concessão de tais medidas, nem esclarecendo, por outro, que o recurso aos tribunais estaduais por uma das partes que solicita a concessão de uma medida cautelar não implica renúncia à convenção de arbitragem.

---

[77] Sobre esta matéria, vejam-se, entre nós, Manuel Botelho da Silva, *Pluralidade de Partes em Arbitragens Voluntárias*, in *Estudos em Homenagem à Professora Doutora Isabel de Magalhães Collaço*, Coimbra, Almedina, 2002, págs. 499-538 e Carla Gonçalves, *Pluralidade de Partes e Intervenção de Terceiros na Arbitragem*, in *Thémis*, ano VII, 2006, n.º 13, págs. 109-153.

Não obstante o silêncio da LAV, a jurisprudência portuguesa não só considera que o facto de a LAV não ter um preceito idêntico ao da art. 5.º do Decreto-Lei n.º 243/84 não acarreta quaisquer consequências negativas para a subsistência da convenção de arbitragem, se uma das partes dessa convenção requerer uma medida cautelar num tribunal judicial, como também parece inclinada a admitir que os tribunais arbitrais poderão decretar certas medidas cautelares, desde que estas tenham como destinatário uma das partes do processo arbitral e a respectiva execução não pressuponha o exercício de competências de natureza executiva de que o tribunal arbitral manifestamente não dispõe (cfr. art. 30.º da LAV), ou a utilização de poderes de autoridade (*jus imperii*)[78].

Afigura-se que uma futura alteração da LAV ou, em alternativa, uma nova lei de arbitragem voluntária, deveria regular esta matéria dos procedimentos cautelares, esclarecendo, por um lado, que não implica renúncia à convenção de arbitragem o requerimento de qualquer procedimento cautelar dirigido ao tribunal judicial, seja como preliminar, seja como incidente de um processo arbitral[79] e determinando, por outro, se o tribunal arbitral pode decretar, a titulo cautelar, medidas conservatórias e antecipatórias e, em caso de resposta afirmativa, quais.

Relativamente aos procedimentos cautelares e "medidas provisórias" decretadas pelos tribunais arbitrais, a Lei-Modelo regula essa matéria no seu art. 17.º, sendo certo que está em preparação uma alteração da Lei--Modelo nessa matéria, a qual visa substituir esse artigo por um novo capítulo dedicado a medidas cautelares (arts. 17.º a 17.º-J).

Esta alteração que tem vindo a ser laboriosamente discutida no seio da CNUDCI mostra que a problemática das medidas cautelares e provisórias a decretar pelos tribunais arbitrais está na ordem do dia, mesmo que seja duvidoso que, no imediato, os diferentes Estados venham a alterar as

---

[78] Remete-se para a nota[70] supra, onde se indicam algumas espécies jurisprudenciais proferidas em matéria de procedimentos cautelares conexos com processos arbitrais. Vale a pena também referir a importante decisão da Juíza Dr.ª Ana Paula M. Boularot, de 31 de Janeiro de 1997, publicada na *Colectânea de Jurisprudência*, ano XXII (1997), II, págs. 296-303.

[79] O art. 9.º da Lei-Modelo da CNUDCI estabelece esta regra, como anteriormente o haviam feito a Lei Uniforme aprovada pela Convenção de Estrasburgo de 1966 (art. 4.º, n.º 2) e a própria Convenção Europeia sobre Arbitragem Comercial Internacional de 1961 (art. VI, n.º 4).

suas leis internas em consonância com o disposto nesse articulado de revisão da CNUDCI[80-81].

Trata-se, pois, de uma matéria que deverá ser objecto de atenção pelo legislador.

55. p) *A regulamentação da revelia do demandado*

Por último, deve notar-se que a situação de revelia do demandado não está contemplada na LAV, deixando-se a regulamentação para as regras de processo que venham a ser adoptadas nos termos do art. 15.º dessa Lei.

O art. 25.º da Lei-Modelo da CNUDCI regula a situação de "falta de cumprimento de uma das partes", prevendo diversas situações e estabelecendo uma regulamentação a título supletivo. Dispõe esse artigo:

"Salvo convenção das partes em contrário, se, sem invocar impedimento bastante,

a) o demandante não apresenta o seu pedido em conformidade com o artigo 23, parágrafo 1, o tribunal arbitral porá fim ao processo arbitral;

b) o demandado não apresenta a sua defesa em conformidade com o artigo 23, parágrafo 1, o tribunal arbitral prosseguirá o processo arbitral sem considerar esta falta em si mesma como uma aceitação das alegações do demandante;

---

[80] O art. 17.º da Lei-Modelo da CNUDCI – que aparece reproduzido no art. 23.º da Lei espanhola de 2003, dispõe: "Salvo convenção em contrário das partes, o tribunal arbitral pode, a pedido de uma parte, ordenar a qualquer delas que tome as medidas provisórias ou conservatórias que o tribunal arbitral considere necessário tomar em relação ao objecto de litígio. O tribunal arbitral pode exigir a qualquer das partes que, em conexão com essas medidas, preste uma garantia adequada". Vejam-se o § 1041.º da ZPO alemã, o art. 25.º, 4.º inciso, da Lei Sueca de Arbitragem, de 4 de Março de 1999, a secção 44.º do *Arbitration Act* inglês de 1996 e o art. 17.-.º da lei espanhola de 2003.

[81] Sobre o projecto de alteração da Lei-Modelo da CNUDCI vejam-se Silvia Barona Vilar, *Medidas Cautelares en el Arbitraje*, Madrid, Thomson / Civitas, 2006, págs. 116 e segs. e Armindo Ribeiro Mendes, *As Medidas Cautelares e o Processo Arbitral (Algumas Notas)*, Lisboa, 2007, ainda inédito. Convirá tomar em consideração que, além de providências cautelares tradicionais, muitas leis estrangeiras englobam, sob a denominação de decisões provisórias, as decisões que conhecem antecipadamente de parte do pedido (sentenças parciais) e as condenações provisórias no decurso do processo. Vejam-se a secção 39.ª do *Arbitration Act* inglês de 1996 e o art. 1049.º do Código de Processo Civil holandês (reformado em 1986).

c) uma das partes deixa de comparecer a uma audiência ou de fornecer documentos de prova, o tribunal pode prosseguir o processo e decidir com base nos elementos de prova de que disponha."[82]

56. Importa acentuar a importância de consagração como solução supletiva a do efeito não cominatório da revelia do demandado (veja-se a alínea b) deste art. 25.º da Lei-Modelo da CNUDCI), estabelecendo-se que dessa revelia não pode extrair-se o efeito de uma confissão tácita ou ficta das afirmações do demandante.

57. Crê-se que haverá vantagem em regular esta matéria de harmonia com a solução da Lei-Modelo da CNUDCI.

IX – O FUTURO DA ARBITRAGEM VOLUNTÁRIA EM PORTUGAL

58. No final deste Balanço impõe-se dizer algo sobre o futuro da arbitragem voluntária no nosso País, acentuando desde já o papel da doutrina no desenvolvimento do instituto, na apreciação crítica da jurisprudência e na fundamentação de propostas de alteração da LAV.

59. Começar-se-á por destacar o aparecimento de alguns estudos de comentário à LAV, atrás referidos, da autoria de RAÚL VENTURA, de ANTÓNIO MARQUES DOS SANTOS e de FRANCISCO CORTEZ, que chamaram a atenção para a evolução recente das regulamentações nacionais sobre arbitragem

---

[82] Utilizou-se a tradução desta Lei-Modelo de Rui Moura Ramos e Maria Ângela Bento in *Contratos Internacionais. Compra e Venda. Cláusulas Penais. Arbitragem*, Coimbra, Almedina, 1986, pág. 506. Sobre vários aspectos a reformar na LAV veja-se, por último, Manuel P. Barrocas, *A Reforma da Lei da Arbitragem Voluntária*, in, *OA – Boletim da Ordem dos* Advogados, n.º 46, Março-Abril 2007, pág. 6 a 11, autor que propõe a regulamentação da matéria dos procedimentos cautelares a ser determinados pelo tribunal arbitral, a eliminação dos recursos como meio de impugnação normal das sentenças arbitrais e a inclusão no art. 27.º da LAV como fundamento autónomo de anulação a violação da ordem pública. Admite-se que houvesse conveniência em regular a matéria das consequências da morte ou impedimento permanente de um árbitro, nomeadamente quando tais eventos ocorram durante ou no fim da produção de prova.

voluntária e para a evolução doutrinal sobre os aspectos nucleares da convenção de arbitragem, sobre o processo arbitral e sobre a chamada arbitragem internacional.

60. A importantíssima matéria da impugnação das sentenças arbitrais foi objecto de dois relevantes trabalhos de natureza académica da autoria de PAULA COSTA E SILVA[83], Autora que, mais recentemente, publicou um estudo sobre a *A Arbitrabilidade das Medidas Cautelares*, já atrás citado, e que tem influenciado a jurisprudência nacional nos termos antes referidos.

61. A matéria de arbitragem comercial internacional tem constituído uma área de estudos dogmáticos de direito internacional privado, a qual se tornou ainda mais importante após a publicação da LAV. Destacar-se-ão os trabalhos publicados por ANTÓNIO FERRER CORREIA[84], JOSÉ NUNES PEREIRA[85], DÁRIO MOURA VICENTE[86] e LUÍS DE LIMA PINHEIRO.[87]

---

[83] *Anulação e Recursos da Decisão Arbitral*, in *Revista da Ordem dos Advogados*, ano 52, 1992, III, págs 893 e segs; *Os Meios de Impugnação de Decisões Proferidas em Arbitragem Voluntária no Direito Interno Português*, na mesma *Revista*, ano 56, 1996, I, págs. 179 e segs.

[84] *Da Arbitragem Comercial Internacional*, in *Temas de Direito Comercial e Direito internacional Privado*, Coimbra, Almedina, 1989, págs. 173 e segs.; *O Problema da Lei Aplicável ao Fundo ou Mérito da Causa na Arbitragem Comercial Internacional*, incluída na mesma obra, págs. 231 e segs.; *O Direito Aplicável pelo Árbitro Internacional ao Fundo da Causa*, in *Boletim da Faculdade de Direito da Universidade de Coimbra*, LXXVII, 2001, págs. 1 e segs.

[85] *Direito Aplicável ao Fundo de Litígio na Arbitragem Comercial Internacional*, in *Revista de Direito e Economia*, XII, 1986, págs. 241 e segs.

[86] *Da Arbitragem Comercial Internacional. Direito Aplicável ao Mérito da Causa*, Coimbra, Coimbra Editora, 1990; numerosos estudos sobre arbitragem publicados in *Direito Internacional Privado – Ensaios*, Coimbra, Almedina, I e II, 2005.

[87] *Direito Internacional Privado*, Coimbra, Almedina, 2002, II, págs. 319 e segs; *Direito Aplicável ao Mérito da Causa na Arbitragem Transnacional*, in *Estudos de Direito Comercial Internacional*, Coimbra, Almedina, 2004, págs. 11 e segs.; *Convenção de Arbitragem (aspectos internos e transnacionais)*, in *Revista da Ordem dos Advogados*, ano 64.º, 2004, I, págs. 125 e segs; *Arbitragem Transnacional. A Determinação do Estatuto da Arbitragem*, Coimbra, Almedina, 2005 (esta última obra constitui a investigação mais completa publicada em Portugal sobre a arbitragem voluntária).

62. Ao longo das páginas antecedentes, foram citados vários estudos e comentários jurisprudenciais da autoria de MIGUEL TEIXEIRA DE SOUSA, JOÃO LUÍS LOPES DOS REIS, LUÍS CARVALHO FERNANDES, ANTÓNIO SAMPAIO CARAMELO e MÁRIO RAPOSO que incidiram em especial sobre a regulamentação da Lei da Arbitragem Voluntária de 1986. JOÃO LUÍS LOPES DOS REIS publicou em 2001 um livro consagrado à representação forense no processo arbitral.[88]

63. Em 1995, o Centro de Arbitragem das Associações Comerciais do Porto e de Lisboa, a Câmara Portuguesa do Comércio e Indústria e a Câmara de Comércio e Indústria do Porto levaram a cabo um Congresso sobre Arbitragem Comercial onde foram apresentadas numerosas comunicações nacionais e estrangeiras. Alguns estudos baseados em tais comunicações vieram a ser publicados mais tarde[89], permanecendo ainda inédita boa parte deles.

64. Uma matéria que está pouco tratada entre nós é a da natureza jurídica do vínculo entre os árbitros nomeados e as partes da convenção de arbitragem. Constitui excepção a publicação de um estudo em 2005 de PEDRO ROMANO MARTINEZ.[90]

65. Numa doutrina que não é tradicionalmente muito rica em matéria de arbitragem voluntária e que durante largas décadas registou poucos estudos de relevo sobre a mesma[91], importa acentuar o interesse renovado

---

[88] *Representação Forense e Arbitragem*, Coimbra, Coimbra Editora, 2001.

[89] Estão publicados os estudos de Augusto Lopes Cardoso, *Da Deontologia do Árbitro*, in *Boletim do Ministério da Justiça*, n.º 456, págs. 31 e segs., e de Manuel Henrique Mesquita, *Arbitragem: Competência do Tribunal Arbitral e Responsabilidade do Árbitro*, in *Ub Uno ad Omnes. 75 Anos da Coimbra Editora*, Coimbra, Coimbra Editora, 1998, págs. 1381, segs.

[90] *Análise do Vínculo Jurídico do Árbitro em Arbitragem Voluntária ad Hoc*, in *Estudos em Memória do Professor Doutor António Marques dos Santos*, Coimbra, Almedina, I, 2005, págs. 827 e segs.

[91] Constituem honrosas excepções os seguintes estudos: Visconde de Carnaxide, *Da Arbitragem ou Juízo Arbitral Voluntário e Obrigatório em Direito Privado Interno e Internacional*, in *O Direito*, ano 45.º (1913), págs. 2 e segs; João Tello de Magalhães Collaço, *Juízo Arbitral*, no *Boletim da Faculdade de Direito da Universidade de Coimbra*, I (1914-1915), págs. 281 e segs; Alberto dos Reis e Machado Villela, *Do Juízo*

por temas de arbitragem, sobretudo porque, anualmente, constituem-se numerosos tribunais arbitrais *ad hoc* ou em arbitragem institucionalizada para julgar litígios submetidos a arbitragem voluntária.[92]

O interesse pela regulamentação de arbitragem pode aferir-se pela publicação de uma colectânea muito completa contendo as principais leis de arbitragem voluntária de Estados do nosso círculo cultural, as principais convencionais internacionais, bilaterais e multilaterais, sobre arbitragem voluntária, numerosos estatutos de instituições nacionais e internacionais de arbitragem institucionalizada e outros textos normativos aplicáveis à arbitragem voluntária.[93]

Arbitral, no mesmo *Boletim*, VI (1920), págs. 686 e segs.; Botelho de Sousa, *Do Juízo Arbitral*, in *Revista da Ordem dos Advogados*, ano 5.º (1945), págs. 247 e segs.: Palma Carlos, *La Procédure Arbitrale en Droit Comparé*, in *Jornal do Foro*, ano 30 (1966), n.os 154-155, págs. 5 a 33, n.os 156-157, págs. 237-253, ano 31 (1967) n.os 158-161, págs. 83 a 98. I. Galvão Telles, *Cláusula Compromissória*, in *O Direito*, ano 89.º (1957), págs. 213 e segs.; F. Pessoa Jorge, *Forma da Cláusula Compromissória. Incumprimento do Contrato-Promessa*, in *Revista da Faculdade de Direito da Universidade de Lisboa (Jurisprudência Comentada)*, ano XXIII (1970/1971), págs. 237 e segs; J. A. Pires de Lima, *Anotação ao Acórdão do Supremo Tribunal de Justiça* de 26 de Março de 1968, in *Revista de Legislação e Jurisprudência*, ano 102.º (1969/1970), págs. 109 e segs. em especial págs. 155 a 160; A. Vaz Serra, *Anotação ao Acórdão do Supremo Tribunal de Justiça de 26 de Outubro de 1971*, na mesma *Revista*, ano 105.º (1972-1973), págs. 250 e segs.; Carlos Lima, *Tribunal Arbitral e Arbitramento*, in *O Direito*, ano 97 (1965), págs. 274 e segs.

[92] Destacamos, entre outros estudos, os de Cristina Pimenta Coelho, *A Convenção de Nova Iorque de 10 de Junho de 1958 relativa ao Reconhecimento e Execução de Sentenças Arbitrais Estrangeiras*, in *Revista Jurídica*, n.º 20, 1996, págs. 37 e segs.; António Menezes Cordeiro, *A Decisão segundo a Equidade*, in *O Direito*, ano 122, 1990, II, págs. 261 e segs.; Manuel Botelho da Silva, *Arbitragem Voluntária – A Hipótese da Relatividade da Posição do Árbitro perante o Direito de Conflitos Estadual*, Coimbra, Almedina, 2004; Mário Raposo, *A Sentença Arbitral* na *Revista da Ordem dos Advogados*, ano 65.º, 2005, II, págs. 253 e segs; J. Calvão da Silva, *Convenção de Arbitragem – Algumas Notas*, in *Homenagem da Faculdade de Direito de Lisboa ao Prof. Doutor Inocêncio Galvão Telles – 90 anos*, Coimbra, Almedina, 2007, págs. 533-549; J. Lebre de Freitas, *O Caso Julgado na Arbitragem Internacional que tem Lugar em Território Português*, na mesma obra, pág. 673 a 689; João Álvaro Dias, *Porquê a Arbitragem? Idoneidade e Eficácia*, in *Estudos em Memória do Prof. Doutor José Dias Marques*, Coimbra, Almedina, 2007, págs. 183 a 205.

[93] Referimo-nos a João Álvaro Dias, *Resolução Extrajudicial dos Litígios – Quadro Normativo*, Coimbra, Almedina, 2002.

66. Em anos recentes, foram publicados dois relatórios sobre o regime jurídico da arbitragem voluntária em Portugal destinados a colectâneas internacionais sobre arbitragem voluntária, o que constitui sinal evidente do carácter claramente transnacional do fenómeno da arbitragem voluntária.[94]

A tarefa de divulgação do direito português no estrangeiro é indispensável, de modo a contrariar a situação de generalizado desconhecimento da legislação e doutrina nacionais, o que compromete a escolha de lugares em Portugal para sede de tribunais arbitrais relativamente a litígios do comércio internacional.

Tal desconhecimento é patente nas obras gerais recentemente publicadas sobre arbitragem comercial internacional, em que se recorre a dados de Direito Comparado. Apenas numa dessas obras se faz referência a algumas soluções da LAV.[95]

67. Importa ainda acentuar que se não confinam ao direito privado e ao direito administrativo as potencialidades de soluções de arbitragem voluntária.

Em anos recentes, têm vindo a ser adoptadas com êxito, entre nós, soluções de resolução alternativa de litígios no domínio do Direito do Consumo, as quais incluem o recurso a tribunais arbitrais institucionalizados.

---

[94] João Morais Leitão e Dário Moura Vicente, *Portugal*, in *International Handbook on Commercial Arbitration*, Supp 45, Janeiro de 2006 (o qual contém uma tradução não oficial da LAV e de várias normas do Código de Processo Civil); José Miguel Júdice e Pedro Metello de Nápoles, relatório sobre Portugal in *Arbitration World – Jurisdictional Comparisons*, ob. col. editada por J. William Rowley, Londres, The European Lawyer, 2.ª ed., 2006, págs. 277 e segs.

[95] Tanto quanto se pode averiguar, não há qualquer referência às soluções da LAV nos manuais bem conhecidos de Piero Bernardini, *L'Arbitrato Commerziale Internazionale*, Varese, Giuffrè, 2000, de Jean François Poudret e Sébastien Besson, *Droit Comparé de l' Arbitrage International*, Bruxelas, Bruylant, LGDJ e Schultess, 2002, e de A. Redfern, M. Hunter, N. Blackaby e C. Partasides, *Law and Pratice of International Commercial Arbitration*, Londres, Thomson/Sweet & Maxwell, 4.ª ed., 2004. Em contrapartida, no manual já clássico *Fouchard Gaillard Goldman on International Commercial Arbitration* editado por E. Gaillard e John Savage, Haia e Londres, Klumer Law International, 1999, encontram-se algumas referências a soluções da LAV portuguesa (vejam-se págs. 55, 76, 98, 341, 398, 620, 636-637, 677). Nesta obra, acentua-se que a LAV tem uma clara influência francesa, demonstrada pela adopção da noção de arbitragem internacional no seu art. 32.º, sem se atentar nas diferenças entre a regulamentação portuguesa e a constante do Código de Processo Civil francês.

Com efeito, os municípios, os organismos públicos de defesa dos consumidores, as uniões de associações de comerciantes e o próprio Ministério de Justiça têm estado envolvidos na constituição de Centros de Arbitragem de Conflitos de Consumo, dos quais o mais antigo é o Centro de Arbitragem de Conflitos de Consumo de Lisboa. Neste Centro tem exercido funções de árbitro único (juiz-árbitro) um magistrado judicial designado pelo Conselho Superior da Magistratura.

Além dos Centros de Arbitragem de Conflitos de Consumo de Lisboa, Porto, Coimbra e Figueira da Foz, Vale de Ave e Braga, existem já outros centros mais recentes[96]. Existe igualmente um Centro de Arbitragem dos Litígios de Reparação Automóvel.

68. Especificamente no domínio dos Seguros, foram criados dois centros de arbitragem institucionalizada, um dos quais dirigido às relações entre seguradoras e segurados no que respeita à indemnização do prejuízos materiais causados por acidentes de viação.[97]

69. Relativamente às perspectivas futuras de utilização de tribunais arbitrais na resolução de outros tipos de litígios, importa chamar a atenção para que a legislação portuguesa prevê a possibilidade de intervenção de tribunais arbitrais voluntários no domínio dos conflitos colectivos de trabalho (cfr. Código do Trabalho, art. 590.º, o qual remete para o disposto nos arts. 564.º a 572.º do mesmo diploma)[98], tal como no domínio da

---

[96] Veja-se a notícia dada na obra publicada pelo Instituto do Consumidor, *Arbitragem dos Conflitos de Consumo*, organizada por Joaquim Carrapiço, Lisboa, 1992.

[97] Em 2000 foi criado, por iniciativa do Ministério da Justiça e da Associação Portuguesa de Seguradores, o Centro de Informação, Mediação e Arbitragem de Seguros (CIMASA) destinada a resolver litígios entre companhias de seguros e segurados. Existe ainda o Centro de Arbitragem do Sector Automóvel (CASA) que resolve litígios entre seguradoras. Vejam-se Bernardo Marques, *Algumas Formas de Resolução Extrajudicial de Conflitos*, in *III Congresso Nacional de Direito dos Seguros – Memórias*, ob. colect. organizado por António Moreira e M. Costa Martins, Coimbra, Almedina, 2003, págs. 139 e segs; João Alves, *Direito dos Consumidores – Textos e Peças Processuais*, Coimbra, Coimbra Editora, 2006, págs. 191-193.

[98] O art. 590.º do Código do Trabalho prevê a possibilidade de resolução dos conflitos colectivos de trabalho por arbitragem voluntária. O art. 564.º do mesmo diploma estatui – na linha do art. 34.º, n.º 1, do Decreto-Lei n.º 519-C1/79, de 29 de Dezembro – que, a todo o tempo, "as partes podem acordar em submeter a arbitragem, nos termos que definirem ou, na falta de definição, segundo o disposto nos artigos seguintes, as

propriedade industrial (cfr. Código de Propriedade Industrial aprovado pelo Decreto-Lei n.º 36/2003, de 5 de Março, arts. 48.º a 50.º) se prevê a possibilidade de ser constituído tribunal voluntário "para o julgamento de todas as questões susceptíveis de recurso judicial"[99].

70. Igualmente no domínio da regulamentação da defesa da concorrência, é hoje entendido, no plano comunitário, que os tribunais arbitrais dispõem de competência, "para aplicarem, não só a título incidental (o que, durante longo tempo se entendeu ser o único poder que aqui se lhes reconhecia) mas também a título principal, todas as regras e princípios do direito europeu da concorrência que os tribunais estaduais também aplicam".[100]

71. Verifica-se, assim, que as virtualidades da arbitragem voluntária têm vindo a ser reconhecidas noutros ramos de Direito, o que augura um futuro promissor a uma instituição cujas raízes remontam à Antiguidade Clássica.

X – CONCLUSÃO

72. Nas linhas antecedentes procurou sintetizar-se a evolução da arbitragem voluntária em Portugal durante os vinte anos de vigência da LAV.

Considerou-se necessário fazer uma referência às regulamentações sucessivas dos tribunais arbitrais nos três Códigos de Processo Civil que desde o final do século XIX foram sendo publicados entre nós.

---

questões laborais que resultem, nomeadamente, da interpretação, integração, celebração ou revisão de uma convenção colectiva". Este Código regula também casos de arbitragem obrigatória (arts. 567.º a 572.º). Ver ainda os arts. 439.º e segs. da Lei n.º 35/2004, de 29 de Julho (Regulamentação do Código de Trabalho) sobre arbitragem dos serviços mínimos.

[99] Art. 48.º deste Código. A lei de autorização legislativa (Lei n.º 17/2002, de 15 de Julho) confere ao Governo o poder de regular "os mecanismos extrajudiciais de resolução de litígios, nomeadamente o recurso arbitral" (art. 3.º, n.º 1, alínea i)).

[100] António Sampaio Caramelo, *Disponibilidade do Direito* cit., pág. 1260. Recorda--se que a reforma do Direito Europeu da Concorrência foi levada a cabo pelo Regulamento (CE) n.º 1/2003, de Dezembro de 2002, que entrou em vigor em 1 de Maio de 2004.

Igualmente se chamou a atenção para os reflexos de revolução de 25 de Abril de 1974 sobre a prática arbitral, mostrando que, a partir da I Revisão Constitucional, se arreigou a convicção entre os juristas de que estavam reunidas as condições para regulamentar em termos modernos a arbitragem voluntária.

Após a tentativa frustrada de 1984, com a publicação do referido Decreto-Lei n.º 243/84, o Governo apresentou à Assembleia da República uma proposta de lei que veio a converter-se na Lei n.º 31/86, de 29 de Agosto (Lei de Arbitragem Voluntária).

A análise feita pela nossa doutrina da nova LAV e as primeiras críticas ao seu articulado acham-se referidas atrás, bem como a influência que ela própria exerceu nos trabalhos preparatórios da futura Lei de Arbitragem Interna de Macau.

A aplicação de soluções arbitrais no domínio do Direito Administrativo iniciou-se em 1984 e viria a ter uma consagração ampla no Código de Processo nos Tribunais Administrativo, um dos diplomas de Reforma do Contencioso Administrativo que entrou em vigor em 1 de Janeiro de 2004.

Pôs-se em destaque a importância não só da adesão de Portugal em 1994 à Convenção de Nova Iorque de 1958 sobre o reconhecimento e execução das sentenças arbitrais, como também da alteração introduzida no art. 12.º da LAV pelo Decreto-Lei n.º 38/2003, de 8 de Março.

Finalmente, procurou analisar-se o modo como os tribunais superiores têm aplicado os preceitos da LAV, depois de se ter equacionado a problemática da reforma ou da substituição desta Lei e formulou-se um conjunto de propostas para alteração da mesma LAV, – o que se torna imperioso por se ter conhecimento de que está em preparação uma reforma da Lei da Arbitragem Voluntária pelo Ministério da Justiça ou até a sua substituição integral.

Sem cair em exageros, tentaram antever-se os sectores jurídicos em que podem vir a ter êxito soluções arbitrais, mostrando-se como o labor da doutrina é fundamental para assegurar tal êxito, tal como é fundamental a divulgação no estrangeiro da nossa legislação interna, como forma de garantir um frutuoso intercâmbio com outras doutrinas, especialmente no que respeita à arbitragem do comércio internacional, matéria que foi, pela primeira vez, regulada entre nós pela LAV.

Por último, considera-se essencial que as instituições universitárias portuguesas passem a estudar as matérias de arbitragem voluntária, de forma a que se vá constituindo um lastro teórico indispensável à evolução legislativa e ao enraizamento na prática das soluções arbitrais.

Está, assim, feito o balanço de duas décadas de vigência da LAV, tal como solicitado pelos organizadores do I Congresso do Centro de Arbitragem da Câmara de Comércio e Indústria Portuguesa[101].

---

[101] Texto que serviu de base à exposição feita pelo Autor na sessão de 15 de Junho de 2007, no Auditório da Culturgest em Lisboa.

PORTUGAL E AS CONVENÇÕES INTERNACIONAIS EM MATÉRIA DE ARBITRAGEM[*]

Dário Moura Vicente[**]

I

É há muito reconhecido o papel fundamental que as convenções internacionais desempenham na afirmação da arbitragem como meio eficaz de resolução dos litígios emergentes do comércio internacional.

Essas convenções prosseguem, de um modo geral, dois objectivos principais: por um lado, harmonizar ou unificar os Direitos nacionais neste domínio; por outro, assegurar o reconhecimento das convenções de arbitragem e das sentenças arbitrais submetidas a Direitos estrangeiros. É inequívoca a relevância de qualquer deles. Ao reduzir-se, através da harmonização ou unificação de Direitos, a incerteza sobre o regime aplicável à arbitragem, reduzem-se também, nas situações internacionais, os custos das transacções. A diversidade dos Direitos é, por certo, em muitos domínios inevitável – e até desejável –, na medida em que dela resulta um estímulo à inovação e ao progresso dos sistemas jurídicos nacionais. Mas tem, em muitos casos, um custo para os agentes económicos, que potencialmente neutraliza ou reduz os benefícios da integração económica. É esse custo que se procura atenuar por via da harmonização e da unificação de Direitos através de convenções ou outros instrumentos internacionais. Quanto ao reconhecimento internacional das convenções

---

[*] Conferência proferida em 15 de Junho de 2007 no *I Congresso do Centro de Arbitragem da Câmara de Comércio e Indústria Portuguesa*.
[**] Professor da Faculdade de Direito de Lisboa

e sentenças arbitrais, trata-se, como é bom de ver, de uma condição de eficácia da arbitragem como meio de composição dos litígios que transcendem as fronteiras de um Estado, pois só através dele se consegue evitar que, a fim de executar em certo país uma sentença arbitral estrangeira, ou de que ela possa ser nele invocada como fundamento da excepção de caso julgado, o litígio haja de ser de novo julgado pelos tribunais locais, com as delongas e os custos a isso inerentes.

Importa todavia notar que os instrumentos utilizados com vista à harmonização e à unificação dos Direitos nacionais nesta matéria não se resumem hoje às convenções internacionais; o que bem se compreende, atentas as dificuldades que muitas vezes suscitam a sua ratificação ou adesão e a entrada em vigor das respectivas disposições nos Estados que delas são partes. Nos últimos anos, tem-se recorrido em muitos domínios a instrumentos mais flexíveis, como a *Lei-Modelo da Comissão das Nações Unidas Para o Direito do Comércio Internacional Sobre a Arbitragem Comercial Internacional*, publicada em 1985. Da relevância desta dá conta a circunstância de, nos vinte anos subsequentes à sua publicação, ter servido de base às leis de arbitragem de mais de 50 países e territórios (posto que não da lei portuguesa de 1986). Outra modalidade dos referidos instrumentos consiste nas Recomendações emanadas da Comissão Europeia, entre as quais sobressaem as respeitantes à resolução extrajudicial de conflitos de consumo, adoptadas em 1998 e 2001.

Não pode, aliás, ignorar-se a relevância neste domínio do Direito Comunitário. Em 1994, o Parlamento Europeu declarou, numa Resolução então adoptada, que se impunha a criação, sob proposta da Comissão, de um processo unificado de arbitragem de diferendos transfronteiriços entre consumidores e empresas. Por seu turno, o Tratado de Amesterdão, celebrado em 1997, introduziu no Tratado da Comunidade Europeia novas disposições (os arts. 61.º, 65.º e 67.º), que conferiram aos órgãos da Comunidade poderes legislativos importantes em matéria de reconhecimento e execução de decisões em matéria civil e comercial, incluindo as decisões extrajudiciais. A Comunidade está hoje, assim, habilitada a legislar sobre esta matéria. Não foram, é certo, ainda adoptados actos comunitários de âmbito geral sobre a arbitragem. Mas diversos actos de Direito Comunitário têm-se referido a ela, assim como a outros meios extrajudiciais de resolução de litígios. Tal o caso, nomeadamente, da Directiva 2000/31/CE sobre o comércio electrónico, que expressamente previu que os Estados Membros devem assegurar que, em caso de desacordo entre o prestador de um serviço da sociedade da informação e o destinatário desse serviço, a sua legislação não impeça a utilização de mecanismos de resolução extrajudicial de litígios, inclusive através de meios electrónicos (art. 17.º, n.º 1). Acresce que o *princípio do paralelismo* entre a competência interna e a competência externa da Comunidade Europeia implicou a atribuição de competência a esta para negociar e concluir acordos com terceiros Estados sobre as matérias para as quais tenha competência legislativa na ordem interna. O Tribunal de Justiça das Comunidades tem por isso entendido (por último no parecer 1/03, de 7 de Fevereiro de 2006, sobre a competência para celebrar a nova *Convenção de Lugano Relativa à Competência Judiciária, ao Reconhecimento e à Execução de Decisões em Matéria Civil e Comercial*) que, uma vez que a Comunidade tenha exercido a sua competência na ordem interna, *maxime* adoptando disposições que fixem regras comuns a respeito de determinada matéria, a competência comunitária passa a ser exclusiva na ordem internacional, no sentido de que os Estados-Membros perdem o direito de contrair, individual ou colectivamente, obrigações com terceiros países que afectem essas disposições. Assim se compreende, por exemplo, que em Abril de 2007 a Comunidade Europeia se haja tornado membro da Conferência da Haia de Direito Internacional Privado. Eis, em suma, por que se nos afigura que também a arbitragem internacional deverá, mais cedo ou mais tarde, conhecer um processo de *comunitarização* análogo ao verificado em tantos outros domínios do Direito.

II

Mas qual a posição de Portugal relativamente às convenções internacionais em matéria de arbitragem?

Como é sabido, nos anos 20 do século pretérito foram celebradas em Genebra, sob a égide da Sociedade das Nações, duas importantes convenções internacionais sobre este tema: o *Protocolo Relativo às Cláusulas de Arbitragem*, de 1923, e a *Convenção para a Execução das Sentenças Arbitrais Estrangeiras*, de 1927. Estas Convenções, na medida em que previram o reconhecimento pelos Estados contratantes das convenções de arbitragem e sentenças arbitrais estrangeiras, excluindo quanto a estas a revisão de mérito pelos tribunais do Estado onde são invocadas, representaram um inequívoco progresso relativamente à situação anterior.

Não obstante isso, padeciam de algumas insuficiências. Estas prendiam--se essencialmente com dois aspectos: por um lado, a sujeição dos interessados no reconhecimento de uma sentença arbitral estrangeira ao ónus de provarem, no país onde pediam o reconhecimento, que se encontravam preenchidas todas as condições para o efeito exigidas pela Convenção de 1927; por outro, a inclusão entre essas condições da exigência de que a sentença fosse definitiva no país onde havia sido pronunciada – o que não raro conduzia ao chamado *duplo exequatur*, visto que os tribunais de vários países interpretaram essa exigência no sentido de que os interessados tinham para o efeito de obter primeiro uma decisão confirmatória da exequibilidade da sentença no respectivo país de origem, proporcionando-se assim à contraparte o ensejo de disputar o bem fundado da sentença perante os tribunais judiciais desse país. Em 1930, Portugal ratificou ambas as convenções, não obstante as aludidas insuficiências, tendo elas constituído, durante várias décadas, os principais instrumentos internacionais em vigor entre nós sobre a matéria.

Em 10 de Junho de 1958, numa conferência internacional que teve lugar em Nova Iorque sob a égide da ONU, foi concluída a *Convenção Sobre o Reconhecimento e a Execução de Sentenças Arbitrais Estrangeiras*. Apesar da sua designação, esta convenção regula não apenas o reconhecimento das sentenças arbitrais, mas também das convenções de arbitragem. A Convenção de Nova Iorque facilitou consideravelmente o reconhecimento de sentenças arbitrais estrangeiras. Por um lado, porque, graças à eliminação do referido duplo *exequatur*, deixou de ser necessário ao requerente demonstrar que a sentença é definitiva no país de origem, a fim de que possa ser executada noutro país: exige-se agora apenas que seja obrigatória para as partes (i.é, que tenha transitado em julgado de acordo com a lei que lhe é aplicável). Por outro lado, porque, devido à inversão do ónus da prova dos fundamentos de recusa do reconhecimento, a demonstração do preenchimento destes no caso concreto passou a caber à parte contra a qual a sentença é invocada. A sentença arbitral é, assim, na Convenção de Nova Iorque, um título que não carece da demonstração de quaisquer elementos a ela extrínsecos a fim de produzir os seus efeitos normais como acto jurisdicional. Em todo o caso, deixou--se na Convenção certo espaço aos Direitos nacionais, ao prever-se, no art. VII, n.º 1, que as suas disposições não prejudicam o direito que qualquer das partes interessadas possa ter de invocar a sentença arbitral ao abrigo da lei do país onde essa invocação for feita, quando as regras locais se mostrem mais favoráveis ao reconhecimento.

A Convenção de Nova Iorque revelou-se, ao longo de quase cinco décadas, um instrumento extremamente eficaz; ela é em larga medida responsável pelo êxito que a arbitragem conheceu na segunda metade do século XX como meio de resolução de litígios emergentes do comércio internacional. São hoje partes dela 142 Estados, sendo a proporção de sentenças arbitrais cujo reconhecimento é recusado nesses Estados, em média, inferior a 5%. Como nenhuma convenção internacional sobre o reconhecimento de sentenças judiciais estrangeiras logrou até hoje alcançar semelhante número de ratificações ou adesões, nem conseguiu assegurar tão elevada percentagem de reconhecimentos, pode afirmar-se que é hoje mais fácil obter, ao abrigo da Convenção de Nova Iorque, o reconhecimento e a execução de uma sentença arbitral estrangeira do que de uma sentença judicial. E outro tanto pode dizer-se das convenções de arbitragem abrangidas pelas disposições dessa convenção, no confronto com os pactos de jurisdição ordinariamente celebrados em litígios com carácter internacional.

A verdade, porém, é que durante muito tempo Portugal se manteve à margem da Convenção de Nova Iorque, cuja ratificação apenas veio a ocorrer em 1994, tendo a mesma entrado em vigor no nosso país a 16 de Janeiro de 1995. Isto apesar de em 1986 – quase uma década antes – ter sido publicada entre nós uma lei relativamente moderna sobre a arbitragem voluntária. Supomos que a situação periférica do país em matéria de arbitragem internacional se ficou a dever, pelo menos em parte, a esse facto. Nenhum país que queira posicionar-se como local privilegiado para a realização de arbitragens internacionais – e é bem conhecida a importância que isso tem tido no desenvolvimento da advocacia e de serviços conexos em vários países – pode, na verdade, ignorar a importância da Convenção de Nova Iorque.

Mas se é certo que Portugal manteve durante muito tempo a referida atitude de distanciamento relativamente à principal convenção internacional sobre arbitragem, o mesmo não sucedeu com duas outras convenções de alcance muito mais restrito.

A primeira é a *Convenção para a Resolução de Diferendos Relativos a Investimentos entre Estados e Nacionais de Outros Estados*, celebrada em Washington em 1965, sob a égide do Banco Mundial, aprovada para ratificação em 1984 e em vigor em Portugal desde 1 de Agosto de 1984. Esta convenção instituiu o Centro Internacional para a Resolução de Diferendos Relativos a Investimentos entre Estados Contratantes e

Nacionais de outros Estados Contratantes (CIRDI), tendo consagrado o reconhecimento automático, nos respectivos Estados contratantes, das sentenças arbitrais proferidas sob a égide desse Centro, as quais devem ser executadas nesses Estados como se de decisões finais dos tribunais locais se tratasse (art. 54.º, n.º 1).

A segunda é a *Convenção Interamericana sobre Arbitragem Comercial Internacional*, feita no Panamá em 30 de Janeiro de 1975, de que são partes vários Estados membros da Organização de Estados Americanos e que se baseia em larga medida na Convenção de Nova Iorque. Foi ratificada por Portugal e publicada no jornal oficial em 2002. O instrumento de ratificação desta Convenção ainda não foi, todavia, depositado na Secretaria-Geral da Organização de Estados Americanos, como exige o seu art. 9.º. Pelo que, a nosso ver, ela não vincula internacionalmente o Estado português. Donde, aliás, não resultará particular inconveniente: a principal vantagem que esta convenção apresentava para Portugal – a que consistia em facilitar o reconhecimento das sentenças arbitrais nas relações com o Brasil – desapareceu após a adesão deste país, em 2002, à Convenção de Nova Iorque.

Uma palavra agora sobre as convenções bilaterais. Há duas ordens de convenções desta natureza celebradas pelo nosso país com relevância no domínio da arbitragem: os *acordos de cooperação jurídica e judiciária com os países de língua oficial portuguesa*, entre os quais se destacam, por último, o acordo com Angola, concluído em Luanda em 1995, que entrou em vigor em 5 de Maio de 2006, e o acordo com Cabo Verde, celebrado na Praia em 2003 e ratificado por Portugal em 2005, em vigor desde 8 de Julho de 2005; e os *acordos sobre promoção e protecção recíproca de investimentos* celebrados com outros países, de que são exemplos os que foram concluídos com a Tunísia, em 2002 (em vigor desde 10 de Novembro de 2006), e com a Argélia, em 2004 (em vigor desde 8 de Setembro de 2005).

Em ambas as categorias de acordos encontramos disposições – nem sempre inteiramente coerentes entre si – sobre a arbitragem. No caso dos acordos de cooperação com os países de língua oficial portuguesa, mandam-se aplicar ao reconhecimento das sentenças arbitrais as disposições sobre a revisão e confirmação de sentenças judiciais estrangeiras deles constantes. Sucede que os requisitos gerais dessa confirmação se acham geralmente enunciados, nos acordos em questão, em preceitos que praticamente reproduzem o art. 1096.º do Código de Processo Civil português, na sua redacção originária. Como, aquando da reforma deste Código empreendida em 1995/1996, o legislador português aligeirou substancialmente as exigências formuladas neste diploma em matéria de confirmação de decisões estrangeiras (nomeadamente pelo que respeita à competência internacional do tribunal de origem e à susceptibilidade de confirmação de decisões proferidas contra cidadãos e pessoas colectivas nacionais), o regime constante destes acordos é hoje por vezes mais restritivo do que aquele que é aplicável às decisões oriundas de outros países com os quais Portugal não celebrou acordos semelhantes. O que não tem sentido, pois o objectivo precípuo dos acordos em apreço é precisamente o oposto: visa-se facilitar, e não dificultar, o reconhecimento de decisões oriundas dos respectivos Estados contratantes. A situação é particularmente grave nas relações com Angola, porque este país ainda não aderiu à Convenção de Nova Iorque. Só no caso do acordo com Cabo Verde se corrigiu a referida situação, através da eliminação da revisão de mérito das sentenças estrangeiras proferidas contra cidadãos nacionais.

Relativamente aos acordos sobre protecção de investimentos, a análise das disposições sobre arbitragem deles constantes revela uma total falta de uniformidade no tocante às instâncias arbitrais competentes, às regras processuais aplicáveis, ao Direito aplicável ao mérito da causa e à articulação da arbitragem com o recurso a outros meios de resolução de litígios, a qual é também dificilmente explicável.

III

Que balanço pode fazer-se de quanto até aqui se disse acerca da posição de Portugal em matéria de convenções internacionais sobre arbitragem?

Supomos que a conclusão mais evidente é a ausência de uma verdadeira política do Estado português nesta matéria. No tocante às convenções multilaterais, Portugal pecou algumas vezes por defeito, noutras por excesso; quase sempre actuou tardiamente na ratificação dessas convenções. Relativamente às convenções bilaterais, as disposições que as integram mostram-se por vezes incoerentes e desajustadas das finalidades através delas prosseguidas, entre as quais avulta a facilitação do intercâmbio comercial com os países que delas são partes.

Portugal reúne hoje condições para se posicionar como um importante local de realização de arbitragens internacionais, não só em virtude das relações privilegiadas que mantém com o Brasil e os demais países de língua oficial portuguesa, mas também por dispor de um número razoável de centros de arbitragem institucionalizada, cuja capacidade está longe de se encontrar esgotada. Mas para isso será necessário que o país esteja atento às necessidades do comércio internacional e às tendências mais recentes do regime da arbitragem e de outros meios de resolução extrajudicial de litígios, que se desprendem das convenções e dos demais instrumentos internacionais acima referidos.

Importa por isso determinar estas tendências. Supomos ser possível resumi-las a três. A primeira consiste no reforço da eficácia da convenção de arbitragem, *maxime* pela simplificação dos requisitos formais a que a mesma deve obedecer e pelo alargamento do âmbito das matérias em que é admitida a sua celebração. A segunda, na ampliação da esfera de competência do tribunal arbitral e na concomitante restrição ao mínimo indispensável da intervenção dos tribunais judiciais no processo arbitral. A terceira, na diversificação dos meios de resolução extrajudicial de litígios, mormente através da admissão, como figuras adicionais ou complementares da arbitragem, da conciliação ou mediação e de meios *sui generis,* como os procedimentos que são presentemente observados, em matéria de nomes de domínio, no âmbito da Organização Mundial da Propriedade Intelectual (OMPI).

Precisemos este último ponto. A conciliação e a mediação apresentam actualmente grandes vantagens relativamente à arbitragem, dados os seus baixos custos e os riscos mínimos que envolvem. Trata-se, na verdade, de meios de composição de litígios que permitem às partes preservarem um elevado grau de controlo sobre o respectivo resultado, o que não sucede na arbitragem. Por seu turno, os meios *sui generis* têm-se mostrado particularmente eficazes na resolução da elevada conflitualidade gerada nos últimos anos em torno dos chamados nomes de domínio, sobretudo na medida em que as decisões emanadas dos órgãos para o efeito constituídos sob a égide da OMPI têm a sua execução assegurada por via do cancelamento ou da transferência dos registos desses nomes. São expressões normativas desta terceira tendência a Lei-Modelo da Comissão das Nações Unidas Para o Direito do Comércio Internacional Sobre a Conciliação Comercial Internacional, de 2002; o Código de Conduta para Mediadores, adoptado pela Comissão Europeia em 2004; a proposta de Directiva do Parlamento Europeu e do Conselho relativa a certos aspectos da mediação em matéria civil e comercial, também de

2004; e o Regulamento (CE) n.º 874/2004, de 28 de Abril de 2004, que instituiu um procedimento alternativo de resolução de litígios relativo aos nomes de domínio registados sob «.eu».

IV

Aproxima-se uma *modernização* da legislação nacional sobre arbitragem, que tem sido preconizada por diversos autores. Nesse processo, haverá que ter em conta as tendências internacionais a que acabamos de aludir.

Isso implicaria, em primeiro lugar, a revisão do critério de *arbitrabilidade* dos litígios enunciado no art. 1.º da Lei da Arbitragem Voluntária, cuja referência à disponibilidade dos direitos se afigura hoje excessivamente restritiva e desajustada da confiança que os tribunais arbitrais merecem à sociedade. Recorde-se, a este respeito, que a referida Lei-Modelo Sobre a Arbitragem Comercial Internacional, de 1985, prevê a admissibilidade da sujeição a arbitragem de quaisquer questões suscitadas por uma *relação de natureza comercial*, contratual ou extracontratual, independentemente de os direitos subjectivos disputados serem disponíveis ou não. Por outro lado, o *favor arbitrandum* tem levado a jurisprudência e as legislações de diversos países a um progressivo alargamento das matérias susceptíveis de serem decididas por árbitros, sem sujeição ao referido critério. Não se vê, aliás, que exista qualquer relação necessária entre a disponibilidade de um direito subjectivo e a admissibilidade da sujeição a árbitros de um litígio a ele respeitante.

Em segundo lugar, conviria atribuir expressamente ao tribunal arbitral competência para a adopção de providências cautelares relacionadas com o objecto do litígio, como prevê a mencionada Lei-Modelo e fazem diversas legislações estrangeiras (*v.g.* a suíça, a alemã e a espanhola). Dentro do mesmo espírito, dever-se-iam restringir os meios de impugnação da decisão arbitral perante os tribunais judiciais, cingindo-os, à imagem do que estabelece a Lei-Modelo, a uma acção de anulação fundada em vícios particularmente graves da convenção de arbitragem, do processo ou da decisão arbitral.

Finalmente, seria útil que, como o têm feito outros países (da Bélgica aos Estados Unidos da América), se regulassem entre nós, em termos gerais, a conciliação e a mediação, no sentido de se incentivar o recurso a esta forma de resolução extrajudicial de litígios.

Uma modernização nestes moldes da Lei da Arbitragem Voluntária permitiria não apenas dar resposta a algumas necessidades da vida jurídica nacional, mas também assegurar que a legislação portuguesa mantenha a função, que há vários anos vem desempenhando neste e noutros domínios, de modelo inspirador dos Direitos dos países e territórios de expressão portuguesa (com destaque para Angola e Moçambique cujas leis sobre arbitragem se baseiam largamente na nossa); o que se afigura essencial à preservação dos laços culturais e económicos que Portugal mantém com esses países e territórios. Paralelamente, seria necessário aperfeiçoar os instrumentos bilaterais de cooperação jurídica e judiciária, na parte em que se referem à arbitragem, ou celebrar com os referidos países novos acordos que regulem especificamente a arbitragem e os demais meios de resolução extrajudicial de litígios.

CONVENÇÃO DE ARBITRAGEM: CONTEÚDO E EFEITOS*

CARLOS FERREIRA DE ALMEIDA**

SUMÁRIO: I – Delimitação do tema II – Natureza III – Conteúdo 1. Pessoas 2. Objecto (em especial, arbitrabilidade) 3. Função económico--social 4. Função eficiente 5. Circunstâncias 6. Interpretação 7. Integração IV – Efeitos 1. Em relação às partes 2. Em relação a terceiros.

I – DELIMITAÇÃO DO TEMA

A presente comunicação não trata de todo o regime da convenção de arbitragem, mas apenas do seu conteúdo e dos seus efeitos.

Excluídas estão, designadamente, a forma e a formação da convenção, a capacidade das partes, a representação e outros requisitos de validade que não respeitem ao conteúdo, o regime das invalidades, a determinação do direito aplicável (quando não conste da convenção).

Uma restrição adicional decorre de se considerar apenas a arbitragem voluntária de questões de direito privado, com exclusão da arbitragem necessária ou obrigatória e da arbitragem de litígios em que estejam em causa apenas questões de direito público.

A análise subsequente não esconde a qualidade do autor, professor de direito privado, com alguma prática de arbitragem como jurisconsulto e como árbitro[1].

---

* Texto que serviu de base à comunicação apresentada em 15 de Julho de 2007 ao I Congresso do Centro de Arbitragem da Câmara de Comércio e Indústria Portuguesa.
** Professor da Faculdade de Direito da Universidade Nova de Lisboa
[1] As referências jurisprudenciais foram, em parte, indicadas pela Professora Mariana França Gouveia ou recolhidas em J. M. GALHARDO COELHO, *Arbitragem Volun-*

Neste enquadramento prévio, adverte-se finalmente para a inversão metodológica resultante da breve menção inicial à natureza da convenção de arbitragem, que antecede a descrição do seu regime. Esta escolha sequencial é desculpável nesta situação particular, porque o auditório, formado por especialistas, conhece o regime e justifica-se na medida em que o modelo de exposição pressupõe uma perspectiva sobre a natureza do acto a analisar.

II – NATUREZA

A arbitragem tem a natureza de jurisdição contratual privada[2]. É opinião sufragada pelo Supremo Tribunal de Justiça que, em acórdão de 2000, afirmou que a arbitragem voluntária é contratual na sua origem, privada na sua natureza e jurisdicional na sua função[3].

A arbitragem tem natureza jurisdicional[4], porque a função é desempenhada através de poder de decisão de litígios exercido por uma instância neutral[5]. Tem natureza contratual privada, porque os tribunais arbitrais são criados em conformidade com convenções de arbitragem, que constituem a fonte dos seus poderes e delimitam o âmbito da respectiva competência[6].

---

tária. Legislação nacional. Convenções internacionais. Regulamentos. Jurisprudência, 2ª ed., Coimbra, 2006, p. 301 ss.

[2] Cfr. o meu artigo "Meios jurídicos de resolução de conflitos económicos", Boletim da Faculdade de Direito de Bissau, n.º 2, 1993, p. 173 ss (p. 181 s).

[3] Acórdão de 18 de Janeiro de 2000, publicado em www.dgsi.pt (onde se podem ver também os outros acórdãos citados no presente artigo sem indicação de outra fonte). O acórdão assume como sua uma expressão de fonte doutrinária: FRANCISCO CORTEZ, "A arbitragem voluntária em Portugal", O Direito, 1992, IV, p. 541 ss (p. 555). No mesmo sentido, embora com outra formulação, D. MOURA VICENTE, Da arbitragem comercial internacional, Coimbra, 1990, p. 66 ss.

[4] Cfr. Constituição da República Portuguesa, artigo 209.º, n.º 2, e T. RAMM, "Schiedsgerichtsbarkeit. Schlichtung und Rechtsprechungslehre", Zeitschrift für Rechtspolitik, 1989, p. 136 ss.

[5] M. TEIXEIRA DE SOUSA, Sobre a teoria do processo declarativo, Coimbra, 1980, p. 20; J. CASTRO MENDES, Direito Processual Civil, 1.º, Lisboa, 1986, p. 119.

[6] CASTRO MENDES, ob. cit., p. 328; PAULA COSTA E SILVA, "Anulação e recursos da decisão arbitral", Revista da Ordem dos Advogados, 1992, p. 893 ss (p. 923 ss); M. TEIXEIRA DE SOUSA, A competência declarativa dos tribunais comuns, Lisboa, 1994, p. 116.

As convenções de arbitragem têm a natureza de negócios jurídicos[7] bilaterais[8], portanto contratos[9], quer estejam inseridas, como cláusulas compromissórias, em contratos de conteúdo mais amplo quer sejam estipuladas de modo autónomo[10], como geralmente sucede com os compromissos arbitrais[11]. São contratos definitivos, não são contratos-promessa[12], porque a eficácia entre as partes não depende da celebração de qualquer contrato posterior devido.

Não faz portanto sentido qualquer oposição entre teses contratualistas, jurisdicionais e mistas acerca da natureza jurídica da convenção arbitral[13]. Não há, em direito, qualificações absolutas. A qualificação resulta sempre da consideração de um instituto sob um certo ponto de vista. A natureza contratual configura a fonte dos poderes jurisdicionais. A natureza jurisdicional configura o conteúdo dos poderes atribuídos pelo contrato[14].

---

[7] CASTRO MENDES, TEIXEIRA DE SOUSA, locs. cits. na nota anterior; "negócio jurídico processual" (J. LEBRE DE FREITAS, "Algumas implicações da natureza jurídica da convenção de arbitragem", *Estudos em homenagem à Professora Doutora Isabel de Magalhães Collaço,* Coimbra, 2002, vol. II, p. 625 ss).

[8] Acórdão da Relação de Lisboa, de 18 de Maio de 2004.

[9] Contratos processuais, segundo SCHWAB & WALTER, *Schiedsgerichtsbarkeit Kommentar,* 6ª ed., München, 2000, p. 76; ROSENBERG, SCHWAB & GOTTWALD, *Zivilprozessrecht,* 16ª ed., München, 2004, p. 1255; contratos privados sobre relações processuais, segundo J. ALBERS, *Schiedsrichterliches Verfahren,* em BAUMBACH & LAUTERACH, *Zivilprozess-ordnung,* vol. 1.º, 51ª ed., 1993, p. 2028.

[10] Há quem sustente que a convenção arbitral tem sempre natureza autónoma, sendo a cláusula compromissória um "contrato dentro de um contrato" (cfr. L. FERNÁNDEZ DE LA GÁNDARA & A-L. CALVO CARAVACA, *Derecho Mercantil Internacional,* 2ª ed., 1993, p. 752 ss).

[11] "An agreement on arbitrate must be or be contained in an enforceable contract" (S. WILLISTON, *A Treatise on the Law of Contracts,* 4ª ed. por R. A. LORD, Capítulo 57, *Commercial Arbitration Contracts,* vol. 21, West Group, 2001, p. 22).

[12] RAÚL VENTURA, "Convenção de arbitragem", *Revista da Ordem dos Advogados,* 1986, p. 289 ss (p. 300); D. MOURA VICENTE, "A manifestação de consentimento na convenção de arbitragem", *Revista da Faculdade de Direito da Universidade de Lisboa,* 2002, n.º 2, p. 987 ss (p. 989 s).

[13] Cfr. S. BARONA VILAR, *Medidas cautelares en el arbitraje,* Cizur Menor, 2006, p. 42 ss.

[14] A arbitragem compreende tanto um elemento judicial como um elemento contratual – FOUCHARD, GAILLARD, GOLDMAN *On International Commercial Arbitration* (org. Gaillard & Sauvage), The Hague, 1999, p. 11 ss.

III – CONTEÚDO

Na análise do conteúdo das convenções de arbitragem, adopto o modelo estrutural que venho usando para quaisquer contratos, através da sua decomposição em quatro conjuntos de elementos: pessoas, objecto, funções e circunstâncias[15].

1. Pessoas. Os contraentes podem ser quaisquer pessoas, por si ou por representante (legal, orgânico ou voluntário), incluindo o Estado e outras pessoas de direito público (Lei da Arbitragem Voluntária[16], artigo 1.º, n.º 4; Código do Processo nos Tribunais Administrativos, artigos 180.º e 184.º; Código da Propriedade Industrial, artigo 49.º, n.º 3; cfr. também a Convenção para a resolução de diferendos relativos a investimentos entre Estados e nacionais de outros Estados, celebrada em Washington em 1965, ratificada por Portugal em 1984).

A pluralidade de partes (mais de duas) é admissível, mas suscita questões específicas[17], que não serão aqui abordadas.

2. Objecto. É o litígio referido na convenção[18]. Suscitam-se a este propósito três diferentes problemas: conceito, determinabilidade e admissibilidade.

Conceito (ou melhor, âmbito) do litígio (LAV, artigo 1.º, n.º 3)[19]. Além das questões contenciosas em sentido estrito, as partes podem abranger questões de interpretação, de integração, de actualização e de modificação (v. g. por alteração das circunstâncias) de contratos e de

---

[15] Cfr. os meus livros *Texto e enunciado na teoria do negócio jurídico*, Coimbra, 1992, p. 327 ss, e *Contratos II. Conteúdo. Contratos de troca*, Coimbra, 2007, p. 18 s.

[16] Lei n.º 31/86, de 29 de Agosto, alterada pelo Decreto-Lei n.º 38/2003, de 8 de Março, doravante citada como LAV.

[17] M. Botelho da Silva, "Pluralidade de partes em arbitragens voluntárias", *Estudos em homenagem à Professora Doutora Isabel de Magalhães Collaço*, Coimbra, 2002, vol. II, p. 499 ss; L. Salvaneschi, *L'arbitrato com pluralità di parti*, Padova, 1999; B. Hanotiau, *Complex Arbitrations. Multiparty, Multicontract, Multi-issue and Class Actions*, The Hague, 2005.

[18] "O litígio é constituído por dois elementos: o conflito de interesses (elemento material) e uma pretensão (elemento formal)" (acórdão da Relação do Porto, de 20 de Julho de 2006, com referência ao "litígio para efeito de constituição de tribunal arbitral").

[19] Controvérsias, na lei espanhola de arbitragem, de 2003.

relações ou situações jurídicas. Daqui se pode extrair o princípio geral de que, salvo as exclusões legais, tudo o que pode ser decidido por um tribunal estadual ou por acordo directo entre os interessados pode ser decidido por tribunal arbitral: acções declarativas (de simples apreciação, de condenação, constitutivas, de jurisdição voluntária[20], para a divisão de coisa comum, de partilha); acções executivas e providências cautelares (com os limites adiante assinalados; cfr. n.º 4, *in fine*).

Determinabilidade (LAV, artigos 2.º, n.º 3, e 1.º, n.º 2). O compromisso arbitral deve determinar com precisão o objecto do litígio actual, isto é, tanto o pedido como a causa de pedir. A cláusula compromissória deve especificar a relação jurídica a que os litígios respeitam (entenda--se o facto e/ou situação jurídica de que pode emergir o litígio, isto é, apenas a causa de pedir ou um conjunto de factos e/ou de situações de entre os quais se há-de destacar a causa de pedir de acção futura e eventual). Depois da revogação em 2003 da redacção primitiva do artigo 12.º, n.º 4, da LAV, não restam dúvidas de que o objecto do litígio é conformado definitivamente na cláusula compromissória, sem necessidade de acordo ou de decisão ulterior no decurso do processo.

Admissibilidade ou arbitrabilidade (em função do objecto; LAV, artigo 1.º, n.º 1). No direito português, a arbitragem voluntária não é admissível em relação a três conjuntos de litígios: sujeitos a arbitragem necessária, da exclusiva competência de tribunal estadual (por exemplo, falência, crime[21]) ou que respeitem a direitos indisponíveis. O princípio geral é pois o da equiparação da competência dos tribunais estaduais e dos tribunais arbitrais (Constituição, artigo 202.º, n.º 2), como, de modo mais explícito, resulta do artigo 48.º do Código da Propriedade Industrial[22].

---

[20] "A nomeação de membros para o conselho fiscal, ao abrigo do artigo 418.º do Código das Sociedades Comerciais, constitui um direito potestativo, mas de exercício judicial. Tal não exclui a possibilidade de existência de um litígio como pressuposto de intervenção de tribunal arbitral, prevista em cláusula compromissória" (sumário do citado acórdão da Relação do Porto, de 20 de Julho de 2006).

[21] MORAIS LEITÃO & MOURA VICENTE, "Portugal", *International Handbook on commercial arbitration*, suppl. 45, January 2006, offprint, p. 11.

[22] "Sob a epígrafe "recurso arbitral", o preceito dispõe que "[...] pode ser constituído tribunal arbitral para o julgamento de todas as questões susceptíveis de recurso judicial".

A indisponibilidade de direitos, como critério para a exclusão da arbitrabilidade[23], não é o único possível[24] e tem sido criticado, a meu ver sem razão, porque o critério me parece suficientemente amplo e razoavelmente claro. Alguns esclarecimentos do meu ponto de vista e alguns exemplos:

1.º: A necessidade de atender e respeitar a ordem pública, as normas imperativas[25] em geral (e também os bons costumes e a boa fé) não implica a exclusão da arbitrabilidade; constitui apenas limite ao poder decisório[26] dos tribunais arbitrais em termos que em pouco se diferenciam do poder dos tribunais estaduais. Estes limites só são exclusivos se toda a matéria a decidir for indisponível, por ser integralmente regulada por normas imperativas.

As normas imperativas convivem (geralmente bem) com a autonomia privada. Algumas áreas em que o peso das normas imperativas é especialmente relevante são precisamente aquelas em que a arbitragem tem mais êxito (por exemplo, nos conflitos de consumo e de trabalho).

2.º: A disponibilidade ou indisponibilidade de direitos não se afere instituto a instituto. Assim, por exemplo, a exclusão global da arbitrabilidade de litígios relativos a direitos de personalidade, de família, sucessórios ou ao contrato de arrendamento não tem fundamento legal nem político, porque, em relação a todos estes institutos, há matérias susceptíveis e matérias insusceptíveis de decisão arbitral. A disponibilidade ou indisponibilidade deve ser avaliada questão a questão, considerando a causa de pedir e, eventualmente, os termos em que é formulado o pedido.

---

[23] O CPTA adopta porém um critério inverso de atribuição positiva de áreas de competência dos tribunais arbitrais (cfr. artigos 180.º, n.º 1, e 187.º, n.º 1), embora inclua também no artigo 185.º um subcritério de exclusão.

[24] A. SAMPAIO CARAMELO, "A disponibilidade do direito como critério de arbitrabilidade do litígio – reflexões *de jure condendo*", *Revista da Ordem dos Advogados*, 2006, p. 1233 ss (p. 1235 ss); L. LIMA PINHEIRO, *Arbitragem transnacional. A determinação do estatuto da arbitragem*, Coimbra, 2005, p. 103 ss (ambos com informações comparativas); FOUCHARD, GAILLARD, GOLDMAN *On International Commercial Arbitration*, cit., p. 330 ss (direito francês), p. 348 ss (casos decididos em arbitragem internacional).

[25] Cfr. M. BLESSING, *Introduction to Arbitration – Swiss and International Perspectives*, Basel, Frankfurt a M., 1999, p. 228 ss.

[26] SAMPAIO CARAMELO, "A disponibilidade do direito...", cit., p. 1241; WILLISTON, *Commercial Arbitration Contracts*, cit., p. 283 ss. P. PERALES VISCASILLAS, *Arbitrabilidad y Convenio Arbitral. Ley 60/2003 de Arbitraje y Derecho Societario*, Cizur Menor, 2005.

Para verificar a arbitrabilidade, deve analisar-se pois se, e em que medida (acentuo em que medida), as situações em causa são disponíveis. Se uma mesma convenção contemplar direitos disponíveis e direitos indisponíveis, poderá ser convalidada parcialmente por redução, aplicando os critérios gerais.

3.º: Um critério prático consiste em inquirir se o litígio poderia ou não ser negociado e resolvido pelas próprias partes[27], o que equivale a inquirir se é passível de contrato de transacção[28].

Não vale dizer que este critério é herdeiro da ultrapassada concepção contratual da arbitragem[29]. Por um lado, a natureza contratual da convenção, não sendo a sua única qualificação, marca naturalmente o seu conteúdo, sem excluir a natureza jurisdicional dos poderes que confere. Por outro lado, o direito português estabelece, no essencial e com palavras semelhantes, os limites da convenção arbitral e do contrato de transacção (inadmissível em relação a direitos de que as partes não podem dispor; cfr. Código Civil, artigo 1249.º).

4.º: Insatisfatório me parece o critério da patrimonialidade[30], que transforma em casos difíceis alguns casos de resolução fácil segundo o critério da disponibilidade.

Assim, no âmbito do direito de família, a partilha de bens do casal é idónea como objecto arbitral. Mas a alienação de bens de menores sujeita a autorização judicial, que tem também natureza patrimonial, é inidónea como objecto arbitral, porque não admite transacção.

Em relação a direitos (ditos) irrenunciáveis, a disponibilidade (negociabilidade) está excluída enquanto se configurem como meros direitos potestativos (o que também sucede de resto perante tribunais estaduais), mas passa a ser admitida se, e logo que, evoluírem para direitos subjectivos comuns. Isto sem cuidar de saber se têm natureza patrimonial, porque a regra tanto se aplica, por exemplo, ao direito de indemnização de clientela em contratos de distribuição como a direitos de personalidade cuja limitação (entenda-se negociação) não ofenda a ordem

---

[27] H. van HOUTTE, H., *The Law of International Trade*, 2ª ed., London, 2002, p. 389.
[28] Reticente, RAÚL VENTURA, "Convenção de arbitragem", cit., p. 321; contra, SAMPAIO CARAMELO, ob. cit., p. 1254 ss.
[29] Como afirma SAMPAIO CARAMELO, "A disponibilidade do direito...", cit., p. 1255.
[30] A favor, SAMPAIO CARAMELO, ob. cit., p. 1241 ss.

pública (Código Civil, artigo 81.º). Note-se que, também nestes casos, não há diferença entre o poder jurisdicional dos árbitros e o poder dos juízes dos tribunais estaduais.

5.º: Outro limite resultante do critério da indisponibilidade é a incidência directa sobre direitos de terceiros, mais uma vez sem dependência da sua natureza patrimonial e, mais uma vez, limitativos do poder jurisdicional (através dos efeitos do caso julgado) em termos equiparáveis tanto para tribunais arbitrais como para tribunais estaduais.

3. Função económico-social. No quadro das funções económico--sociais dos contratos[31], a convenção de arbitragem desempenha a função de reestruturação de situações jurídicas, que é neutra na relação entre custo e benefício das partes (no sentido de que é incerta e indeterminada *a priori* a vantagem para uma só ou para ambas as partes), mas divergente na relação entre a finalidade global do contrato e a finalidade típica dos contraentes, cada um dos quais admite e pretende obter uma vantagem com a escolha deste modelo de solução de litígios.

De entre os contratos com função de reestruturação, que abrange outros tipos contratuais, tais como o pacto de aforamento, a divisão de coisa comum e a transacção, a convenção arbitral caracteriza-se precisamente por ter como objecto a resolução substancial de um litígio, actual ou eventual, mas ser instrumental, porquanto comete a solução a terceiros e não às partes directamente.

4. Função eficiente. O veículo jurídico para alcançar a função económico-social consiste na atribuição de poderes jurisdicionais a uma ou mais pessoas (árbitro ou árbitros), diferentes dos contraentes e imparciais em relação ao litígio (LAV, artigos 6.º, n.º 1, e 10.º, n.º 1).

A selecção do número e da identidade dos árbitros pode resultar directamente da convenção, de critérios constantes desta (LAV, artigo 7.º, n.º 1), incluindo a designação por um centro de arbitragem institucionalizado (LAV, artigo 38.º), ou de lei supletiva (LAV, artigos 6.º, n.º 2, 7.º, n.º 2, e 12.º).

Os poderes atribuídos aos árbitros são poderes jurisdicionais, não são poderes de representação nem poderes de actuação por conta de

---

[31] Troca, liberalidade, cooperação, risco e reestruturação (cfr. o meu citado livro *Contratos II*, p. 125 ss).

outrem, porque os árbitros, agindo, ao decidir, no interesse comum dos litigantes, não agem por conta nem em nome de qualquer deles nem no interesse específico de algum deles, nem estão por isso sujeitos a instruções de qualquer deles. Os actos dos árbitros são performativos, mas carecem de eficácia reflexiva ou representativa. Por isso, os contratos entre as partes e os árbitros (ou as entidades gestoras de centros de arbitragem) são contratos de prestação de serviço (para a prática de actos jurídicos), mas não são contratos de mandato[32].

A convenção de arbitragem pode delimitar os poderes jurisdicionais em diversos aspectos. Desde logo, quanto aos critérios de decisão: a equidade (LAV, artigo 22.º), as normas de um determinado direito estadual (LAV, artigo 33.º) ou um conjunto normativo sem referência estadual específica (direito uniforme e, embora discutível, *lex mercatoria*[33]).

A convenção pode ainda conter indicações sobre o estatuto dos árbitros (v.g. a remuneração, cfr. LAV, artigo 5.º) e as regras do processo (artigo 15.º, n.º 1), por exemplo, sobre a sede e a língua do processo, os articulados, o saneamento processual, as provas, o prazo da decisão (artigo 19.º, n.º 1), o funcionamento do tribunal colectivo (artigo 20.º), a admissibilidade ou inadmissibilidade de recursos (artigo 29.º). Estas indicações podem ser directas ou por remissão para regulamentos de centros de arbitragem[34].

Na falta destas indicações sobre o critério de decisão, o direito aplicável e as regras de processo, a selecção resulta de normas legais supletivas (LAV, artigos 22.º, 33.º, n.º 2, 15.º e seguintes), por vezes com necessidade de complemento doutrinário ou jurisprudencial.

Os poderes jurisdicionais dos árbitros são moldados sobre os poderes dos juízes estaduais, quanto à sua natureza e âmbito, embora com os limites decorrentes da impossibilidade de recorrer ao uso da força policial para a execução de decisões finais ou intercalares.

---

[32] Cfr. *Contratos II*, cit., p. 191 e 203.

[33] A favor, L. LIMA PINHEIRO, *Direito Comercial Internacional*, Coimbra, 2005, p. 533 ss, com abundantes referências doutrinárias no mesmo sentido e em sentido contrário. A propósito, invoco a minha experiência como árbitro para lembrar um caso atípico, em que o tribunal arbitral escolheu como critério de decisão o conjunto de normas comuns aos direitos português e francês aplicáveis a contratos.

[34] LAV, artigo 15.º, n.º 2, CPTA, artigo 187.º, Regulamento de Arbitragem do Centro de Arbitragem Comercial da Associação Comercial de Lisboa, artigos 1.º, n.º 2, e 11.º e seguintes.

Por isso – mas só nessa medida – os tribunais arbitrais têm redução de competência em acções executivas (cfr. LAV, artigo 30.º) e em providências cautelares[35]. Na minha opinião, poderão pois os árbitros, salvo se exorbitarem a convenção de arbitragem, decretar a execução específica de contrato-promessa, a suspensão de deliberações sociais e a prestação de caução, actos que se esgotam na enunciação de declarações, sem necessidade de exercício de força física[36]. Melhor seria porém que a lei dissipasse as dúvidas, aditando à lei em vigor uma norma semelhante ao artigo 9.º da Lei-modelo sobre arbitragem comercial internacional, adoptada pela UNCITRAL, em 1985[37].

5. Circunstâncias. A eficácia da convenção pode estar dependente de termo inicial e/ou final, com a consequente extinção do poder dos árbitros (LAV, artigo 25.º) ou de outros eventos determinantes de caducidade, entre os quais a lei regula a morte de alguma das partes ou de algum dos árbitros como possível causa de caducidade (cfr. LAV, artigo 4.º). Sendo a cláusula compromissória condicional por natureza (uma vez que a sua eficácia depende da instauração de uma acção), a convenção pode estipular outros eventos suspensivos ou resolutivos da eficácia. Por exemplo: a aceitação da função arbitral por determinada pessoa ou a subsistência de algum contrato conexo.

6. Interpretação. Passando da observação analítica para a consideração sintética da convenção de arbitragem, algumas palavras sobre a interpretação do texto da convenção no seu conjunto.

---

[35] A. YESILIRMAK, *Provisional Measures in International Commercial Arbitration*, The Hague, 2005; BARONA VILAR, *Medidas cautelares en el arbitraje*, cit. No direito português, está certamente excluído o arresto (acórdão da Relação de Coimbra, de 9 de Abril de 2002, *Colectânea de Jurisprudência*, 2002-II, p. 14 ss; acórdão da Relação de Lisboa, de 20 de Abril de 2006).

[36] "Não se arreda, à partida, a possibilidade de intervenção do tribunal arbitral no julgamento de um procedimento cautelar, desde que expressamente a convenção de arbitragem o preveja e tal procedimento não envolva ou pressuponha o uso do *jus imperii* por parte do tribunal que decrete a providência requerida" (sumário do acórdão da Relação do Porto, de 17 de Maio de 2005).

[37] "Não é incompatível com a convenção de arbitragem o pedido de uma das partes, formulado antes do processo arbitral ou no seu decurso, de medidas provisórias ou conservatórias nem a concessão de tais medidas pelo tribunal".

À convenção de arbitragem aplicam-se os critérios normais de interpretação dos negócios jurídicos, considerando os cânones vertidos nos artigos 236.º a 238.º do Código Civil e nos artigos 10.º e 11.º do Decreto-Lei n.º 446/85, de 25 de Outubro (se se tratar de cláusula contratual geral[38]), com as especialidades que derivam do regime jurídico próprio do tipo contratual em causa. Este não impõe todavia nenhuma regra de interpretação restritiva[39] (compreensível para interpretação da lei, em certos casos, mas injustificada, em princípio, na interpretação de contratos) nem de qualquer presunção favorável à arbitragem[40].

A principal das especialidades de interpretação das convenções de arbitragem deriva da natureza formal do negócio, sujeito por lei à forma escrita (LAV, artigo 2.º, n.ºs 1 e 2), que tem como consequência a aplicabilidade das regras do artigo 238.º do Código Civil. Em consequência, o objecto de qualquer convenção arbitral tem como limite "um mínimo de correspondência no texto do respectivo documento, ainda que imperfeitamente expresso" (citado artigo 238.º, n.º 1).

Mas a ressalva do n.º 2 deste artigo não é aplicável às convenções arbitrais. Mesmo que um outro sentido se pudesse apurar a partir da "vontade real das partes", sempre faltaria o segundo requisito cumulativo, isto é, que "as razões determinantes da forma do negócio se não [oponham à sua] validade". Na verdade, não se vislumbra alternativa ao entendimento segundo o qual o núcleo das razões determinantes da forma escrita da convenção arbitral consiste exactamente na delimitação precisa do seu conteúdo, em especial do seu objecto, conferindo às partes e aos árbitros certeza e segurança acerca do âmbito das questões submetidas à jurisdição arbitral e, portanto, subtraídas à jurisdição estadual.

7. Integração. Será admissível a integração de lacunas em relação ao objecto da convenção arbitral?

---

[38] "Tratando-se de contrato de adesão, sendo a cláusula de arbitragem ambígua depois de esgotadas as hipóteses de interpretação, deve prevalecer o sentido mais favorável ao aderente" (sumário do acórdão da Relação do Porto, de 6 Maio de 1990, *Colectânea de Jurisprudência*, 1990-II, p. 203).

[39] P. BERNARDINI, *L'arbitrato commerciale internazionale*, Milano, 2000, p.101.

[40] Como se sustenta em WILLISTON, *Commercial Arbitration Contracts*, cit., p. 199, e PERALES VISCASILLAS, *Arbitrabilidad y Convenio Arbitral*, cit., p. 223.

Lacuna não é qualquer "termo omisso" ou "factor inexistente"[41] que um contrato possa incluir. A existência de lacuna não se afere em abstracto, mas em função do contrato que, em concreto, se considere. É pacífico que só há lacuna contratual, só há omissão que deva ser preenchida, se para tanto houver necessidade de completar o contrato para que seja possível solucionar questões que, no próprio contrato[42], tenham uma referência mínima (explícita ou implícita) mas incompleta[43].

Enunciado embora de diversas formas, este princípio da necessidade é pacífico no direito português. O problema da justificação e dos limites da integração de lacunas contratuais circunscreve-se pois a situações em que uma questão inserida no conteúdo do contrato, tal como resulta da sua interpretação, não encontra solução completa no mesmo contrato. O princípio da necessidade tem como corolário prático o princípio da prioridade: primeiro, apura-se a existência de lacunas, só sendo permitido passar ao processo e aos critérios do seu preenchimento, se alguma lacuna se verificar.

A aplicação destes princípios e destas regras à determinação do objecto de uma convenção arbitral, assim como dos cânones a observar na sua interpretação, conduzem à conclusão de que, em relação a convenções arbitrais, está excluída a determinação do seu objecto por integração[44], porque, em caso algum, se verifica a necessidade de aditar ao conteúdo do contrato, devidamente interpretado, algum elemento para que ele se mostre exequível[45].

Se a referência ao objecto do litígio for bastante para que a convenção seja válida, está encontrado o seu objecto, que coincide com o litígio (actual ou potencial) submetido à jurisdição privada.

---

[41] Princípios UNIDROIT relativos aos Contratos Comerciais Internacionais, artigo 4.8; Princípios de Direito Europeu dos Contratos, artigo 6:107.

[42] A. MENEZES CORDEIRO, *Da boa fé no direito civil*, Coimbra, 1984, p. 1078.

[43] Cfr. o meu livro *Texto e enunciado...*, cit., p. 220 s.

[44] A integração das convenções arbitrais é porém admissível em relação a outros aspectos, tais como a composição do tribunal, as regras de processo ou o direito aplicável ao fundo da causa. É assim que interpreto a orientação favorável à integração sustentada por RAÚL VENTURA, "Convenção de arbitragem", cit., p. 330 ss, onde não se discute a questão específica da ampliação do objecto da convenção arbitral.

[45] O acórdão do Supremo Tribunal Administrativo, de 28 de Abril de 2005, decidiu que "se os termos do compromisso são claros e destes resulta especificada com precisão a matéria submetida a julgamento arbitral, não só inexiste lacuna que requeira integração como também não é legítimo interpretar-se aquele de forma a que o seu elemento literal surja violado tão flagrantemente".

Se outros litígios houver entre as partes (actuais ou potenciais), poderão e deverão ser decididos pela jurisdição pública, que o Estado assegura como jurisdição comum, em conformidade com os artigos 20.º, n.º 1, e 202.º da Constituição e o artigo 2.º do Código de Processo Civil. Os litígios que lhes não possam ser submetidos "são da competência normal de outros tribunais"[46].

IV – EFEITOS

Depois do conteúdo, os efeitos. Perguntar-se-á se autonomizar este aspecto não redunda em circularidade, porque, segundo defendo, a performatividade própria dos negócios jurídicos consiste precisamente em que os efeitos são conformes com o significado. Mas nem sempre a performatividade resulta em perfeita coincidência[47], como bem demonstra a verificação dos efeitos da convenção arbitral.

1. **Em relação às partes**. O efeito positivo central da convenção de arbitragem consiste no poder de provocar a constituição de tribunal arbitral (cfr. LAV, artigos 11.º e 12.º), mais o efeito lateral de interrupção da prescrição pelo compromisso arbitral (Código Civil, artigo 324.º, n.º 1). O efeito negativo decorre da faculdade de invocar a excepção de preterção do tribunal arbitral (Código de Processo Civil, artigo 495.º)[48].

Qualquer destes efeitos tem a natureza de direito potestativo, que pode ou não ser actuado, dependendo portanto a verificação do resultado da sua efectiva actuação através de declaração à outra parte na covenção, sobre quem recai a correspondente sujeição.

2. **Em relação a terceiros**[49]. Por morte ou extinção de pessoa jurídica, a posição jurídica resultante da convenção de arbitragem transmite-se para o sucessor, salvo acordo em contrário (LAV, artigo 4.º, n.º 2).

---

[46] GOMES CANOTILHO & VITAL MOREIRA, *Constituição da República Portuguesa anotada*, 3ª ed., Coimbra, 1993, p. 808.

[47] Cfr. o meu livro *Texto e enunciado...*, cit., p. 206 ss.

[48] RAUL VENTURA, ob. cit., p. 379 ss, 391 ss; MORAIS LEITÃO & MOURA VICENTE, ob. cit., p. 13; BERNARDINI, ob. cit., p. 110 ss; *FOUCHARD, GAILLARD, GOLDMAN*, ob. cit., p. 381 ss.

[49] No sentido de que a convenção não produz quaisquer efeitos em relação a terceiros, BERNARDINI, ob. cit., p. 114.

Entre vivos, é admissível a cessão da posição contratual, nos termos gerais[50], interpretando a expressão "contrato com prestações recíprocas" (artigo 424.º do Código Civil) de modo extensivo, equivalente a "situações jurídicas recíprocas" (visto que da convenção de arbitragem não resulta qualquer prestação em sentido técnico). Esta regra tanto vale para a cláusula integrada em contrato mais amplo como para a convenção arbitral autónoma, desde que, por interpretação, se conclua pela conexão bastante entre a convenção e o contrato cedido.

Também me parece que, por aplicação analógica do artigo 582.º, n.º 1, do Código Civil, a cessão de créditos opera, em princípio, a transmissão para o cessionário da posição assumida pelo cedente na convenção de arbitragem acordada com o devedor[51]. Solução homóloga valerá para a assunção liberatória de dívida[52], tendo em conta o artigo 599.º, n.º 1, do mesmo Código, reforçado ainda com o necessário consentimento para a transmissão da dívida por parte quer do novo devedor quer do credor. Num caso como noutro, a exclusão da sujeição à arbitragem dependerá de acordo em contrário ou de ser diferente o resultado interpretativo dos contratos relevantes, por efeito designadamente de *intuitus personae* que se deduza da convenção de arbitragem[53].

A cláusula compromissória que, sem distinção das pessoas a quem se aplica, esteja inserida em contrato a favor de terceiro vale também para o terceiro, tenha este aderido ou não ao contrato, uma vez que, em ambas as hipóteses, ele assume uma posição jurídica delineada com os precisos contornos da estipulação contratual[54].

Pelo contrário, não se descortina fundamento para manter a convenção arbitral em caso de novação subjectiva ou estender a sua aplicação ao co-devedor, ao fiador ou a outro garante de qualquer dos signatários[55].

---

[50] RAUL VENTURA, ob. cit., p. 396; FOUCHARD, GAILLARD, GOLDMAN, ob. cit., p. 425 ss; SALVANESCHI, ob. cit., p. 92 ss.

[51] Neste sentido, SCHWAB & WALTER, *Schiedsgerichtsbarkeit*, cit., p. 72, em relação à cessão singular de direitos, em geral, considerando a cláusula arbitral como uma qualidade do direito transmitido; ROSENBERG, SCHWAB & GOTTWALD, *Zivilprozessrecht*, cit., p. 1262; SALVANESCHI, ob. cit., p. 100 ss (com referência especial ao *factoring* a p. 104 ss); dubitativo mas com inclinação favorável, RAUL VENTURA, ob. cit., p. 397.

[52] SALVANESCHI, ob. cit., p. 114 s; contra, RAUL VENTURA, ob. cit., p. 398.

[53] Assim, FOUCHARD, GAILLARD, GOLDMAN, ob. cit., p. 433 s.

[54] SCHWAB & WALTER, ob. cit., p. 76; SALVANESCHI, ob. cit., p. 115 ss.

[55] SCHWAB & WALTER, ob. cit., p. 74; ROSENBERG, SCHWAB & GOTTWALD, *Zivilprozessrecht*, loc. cit.

Para os árbitros, os efeitos da convenção dependem da conexão com o contrato de prestação de serviço que eventualmente celebrem com as partes. O mesmo se pode dizer em relação às entidades gestoras de centros de arbitragem, com a diferença que estas se obrigam à celebração desse contrato, se as partes a tanto se dispuserem, em conformidade com a convenção de arbitragem e com respeito do regulamento do centro.

2º Painel
Tribunais judiciais e arbitragem

Moderador: Prof. Doutor Germano Marques da Silva

Medidas cautelares decretadas em arbitragem: competências do tribunal arbitral e competências do tribunal judicial
Prof. Doutor João Calvão da Silva

Intervenção do tribunal judicial na arbitragem: nomeação de árbitros e produção de prova
Dr. João Raposo

TRIBUNAL ARBITRAL E PROVIDÊNCIAS CAUTELARES

João Calvão da Silva[*]

1. A decisão arbitral e os atributos da sentença judicial: imperatividade e autoridade de caso julgado

1.1. *Apesar da fisionomia privada do tribunal arbitral, a decisão por este proferida não carece de homologação judicial para adquirir os atributos da sentença de tribunal do Estado: a imperatividade e a autoridade de caso julgado.*

Na verdade, a decisão arbitral considera-se transitada em julgado logo que não seja susceptível de recurso ord inário (art. 26.º, n.º 1, da Lei n.º 31/86, de 29 de Agosto), tendo a mesma força executiva que a sentença do tribunal judicial de 1ª instância (art. 26.º, n.º 2, da Lei n.º 31/86; art. 48.º, n.º 2, do Código de Processo Civil).

E se as partes não tiverem renunciado aos recursos (cfr. art. 681.º do Código de Processo Civil) – e a autorização dada aos árbitros para julgarem segundo a equidade coenvolve a renúncia tácita aos recursos (art. 29.º, n.º 2, da Lei n.º 31/86) –, da decisão arbitral cabem para o Tribunal da Relação os mesmos recursos que caberiam da sentença proferida pelo Tribunal de Comarca (art. 29.º, n.º 1, da Lei n.º 31/86).

Por outra banda, a execução da decisão arbitral corre no tribunal de 1ª instância, nos termos da lei de processo civil (arts. 30.º e 31.º da Lei n.º 31/86; arts. 90.º, n.º 2, 812.º-A, n.º 1, al. a), e n.º 3, al. c), 815.º e 820.º do Código de Processo Civil).

---

[*] Professor Catedrático da Faculdade de Direito da Universidade de Coimbra.

1.2. Deste modo supre a lei a falta de *ius imperii* dos árbitros, própria da soberania do Estado, indo além do compromisso de as partes *"simul promittere stare sententiae arbitri"*.

Do mesmo modo desvanece-se de interesse prático a antiga disputa acerca da natureza (contratual ou jurisdicional) da decisão arbitral, podendo e devendo até falar-se de tribunal arbitral como órgão jurisdicional privado (cfr. arts. 202.º e 209.º, n.º 2, da Constituição). Com o que isso depõe entre nós a favor da natureza jurisdicional da arbitragem, natureza esta recolhida na recente reforma legislativa italiana (Decreto legislativo de 2 de Fevereiro de 2006, n.º 40, que introduziu catorze novos artigos no Código de Processo Civil), em contraste com a orientação da *Cassazione* e de parte da doutrina, que defendiam a natureza contratual.

2. O tribunal arbitral e a ausência de poderes coercitivos

2.1. *Todavia, os poderes do tribunal arbitral acabam onde seja necessária a aplicação de medidas coercitivas: para essa aplicação (se e só se indispensáveis essas medidas coercitivas) carece o tribunal arbitral da colaboração do juiz estatal nas diversas fases do processo. Incluindo na ordenação de (necessárias) providências cautelares não requeridas ou não autorizadas por ambas as partes, bem como na execução ou actuação forçada de medida cautelar decretada (a requerimento ou com autorização dos comprometentes) mas não acatada espontaneamente por aquele contra o qual foi ordenada.*

Com efeito, não havendo em Portugal norma legal a proibir o decretamento por árbitros de providências cautelares, ou a dizer expressamente que os tribunais judiciais têm competência exclusiva para a sua ordenação, *de iure condito parece ser de reconhecer aos tribunais arbitrais o poder de pronunciar providências cautelares* (que se revelem necessárias) *apenas a pedido ou com autorização das partes. Em caso de dúvida sobre essa vontade das partes em sede de interpretação da convenção de arbitragem, parece curial a denegação da medida cautelar pelo tribunal arbitral, por incompatibilidade com os poderes que lhe foram conferidos.*

2.2. *Porém, de iure condendo é desejável que o legislador venha reconhecer "expressis verbis" ao tribunal arbitral a faculdade de decretar providências cautelares a pedido de uma das partes, salvo convenção em contrário dos compromitentes.*

É esta a tendência crescente do direito comparado: art. 17.º, n.º 1, da *Uncitral Model Law on International Commercial Arbitration*, de *1985*, com as alterações de 2006; art. 23.º, n.º 1, do Regulamento de Arbitragem da CCI, de 1998; art. 17.º, n.º 1, da Lei de Arbitragem espanhola de 2003; §1041 da *Zivilprozessordnung* alemã; art. 25.º, n.º 4, da Lei de Arbitragem sueca de 1999; art. 183.º da Lei Federal suíça sobre Direito Internacional Privado, de 1987, etc. etc.). Não foi esta, todavia, a orientação da reforma da disciplina da arbitragem em Itália, ocorrida em 2006 (Decreto legislativo de 2 de Fevereiro, n.º 40), segundo a qual os árbitros não podem pronunciar providências cautelares, a evidenciar uma jurisdicionalização imperfeita da arbitragem.

Naturalmente, *a execução ou actuação forçada da providência, porque e na medida em que não observada espontaneamente pelo compromitente contra que foi ordenada, requererá a cooperação do tribunal judicial, à semelhança do que sucede presentemente com a execução de decisão arbitral não cumprida voluntariamente pela parte vencida* (art. 30.º da Lei n.º 31/86).

3. Colaboração do tribunal judicial na produção de prova

3.1. Exemplo vivo da colaboração do tribunal judicial com os tribunais arbitrais voluntários, precisamente porque estes não gozam de *ius imperii*, vem contido no art. 18.º da Lei n.º 31/86 em matéria de obtenção de prova:

"Quando a prova a produzir dependa da vontade de uma das partes ou de terceiro e estes *recusem* a necessária colaboração, pode a parte interessada, uma vez obtida a *autorização* do tribunal arbitral, requerer ao tribunal judicial que a prova seja produzida perante ele, sendo os seus resultados remetidos àquele primeiro tribunal".

3.2. O contexto desta norma é óbvio: incumbência de as partes apresentarem e fazerem a prova dos factos por elas alegados, com o tribunal arbitral a não gozar de poder legal de, por exemplo, fazer comparecer as testemunhas para as ouvir. Em conformidade com essa ausência de *ius imperii* do tribunal arbitral, a prática corrente nos Centros de Arbitragem é a da apresentação das testemunhas por cada uma das partes que as oferece, na certeza de que a sua eventual notificação pelo tribunal arbitral não passa de "convite" feito em reforço mas não em substituição (do ónus) das partes.

São dois os requisitos a observar para que possa ter lugar a colaboração do tribunal judicial a requerimento da parte interessada: a alegação e prova da *recusa da colaboração* da outra parte ou de terceiro; *a autorização do tribunal arbitral.*

Naturaliter, se considerar justificada – em função da *necessária* (mas *recusada*) colaboração da parte ou de terceiro – a cooperação judicial na instrução, *o tribunal arbitral deverá conceder a autorização pedida, sem prejuízo da observância do prazo estabelecido para a decisão.*

É *o que decorre do disposto no art. 4.º, n.º 1, al. c), da Lei n.º 31/86:*

"O compromisso arbitral caduca e a cláusula compromissória fica sem efeito, quanto ao litígio considerado, se a decisão não for proferida no prazo estabelecido de acordo com o disposto no artigo 19.º".

Equivale isto a dizer que a instrução em causa deve ter na devida conta o prazo estabelecido para a decisão: proceder-se-á à instrução em tempo que não acarrete a caducidade do compromisso arbitral ou a ineficácia da cláusula compromissória pelo decurso do prazo para a decisão arbitral.

Pelo que, *se o pedido de autorização do tribunal arbitral* (para a requisição da assistência do tribunal judicial português ou estrangeiro na produção de prova) for serôdio – em virtude de o mesmo não permitir já a prolação da decisão arbitral no prazo estabelecido e não (mais) prorrogado por acordo das partes –, esse pedido tardiamente apresentado será indeferido e a autorização denegada: o tribunal considerá-lo-á inapropriado, tendo em conta o estado do processo e a intempestividade da assistência requerida.

3.3. Não se argumente, contra a solução adiantada, que ela viola o princípio do contraditório, a poder por isso mesmo constituir fundamento de anulação da decisão nos termos do art. 27.º, n.º 1, al. c), da Lei n.º 31/86.

Assim não é, na verdade, porque e na medida em que em todas as fases do processo se *garante a estreita observância do princípio do con-*

traditório: ambas as partes conhecem de antemão o prazo para a decisão; ambas as partes sabem do *ónus* da apresentação e produção da prova dos factos por elas alegados; ambas as partes sabem da obrigação de o tribunal arbitral proceder à instrução da causa no mais curto prazo possível, tendo em conta o dever de proferir a decisão dentro do prazo estabelecido, salvo prorrogação do mesmo por acordo das partes; ambas as partes sabem que, na falta de acordo de prorrogação do prazo, o tribunal tem o dever de decidir de acordo com as provas produzidas e adquiridas no processo.

Numa palavra: a probabilidade ou virtualidade do contraditório funciona em plena igualdade de tratamento das partes também *no cumprimento tempestivo do ónus da apresentação e produção da prova dos factos por cada uma alegados, e nenhuma prova é admitida ou produzida sem (potencial) audiência contraditória da parte a quem haja de ser oposta.*

4. Colaboração do tribunal judicial na ordenação de procedimento cautelar antes de constituído o tribunal arbitral

4.1. A urgência de um procedimento cautelar (art. 382.º do Código de Processo Civil) pode não se coadunar com a natural delonga da constituição de tribunal arbitral previsto na convenção de arbitragem, principalmente na cláusula compromissória.

Atenta essa necessidade urgente, não pode a cláusula compromissória impedir o requerimento a tribunal estadual de providência conservatória ou antecipatória adequada a assegurar a efectividade do direito ameaçado – não havendo, pois, preterição de tribunal arbitral –, sob pena de denegação de Justiça (neste sentido, cfr. art. 23.º, n.º 2, do Regulamento de Arbitragem da Câmara de Comércio Internacional; art. 11.º, n.º 3, da Lei espanhola; §1033, da *Zivilprozessordnung*).

Se requerido antes de constituído o tribunal arbitral, o procedimento cautelar será apensado aos autos da acção arbitral, logo que esta seja instaurada, com o apenso a dever ser remetido para o tribunal arbitral e ficando este com exclusiva competência para os termos subsequentes à remessa.

Se requerido no decurso da acção arbitral, o procedimento cautelar será instaurado no tribunal arbitral onde a acção corre.

4.2. *Naturaliter,* quer na primeira hipótese – remessa do apenso para o tribunal arbitral – quer na segunda, vai pressuposta a pronúncia de providência cautelar pelo tribunal arbitral a pedido das partes (v.g. previsão expressa na convenção de arbitragem) e (desde) que não coenvolva o uso de *ius imperii* ... não delegado pelo Estado.

No bom sentido, vejam-se:

– O acórdão do Tribunal da Relação de Lisboa, de 26 de Setembro de 2000 (Processo n.º 0006361):

"Pelo facto de ter subscrito uma convenção de arbitragem, o cidadão não fica impedido de recorrer aos tribunais comuns para obter o decretamento de providências cautelares";

– O acórdão do Tribunal da Relação do Porto, de 17 de Maio de 2005 (Processo n.º 0522209):

"I – Não se arreda, à partida, a possibilidade de intervenção do tribunal arbitral no julgamento de um procedimento cautelar, desde que expressamente a convenção de arbitragem o preveja e tal procedimento não envolva ou pressuponha o uso do *ius imperii* por parte do tribunal que decrete a providência requerida;

II – Fora destes casos, a competência para conhecer e julgar os procedimentos cautelares deve caber aos tribunais comuns".

5. Colaboração do tribunal judicial na execução de medida cautelar

Vimo-lo já: porque tribunal privado e privativo, no actual direito constituído o tribunal arbitral tem o poder de *pronunciar* providências cautelares apenas a pedido ou com autorização das partes (*supra,* n.º 2.1.); e se não acatada espontaneamente a providência decretada, a sua execução requer a intervenção do tribunal judicial, à semelhança do que ocorre com a execução da decisão arbitral (*supra,* n.º 2.2.).

Dito de outro modo: a competência do tribunal arbitral estende-se à *ordenação* das medidas cautelares necessárias à salvaguarda do objecto do litígio, se requeridas ou autorizadas pelas partes, mas não à sua execução forçada por falta de *ius imperii.*

Desta sorte:

Tal como na execução da decisão arbitral, também na execução da providência cautelar decretada (a pedido ou com autorização das partes) pelo tribunal arbitral deve requerer-se a colaboração ou assistência do tribunal judicial competente;

Tal como na execução da decisão arbitral, também na execução de providência cautelar decretada por tribunal arbitral não pode o tribunal judicial competente rever, alterar ou modificar aquela medida cautelar.

Em resumo: à anulação, reconhecimento e execução das providências cautelares ordenadas por tribunais arbitrais aplicam-se, *mutatis mutandis,* as normas sobre anulação, reconhecimento e execução das decisões arbitrais.

Testemos esta doutrina geral no caso do arresto, pela sensibilidade e dificuldade nele coenvoltas.

6. (cont.): O teste do arresto

6.1. O credor que tenha justo ou justificado receio de perder a garantia patrimonial do seu crédito pode requerer o arresto de bens do devedor (art. 619.º do Código Civil; art. 406.º do Código de Processo Civil).

Para o efeito, no requerimento a apresentar o credor interessado deduzirá os fundamentos legais do arresto – a *probabilidade séria* da existência do direito a acautelar e o *justificado receio* ou *perigo* da sua insatisfação –, relacionará os bens que devam ser apreendidos, com todas as diligências necessárias à realização da diligência, e concluirá pelo pedido (art. 407.º do Código de Processo Civil).

Feita a instrução probatória, só *será decretado* o arresto, sem audiência da parte contrária, se forem julgados preenchidos os requisitos legais (art. 408.º, n.º 1, do Código de Processo Civil). Com dois limites: no caso de sobrearresto, será reduzido aos justos limites (art. 408.º, n.º 2, do Código de Processo Civil); não privação do arrestado de rendimentos necessários à sua alimentação e à alimentação da sua família, a fixar nos termos previstos para os alimentos provisórios (art. 408.º, n.º 3, do Código de Processo Civil).

Se o arresto decretado for julgado injustificado ou vier a caducar por facto imputável ao requerente, este responderá pelos danos causados ao arrestado, quando não tenha agido com a prudência normal (art. 621.º do Código Civil; art. 390.º, n.º 1, do Código de Processo Civil).

Sempre que o julgue conveniente em face das circunstâncias, pode o tribunal, mesmo sem audiência do requerido, tornar a concessão da providência dependente da prestação de caução adequada pelo requerente (art. 620.º do Código Civil; art. 390.º, n.º 2, *ex vi* do art. 392.º, n.º 2, do Código de Processo Civil), impondo-se como muito *natural e mesmo muito adequado que um tribunal arbitral lance mão desta faculdade legal.*

Naturaliter, dada a eficácia relativa (meramente *inter partes*) da convenção de arbitragem, o arresto contra terceiro adquirente de bens do devedor (parte da convenção de arbitragem) não poderá ser requerido ao tribunal arbitral (art. 619.º, n.º 2, do Código Civil; art. 407.º, n.º 2, do Código de Processo Civil).

Sendo isto assim, como é, até aqui não vemos obstáculo a que um tribunal arbitral possa decretar a providência do arresto.

Pela mesma razão – relatividade da convenção de arbitragem –, os embargos de terceiro serão deduzidos no tribunal judicial competente – o foro da situação dos bens (art. 73.º do Código de Processo Civil) –, e não processados por apenso à acção arbitral em que haja sido ordenado o arresto ofensivo do direito do embargante (art. 353.º, n.º 1, do Código de Processo Civil).

7.2. Porém, como a execução do despacho do arresto implica *ius imperii,* o tribunal arbitral já não tem poder para esta fase do processo de arresto, semelhante à realização da penhora (art. 406.º, n.º 2, e art. 821.º e segs. do Código de Processo Civil; art. 622.º do Código Civil).

Efectivamente, como o arresto se traduz na apreensão judicial dos bens, com subtracção dos mesmos à livre disponibilidade do arrestado (art. 819.º e 820.º do Código Civil) e entrega a depositário (art. 839.º do Código de Processo Civil) – a fim de mais tarde poderem ser vendidos coactivamente e dar-se satisfação, pelo produto da venda, ao direito do arrestante, na perspectiva de este vir a obter título executivo –, não se vê como poderá um tribunal arbitral efectivar o arresto por si decretado, "penhora preventiva" que se converterá em verdadeira penhora (art. 846.º do Código de Processo Civil): falta-lhe, *de iure constituto,* o poder coercitivo necessário para o efeito, despido que está de *ius imperii* para a execução das suas próprias decisões (art. 30.º da Lei n.º 31/86).

7.3. Termos em que impõe, na execução do *arresto decretado por tribunal arbitral,* a intervenção do tribunal judicial competente, a fim de proceder à *apreensão efectiva* dos bens em cumprimento do despacho arbitral, lavrando auto de arresto (arts. 836.º e 849.º do Código de

Processo Civil). Nos imóveis e móveis sujeitos a registo a apreensão considera-se feita, em relação a terceiros, mediante a inscrição do arresto no registo (cfr. art. 2.º, al. n), e art. 5.º do Código do Registo Predial; art. 838.º e 851.º do Código de Processo Civil; art. 5.º, n.º 1, al. h), do Registo da Propriedade Automóvel – Decreto-lei n.º 54/75, de 12 de Fevereiro). *Cooperação essa, a do tribunal judicial, confinada à execução da providência decretada pelo tribunal arbitral, não a podendo revogar ou alterar.*

Só após a *realização ou execução do arresto* é notificado o arrestado da decisão arbitral que o decretou (art. 385.º, n.º 6, do Código de Processo Civil): em consonância com a sua ordenação sem audiência do devedor, não faria sentido a correspondente notificação do arrestado para deduzir oposição (art. 388.º do Código de Processo Civil) antes de feita a *apreensão* judicial dos bens (art. 838.º para os imóveis e móveis sujeitos a registo, *ex vi* do art. 851.º; art. 848.º para os móveis não sujeitos a registo; art. 856.º para os créditos; art. 857.º para os títulos de crédito; art. 860.º-A para os direitos ou expectativas de aquisição; art. 861.º para as rendas, abonos, vencimentos ou salários; art. 861.º-A para os depósitos bancários; art. 862.º para o direito a bens indivisos e quotas em sociedades; art. 862.º-A para o estabelecimento comercial – artigos todos do Código de Processo Civil).

Sendo apreendidos bens pertencentes ao arrestado, a oposição far-se-á no tribunal arbitral, tribunal competente para dirimir o litígio por livre vontade das partes e ao serviço de cuja decisão final está o arresto; já se houver bens arrestados pertencentes a terceiro, este terá de deduzir oposição no tribunal judicial competente, uma vez que não é parte no processo arbitral[1].

---

[1] No sentido do texto, cfr. acórdão da Relação de Lisboa, de 21 de Novembro de 2006 (Proc. n.º 5285/2006-7); em sentido contrário, considerando o arresto fora do âmbito da jurisdição arbitral, cfr. acórdão da Relação de Lisboa, de 20 de Abril de 2006 (Processo n.º 3041/2006-2) e PAULA COSTA E SILVA, *A arbitrabilidade de medidas cautelares, in* Revista da Ordem dos Advogados, ano 2003 (n.º 63), vols.I e II, p.221 e 222.

A INTERVENÇÃO DO TRIBUNAL JUDICIAL NA ARBITRAGEM: NOMEAÇÃO DE ÁRBITROS E PRODUÇÃO DE PROVA

João Raposo[*]

Sumário: I. Introdução: a intervenção do tribunal judicial na arbitragem. Razão de ser e objecto. Delimitação do tema e indicação de sequência. II. O tribunal estadual e a nomeação de árbitros. III. O tribunal estadual e a produção de prova. IV. Considerações finais.

I – INTRODUÇÃO

A autonomia privada e a arbitragem voluntária.
O princípio da intervenção mínima dos tribunais estaduais na arbitragem.

1. À semelhança da generalidade dos ordenamentos jurídicos, também o nosso deixa à autonomia privada a liberdade de submeter qualquer litígio que não respeite a direitos indisponíveis à decisão de árbitros, salvo se existir lei especial que o submeta exclusivamente aos tribunais judiciais ou a arbitragem necessária.

Daí não se segue, porém, a indiferença dos tribunais judiciais face à arbitragem. Pelo contrário, seja por necessidade do próprio tribunal arbitral, seja por conveniência do Estado, a lei prevê a intervenção, ainda que circunscrita, deste na actividade arbitral.

---

[*] Advogado

A intervenção dos tribunais judiciais na arbitragem desempenha, por um lado, uma *função de controlo* estadual da actividade arbitral, sendo a *«contrapartida necessária da atribuição de eficácia jurisdicional à decisão arbitral»*[1], e, por outro, uma *função de assistência*, seja pela necessidade de assegurar a constituição do tribunal arbitral, seja pelo facto de a competência deste ser apenas declarativa, não dispondo, portanto, das prerrogativas de autoridade que são próprias dos tribunais estaduais enquanto órgãos de soberania.

No respeito pela autonomia da vontade das partes vertida na convenção arbitral, essa intervenção há-de, no entanto, *limitar-se ao estritamente necessário* para assegurar o funcionamento da arbitragem e a execução da sentença arbitral, suprindo, aí onde se mostre necessário, a assinalada falta de poderes que é inerente a uma actividade cujo fundamento é contratual[2].

No sentido da intervenção *mínima* do tribunal judicial na arbitragem, proclamava-se na *Exposição de Motivos da Proposta de Lei n.º 34/IV*, que veio a converter-se na Lei da Arbitragem Voluntária (LAV)[3]:

> *«(...) a constituição e o funcionamento dos tribunais arbitrais devem desvincular-se de toda a desnecessária ou desrazoável intervenção dos tribunais judiciais, reconhecendo-se às partes, dentro dos limites fixados na lei, o poder e o dever de forjar as soluções requeridas para a correcta actuação da instituição arbitral».*

Tal afirmação de princípio não provocará dissenso. Na verdade, mal se compreenderia que, tendo as partes estipulado o recurso à via arbitral, se sucedessem depois, a propósito de tudo e de coisa nenhuma, interferências do tribunal judicial no desenrolar do processo[4].

---

[1] Luís de Lima Pinheiro, *Arbitragem Transnacional*, Coimbra, 2005, p. 73.

[2] Como refere Luís de Lima Pinheiro, *«Por "fundamento contratual" quer-se significar que a arbitragem se baseia numa convenção de arbitragem»* (*op. cit.*, p. 187).

[3] Lei n.º 31/86, de 29 de Agosto, alterada pelo Decreto-Lei n.º 38/2003, de 8 de Março.

[4] Mais assertiva nesta matéria é a Lei Modelo da UNCITRAL (United Nations Comission on International Trade Law), de 1985, em cujo artigo 5.º se consagra, nos seguintes termos, a regra da não intervenção dos tribunais na arbitragem comercial internacional: *«In matters governed by this Law, no court shall intervene except where so provided in this Law»*.

2. Note-se que, verdadeiramente, não é apenas da intervenção dos tribunais *judiciais* que aqui se trata. Na verdade, falando da arbitragem *doméstica*, que é aquela que aqui nos ocupa, também os tribunais administrativos podem ser chamados a intervir nos processos arbitrais que tenham por objecto as questões indicadas no artigo 180.º do Código de Processo nos Tribunais Administrativos, conforme se dispõe nos artigos 181.º e 186.º, n.º 2, do referido diploma – que se ocupam, respectivamente, da constituição e funcionamento do tribunal arbitral e da impugnação da decisão arbitral, matérias cujo conhecimento é da competência dos Tribunais Centrais Administrativos.

Portanto, e em bom rigor, o que se tem aqui em vista é a intervenção na arbitragem dos tribunais *estaduais*, judiciais ou administrativos.

3. Em que termos e em que situações pode o tribunal estadual competente intervir na arbitragem?

Sublinhe-se liminarmente que, no respeito pela autonomia privada, essa intervenção é sempre *provocada,* seja pelas partes seja pelo próprio tribunal arbitral – o que vale por dizer que ao tribunal estadual está vedado intervir, por iniciativa própria, nas questões arbitrais; e é *limitada* aos seguintes casos, enunciados na lei:

a) Em sede de constituição do tribunal arbitral:
- para suprir a falta de designação de árbitro ou árbitros ou a impossibilidade de promover a substituição de árbitro ou árbitros anteriormente designados (artigos 12.º, n.os 1 a 3, e 13.º);
- para escolher o presidente do tribunal, na falta de acordo das partes ou dos árbitros designados por estas (artigo 14.º, n.º 4)

b) Em sede de instrução do processo arbitral:
- até 2003 (ano em que o Decreto-Lei n.º 38/2003, de 8 de Março, pôs termo a essa intervenção, revogando o n.º 4, na anterior redacção, do artigo 12.º da LAV e os artigos 1508.º a 1 510.º do CPC), para a delimitação dos exactos termos do litígio, na falta de acordo das partes
- para a produção de prova (artigo 18.º, n.º 2)

c) Após a sentença arbitral:
- para julgar dos recursos e das acções de anulação (artigos 29.º, n.º 1, e 27.º)

- para execução da sentença arbitral (artigo 30.º)
- para a revisão e confirmação de sentença arbitral estrangeira (artigo 1097.º do Código de Processo Civil)
- para o depósito da sentença arbitral (artigo 24.º, n.º 2).

4. O tema cujo tratamento nos foi distribuído incide apenas sobre duas espécies de intervenção dos tribunais estaduais na arbitragem doméstica, que se integram no âmbito da falada função de assistência aos tribunais arbitrais, a saber:
- a nomeação de árbitros; e
- a produção de prova.

De cada um deles nos ocuparemos seguidamente, tecendo a final algumas considerações suscitadas pela digressão que agora se inicia.

II – O TRIBUNAL ESTADUAL E A NOMEAÇÃO DE ÁRBITROS

5. A constituição do tribunal arbitral é um procedimento prévio ao processo arbitral, imprescindível ao funcionamento da arbitragem.

Da composição e constituição do tribunal arbitral se ocupam os artigos 6.º a 14.º da LAV: lembre-se brevemente o respectivo regime.

O tribunal arbitral pode ser composto por um único árbitro ou por vários, neste caso em número ímpar (artigo 6.º, n.º 1, da LAV), aplicando-se supletivamente o número de três se tal número não tiver sido fixado na convenção arbitral (n.º 2).

Compete às partes, na convenção ou em escrito posterior subscrito por ambas, designar os árbitros ou fixar o modo por que serão escolhidos (artigo 7.º, n.º 1).

Cabendo às partes designar um ou mais árbitros, aquela que pretenda instaurar o litígio procederá à designação na notificação da pretensão de instaurar o litígio, abreviadamente notificação de arbitragem[5], a que se refere o n.º 1 do artigo 11.º, convidando a outra parte a proceder do mesmo modo (artigo 11.º, n.º 4); tratando-se de árbitro único, a designar por acordo das partes, essa notificação deverá conter a respectiva proposta (n.º 5).

---

[5] É a expressão utilizada por Luís de Lima Pinheiro, in *Arbitragem...*, cit., p. 125.

Cabendo a terceiro a designação de um ou mais árbitros, ou este a realiza previamente à notificação de instauração do processo ou, não o tendo feito, qualquer das partes o poderá notificar para proceder à designação e a comunicar a ambas (n.º 6).

6. O que sucede, porém, se o cumprimento das estipulações convencionais ou das normas legais supletivamente aplicáveis esbarrar na falta de cooperação dos "promotores necessários" da constituição do tribunal arbitral, seja por mera falta de diligência seja, como porventura sucederá mais frequentemente, por desinteresse ou inconveniência de algum deles?

Com relevo para a questão que aqui nos ocupa, perspectivem-se, a título exemplificativo, as seguintes situações:
* A falta originária de designação de árbitro ou árbitros;
* A falta de escolha do presidente;
* A falta de substituição de árbitros na pendência do processo arbitral.

A primeira situação será imputável às partes ou a terceiro, conforme a designação caiba àquelas ou a este; a segunda, e em regra, aos árbitros designados pelas partes – já que até à aceitação do primeiro árbitro as partes podem convir noutra solução (cfr. artigo 14.º, n.º 1, da LAV); a terceira, às partes ou aos árbitros, conforme se tratar da substituição dos árbitros de parte ou do presidente. Dado que, nos termos do artigo 13.º da LAV, à substituição de árbitros se aplicam, com as devidas adaptações, as regras da respectiva designação ou nomeação, é neste regime que nos vamos fixar.

7. Com vista a assegurar a constituição do tribunal arbitral, suprindo, designadamente, a falta de impulso ou o desacordo das partes ou dos árbitros por elas designados quanto aos actos cuja prática lhes pertence, consagrou o legislador uma primeira espécie de intervenção do tribunal estadual, a provocar pela parte interessada[6], deferindo-se ao presidente

---

[6] A lei não dispõe expressamente sobre a legitimidade para requerer a nomeação. Deve, no entanto, reconhecer-se tal legitimidade à parte que tenha interesse na nomeação, como se passa, aliás, na generalidade das leis estrangeiras consultadas, que dispõem expressamente nesse sentido. Questão controvertida é a de saber se os árbitros podem também requerer a nomeação.

do tribunal da relação do lugar fixado para a arbitragem ou, não tendo havido fixação, do domicílio do requerente (artigo 12.º, n.º 1), a nomeação de árbitros[7].

8. A parte interessada em promover a nomeação pode requerê-la decorrido um mês sobre a notificação da pretensão de instauração do processo arbitral ou a nomeação do último árbitro a quem caiba a escolha do restante, como se estabelece no n.º 2 do artigo 12.º.

A lei não se ocupa especificamente dos casos da falta de nomeação em resultado da inércia do terceiro a quem caiba designar um ou mais árbitros. Face ao disposto no n.º 1 do artigo 12.º, no entanto, aplica-se, no entanto, nesses casos o regime de que nos vimos ocupando, devendo entender-se, por analogia, que o requerimento de nomeação de árbitros pode ser apresentado decorrido que seja um mês sobre a notificação do terceiro que a ela não procedeu.

9. A lei não fixa prazo para a constituição do tribunal arbitral, seja a *espontânea* (chamemos-lhe assim para significar a que decorre directamente da iniciativa das partes, dos árbitros ou de terceiro), seja a *provocada* (pela parte interessada na efectiva constituição do tribunal).

Na falta de estipulação de tal prazo na convenção de arbitragem, deve entender-se que o tribunal arbitral pode ser constituído a todo o tempo? Ou poderá reconhecer-se à inércia das partes em requerer a nomeação pelo tribunal estadual competente durante certo prazo o valor de renúncia tácita à arbitragem? Se assim for, a que prazo se deve atender para o efeito?

Pensamos que, na falta de fixação convencional e legal de prazo para a constituição do tribunal, a omissão dos actos de que esta depende nem por isso liberta as partes da submissão do litígio a arbitragem, nem determina a caducidade da convenção arbitral – a qual apenas se produzirá se, uma vez constituído o tribunal arbitral, a decisão não for proferida no prazo convencional ou legal, que se conta, em princípio, a partir da designação do último árbitro (cfr. artigos 4.º, n.º 1, alínea c), e 19.º, n.º 3).

---

[7] No direito estrangeiro nem sempre é assim, sendo a competência para a nomeação deferida aos tribunais de primeira instância.

10. *Quid juris*, porém, se, existindo prazo convencionado pelas partes para a constituição do tribunal arbitral, o mesmo for ultrapassado sem que as mesmas tenham interpelado os árbitros por si designados para escolherem os restantes árbitros e lhes comunicarem essa escolha, nem, tão-pouco, tenham suscitado a intervenção do tribunal estadual para suprir a inércia daqueles?

Em acórdão de 2 de Fevereiro de 2007, proferido no Processo n.º 9 485/2006-1, o Tribunal da Relação de Lisboa teve oportunidade de se pronunciar sobre esta matéria. Em termos muito sintéticos, as coisas passaram-se assim:

- Em certa convenção de arbitragem, as partes estipularam o prazo de 4 meses para a constituição do tribunal;
- Designados por aquelas dois árbitros, estes não escolheram o terceiro árbitro, como, nos termos convencionados, lhes cabia fazer;
- Nenhuma das partes interpelou os árbitros para estes procederem como estavam obrigados ou informarem do seu desacordo quanto à escolha do restante árbitro;
- Proposta por uma das partes acção de condenação com vista à resolução da convenção de arbitragem, o juiz *a quo* julgou procedente a excepção de preterição de tribunal arbitrário por entender que a autora concorreu passivamente para a intempestividade de que se quer prevalecer perante a ré;
- E, destarte, concluiu que «*o incumprimento do prazo de constituição do tribunal arbitral não poderá ser invocado pela autora para recurso aos tribunais comuns – só assim não será quando a autora tenha feito, formal e materialmente, tudo o que a convenção exigia para a sua consumação*».

O tribunal de recurso confirmou a decisão impugnada, considerando, em substância – a nosso ver, bem – o seguinte:

«*5) Se a cláusula compromissória estabelecia entre a Autora e a Ré dois limites temporais à jurisdição do tribunal arbitral (prazo de constituição deste e prazo de decisão), perante o silêncio dos dois árbitros escolhidos por ambas as partes, quanto à escolha (por acordo entre eles) do terceiro árbitro, <u>incumbia a qualquer das partes providenciar</u> pela notificação daqueles dois árbitros para efectuarem a escolha e a comunicarem a ambas as partes ou, pelo*

menos, para comunicarem a estas o seu desacordo quanto à escolha do terceiro árbitro, <u>em ordem a permitir-lhe o recurso à intervenção do Presidente do Tribunal da Relação para que fosse este a indicar o terceiro árbitro</u>.
6) Se, em vez disso, ambas as partes se remeteram à mais completa inacção, abstendo-se de interpelar os dois árbitros escolhidos pelas partes para escolherem o 3.º árbitro e comunicarem a ambas as partes a sua escolha ou, pelo menos, para darem notícia a estas do seu desacordo quanto a essa escolha, limitando-se, passivamente, a deixar escoar o prazo de quatro meses fixado na cláusula compromissória para a constituição do tribunal arbitral para, com tal fundamento, resolverem, sem mais, a convenção de arbitragem, actuam de má fé e, consequentemente, <u>estão impedidas de exercer o seu direito à resolução da convenção de arbitragem com fundamento na mera ultrapassagem do prazo estabelecido para a constituição do tribunal arbitral</u>» (realces nossos).

11. Nos termos do n.º 3 do artigo 12.º da LAV, as nomeações de árbitro ou árbitros pelo presidente do tribunal da relação são inimpugnáveis: é também essa a solução do artigo 1686.º do Código de Processo Civil belga, 13.º (3) do Código de Arbitragem Comercial do Canadá ou 15.º, n.º 7, da Lei de Arbitragem espanhola de 23 de Dezembro (Lei n.º 60/2003), do artigo 1457.º do Código de Processo Civil francês. Tal não significa, obviamente, que a sua hipotética ilegalidade seja insindicável; ou, tão-pouco, que o árbitro ou árbitros designados não possam ser recusados, nos termos gerais do artigo 10.º da LAV.

O que a norma impede é, e apenas, a impugnabilidade *directa* do despacho de designação: mas daí não se segue a sua sindicabilidade *diferida*, seja através de recurso da sentença arbitral, se o processo o comportar, seja por via de acção de anulação, com fundamento na alínea b) do n.º 1 do artigo 27.º[8].

Como se decidiu no Acórdão do Tribunal da Relação de Lisboa, de 18 de Maio de 2004, proferido no Processo n.º 3094/2004-7, «*As questões referentes à competência e regularidade da constituição de tribunal*

---

[8] Nesse sentido, João Luís Lopes dos Reis, *Representação Forense e Arbitragem*, Coimbra, 2001, p. 132, nota (267).

arbitral constituem fundamentos da acção de anulação da decisão arbitral a propor nos tribunais judiciais, mas só depois de proferida aquela decisão», sendo que a respectiva propositura *em momento anterior* constitui preterição do tribunal arbitral.

12. *De jure condendo,* será, no entanto, avisado deixar prosseguir o processo até final para só depois de proferida a sentença arbitral se apreciar a questão da regularidade da constituição do arbitral?

Afigura-se-nos que não. Com efeito, não se vislumbra especial vantagem em arrastar penosamente o processo até final, com todo o trabalho e os custos que isso implica, para apenas nesse momento poder discutir a questão da regularidade da constituição do tribunal.

E nem se diga que a impugnação imediata teria o efeito de retardar indefinidamente o processo arbitral, podendo constituir uma manobra dilatória da parte menos empenhada em que o mesmo chegue ao fim, pois, como assinala um autor, para obviar a isso *«é suficiente que a impugnação não tenha efeito suspensivo do processo arbitral e que o tribunal arbitral possa diferir a sua decisão sobre a competência até à decisão do mérito da causa»*[9].

Em qualquer caso, tenha-se presente que a irregular constituição do tribunal arbitral deixa de poder ser suscitada se a parte que dela teve conhecimento não a invocou tempestivamente, após o respectivo conhecimento no decurso do processo, conforme se dispõe no n.º 2 do artigo 27.º da LAV[10].

13. O n.º 4 do artigo que vimos perseguindo estabelece que o tribunal da relação deve declarar não haver lugar à designação de árbitros *«se a convenção de arbitragem for manifestamente nula»*. O mesmo se passa, por exemplo, na lei francesa (artigo 1444.º do Código de Processo Civil), na lei espanhola (artigo 15.º, n.º 5) ou na lei italiana revista pelo Decreto n.º 40, de 2 de Fevereiro (artigo 816.º, n.º 3). Por conseguinte,

---

[9] Luís de Lima Pinheiro, *Arbitragem...,* cit. pp. 140-141.

[10] Este preceito trata da anulação da decisão arbitral, reportando-se a dois dos respectivos fundamentos: a incompetência do tribunal e a irregularidade da respectiva constituição. Sublinhe-se, porém, que, diversamente daquilo que se passa com a irregular constituição do tribunal, a incompetência deste só pode ser arguida até à apresentação da defesa ou juntamente com esta (cfr. n.º 3 do artigo 21.º da LAV).

o tribunal poderá, ainda que perfunctoriamente, ter de ajuizar da validade da convenção de arbitragem[11] que lhe é submetida.

Por determinação da lei, esta será nula nos seguintes casos:
* se o litígio respeitar a direitos indisponíveis;
* tratando-se de pessoas colectivas públicas, se se tratar de questão não abrangida pelo artigo 180.º do Código de Processo nos Tribunais Administrativos ou prevista em lei especial[12];
* em virtude de carência absoluta de forma legal;
* em resultado da nulidade do contrato onde se contém a convenção de arbitragem, quando se mostre que ele não teria sido concluído sem a referida convenção.

conforme decorre dos artigos 3.º e 21.º, n.º 2, *a contrario*, da LAV; e a tais casos se deve acrescentar o de inexistência de convenção arbitral.

A nulidade determinante da declaração de não haver lugar à nomeação tem de ser manifesta, isto é, evidente, flagrante ou imediatamente apreensível: o que vale por dizer que se a questão for discutível, controvertida ou duvidosa, carecendo de mais aprofundada indagação, não deve o tribunal decretá-la, deixando essa tarefa, se vier a ser caso disso, para o próprio tribunal arbitral.

14. Atentas as respectivas consequências, mal se compreenderia que a declaração de não haver lugar à designação de árbitros pudesse seguir o mesmo regime de inimpugnabilidade autónoma dos despachos positivos de nomeação: e assim, da mesma cabe reclamação para a conferência, havendo recurso do acórdão que a decida (artigo 12.º, n.º 4).

15. Uma vez designados os árbitros pelas partes ou nomeados os mesmos pelo presidente do tribunal da relação, pode ocorrer uma segunda situação de intervenção provocada do tribunal estadual – desta feita para a escolha do árbitro presidente.

---

[11] A apreciação da existência, validade ou eficácia da convenção de arbitragem ou do contrato onde ela se insira, ou a aplicabilidade daquela, cabem ao próprio tribunal arbitral, uma vez constituído (cfr. artigo 21.º da LAV).

[12] O Código de Processo nos Tribunais Administrativos revogou, em nosso entender, a parte final do n.º 4 do artigo 1.º da LAV. Tenha-se, entretanto, em conta direito à outorga de compromisso arbitral consagrado no seu artigo 182.º.

Segundo o artigo 14.º, n.º 1, da LAV, na falta de estipulação de outra solução pelas partes, previamente à aceitação do primeiro árbitro, cabe aos árbitros designados ou nomeados escolher entre si o presidente. Não se concretizando essa escolha, a mesma transfere-se para o presidente do tribunal da relação, por iniciativa da parte interessada, à semelhança, portanto, daquilo que se passa com a nomeação dos árbitros (n.º 2 do referido artigo).

Nada se dispondo *expressis verbis* nesta sede a propósito da oportunidade, impugnabilidade e declaração de não haver lugar à escolha deve entender-se a tal propósito aplicável o regime do artigo 12.º, com as necessárias adaptações.

16. De que universo e segundo que critérios são escolhidos pelo presidente do tribunal da relação os árbitros cuja nomeação lhe seja requerida ou, se disso se tratar, o presidente do tribunal arbitral?

Quanto ao primeiro aspecto, a resposta é: de uma lista que integra individualidades que as recomendam especialmente para as referidas funções. Quais as condições que devem preencher as individualidades dela constantes? Não se conhecendo qualquer estatuição sobre a matéria, a conclusão só pode ser a de que a pertença à lista oficial, bem como a exclusão dela, se situam na zona de discricionariedade do próprio tribunal. Por outro lado, não tendo as nomeações de ser fundamentadas, não serão, em regra, conhecidas as razões concretas pelas quais se escolheu determinada pessoa para esta ou aquela arbitragem, e não outra. O que se presta às mais variadas especulações: terão sido as suas especiais habilitações em certo ramo do direito? O seu prestígio? A sua reconhecida capacidade de estabelecer consensos? A sua vasta experiência? O grau académico ou as obras publicadas?

Não é isto que se passa com outras leis estrangeiras, que mandam atender, por exemplo, às qualificações exigidas pelas partes na convenção de arbitragem e, invariavelmente, às garantias da independência e imparcialidade – vejam-se, entre outras, a lei alemã, artigo 1306.º, (5), e a lei espanhola, artigo 15.º, n.º 6[13]. Também a Lei-Modelo da CNUDCI dispõe

---

[13] Esta última, aliás, consagrou um regime especialmente apurado, que passa pela elaboração de uma lista contendo três nomes por cada árbitro a nomear, sendo este escolhido por sorteio (artigo 15.º, n.º 6).

também sobre a matéria no seu artigo 11.º, n.º 5; e no caso das arbitragens internacionais também existem disposições que, compreensivelmente, mandam ter em conta a nacionalidade do árbitro a nomear.

Em homenagem à transparência de procedimentos, afigura-se-nos que seria conveniente a fixação de critérios de elegibilidade de árbitros de nomeação judicial, por um lado; e que as escolhas do presidente do tribunal da relação competente fossem, ainda que sucintamente, fundamentadas, por outro.

17. Qual a natureza e que regras processuais se aplicam à nomeação de árbitros ou de escolha do presidente do tribunal arbitral pelo presidente do tribunal da relação competente?

Segundo Lopes dos Reis, está-se em presença de um verdadeiro e próprio processo de jurisdição voluntária, *«em que não se pede ao juiz que dirima um conflito de interesses, mas apenas que colabore na realização da vontade das partes expressa na convenção de arbitragem; e cabe na regulação do processo de suprimento, a que se refere o artigo 1425.º do CPC, já que se destina a suprir o consentimento, num caso em que a lei o admite, com fundamento de recusa»* – que pode ser expressa ou tácita – por parte daquele que devia designar o árbitro e não o fez[14].

Por conseguinte, e na falta de disposição da lei processual civil especificamente aplicável, a respectiva tramitação terá de ser fixada fazendo apelo àquele normativo.

18. Procurámos saber junto do Tribunal da Relação de Lisboa qual o movimento de processos de nomeação de árbitros e de presidente de tribunal arbitral. Segundo informação que nos foi prestada pelo Senhor Desembargador Presidente,
- em 2001 foram nomeados 3 presidentes de tribunal arbitral e 11 árbitros de parte;
- em 2002 não houve lugar a nomeação de árbitros;
- em 2003 foram nomeados 3 presidentes e 2 árbitros;
- em 2004, 6 presidentes e 10 árbitros;
- em 2005, 4 presidentes e 7 árbitros;
- em 2006, 2 presidentes e 6 árbitros.

---

[14] *Op. cit.*, p. 132.

No ano em curso, foram nomeados até ao momento 3 presidentes e 4 árbitros.

Feitas as contas a este período, de 2001 até à presente data foram, assim, nomeados 27 *presidentes* de tribunal arbitral e 66 *árbitros* – o que, se não permite retirar quaisquer conclusões significativas, sempre serve para se ter uma ideia daquilo que se vem passando na área de jurisdição daquele tribunal.

19. Finalmente, e conforme a seu tempo se referiu, o regime de nomeação de árbitros, com as necessárias adaptações, é aplicável à respectiva substituição, conforme se estatui no artigo 13.º da LAV.

Esta ocorrerá nos casos de falecimento, impossibilidade permanente ou escusa do árbitro ou se a designação ficar sem efeito.

III – O TRIBUNAL ESTADUAL E A PRODUÇÃO DE PROVA

20. Ocupemo-nos agora do restante caso de intervenção do tribunal estadual no processo arbitral de que nos cumpre falar, que se situa já no decurso do processo arbitral, mais concretamente na fase da instrução.

O artigo 18.º da LAV dispõe sobre a prova no processo arbitral. No n.º 1 consagra-se a regra da admissibilidade no processo arbitral dos meios de prova previstos na lei processual civil. Por conseguinte, em sede arbitral pode também haver lugar à
- Prova por documentos (cfr. artigos 523.º a 551.º-A do Código de Processo Civil)
- Prova por confissão das partes (cfr. artigos 552.º a 567.º)
- Prova pericial (cfr. artigos 568.º a 591.º)
- Prova por inspecção judicial (cfr. artigos 612.º a 615.º)
- Prova testemunhal (cfr. artigos 616.º a 645.º).

21. A produção da prova pode depender exclusivamente de quem a pretenda promover; mas pode também envolver o concurso da contraparte ou de terceiros, como, aliás, sucederá em regra.

O artigo 519.º do Código de Processo Civil consagra genericamente o dever de cooperação para a descoberta da verdade, que recai sobre todas as pessoas, sejam ou não partes na causa, compreendendo:
- o dever de resposta àquilo que lhes for perguntado;

- o dever de facultar o que for requisitado; e
- o dever de praticar os actos que forem determinados.

A violação deste dever é punida com multa, sem prejuízo dos meios coercitivos ao dispor do tribunal estadual; e, caso o recusante seja parte no processo, o valor da recusa será livremente apreciado para efeitos probatórios, sem prejuízo da inversão do ónus da prova[15], conforme se determina no artigo 519.º, n.º 2.

22. O dever de cooperação para a descoberta da verdade, enquanto emanação do princípio geral da cooperação acolhido no artigo 266.º do Código de Processo Civil, porventura limitado às partes na convenção de arbitragem, seus representantes ou respectivos mandatários judiciais, também se imporá em sede arbitral? E, em caso afirmativo, com a mesma intensidade?

Independentemente da discussão que se possa travar em torno do tema, cumpre reconhecer que se estará sempre perante um dever *imperfeito* ou *enfraquecido*, na medida em que, diversamente daquilo que se passa com o tribunal estadual, assistido de *ius imperii,* o tribunal arbitral, voluntário ou necessário, não está em condições de impor, por si só, o concurso daqueles cuja colaboração se mostre necessária para a produção de prova.

23. Não custa antever situações de subtracção das partes ou de terceiros à necessária cooperação para a descoberta da verdade. Colhendo inspiração nas pertinentes disposições do Código de Processo Civil, imagine-se
- A recusa de apresentação de documentos em poder da parte contrária (artigos 528.º e 529.º) ou de terceiro (artigos 531.º e 532.º);
- A recusa de cumprir requisição de documentos (artigos 535.º e 537.º);
- A recusa de prestação de depoimento de parte ou testemunhal (artigos 552.º e seguintes; e 616.º e seguintes);

---

[15] Nos termos do disposto no artigo 344.º, n.º 2, do Código Civil, para onde ali se remete, «Há também inversão do ónus da prova, quando a parte contrária tiver tornado impossível a prova ao onerado, sem prejuízo das sanções que a lei de processo mande especialmente aplicar à desobediência ou às falsas declarações».

- A recusa de cumprimento dos deveres de perito (artigos 568.º e seguintes);
- Recusa de permitir inspecção de coisas ou pessoas (artigos 612.º e seguintes).

O remédio para estas e outras situações análogas encontra-se estabelecido no n.º 2 do artigo 18.º da LAV: precedendo autorização do tribunal arbitral, pode a parte interessada requerer ao tribunal judicial competente – que, na falta de disposição legal expressa, será o tribunal de 1.ª instância da jurisdição implicada – a produção, perante este, da prova que não foi possível realizar perante aquele[16].

24. Condição da produção da prova perante o tribunal judicial é, pois, a *autorização* do tribunal arbitral: sem tal permissão, que constitui expressão do carácter limitado, secundário e marcadamente instrumental da intervenção do tribunal estadual nesta matéria, poderá ser invocada pela contraparte a excepção dilatória de preterição de tribunal arbitral, nos termos dos artigos 494.º, alínea j), e 495.º, do Código de Processo Civil.

Deste modo, o tribunal arbitral, na qualidade de "titular do processo", é primeiramente ouvido sobre a invocação, por qualquer das partes, de recusa relevante de colaboração da contraparte ou de terceiro para a produção da prova; se concluir pela respectiva verificação, concederá à parte requerente a autorização de que esta carece para que a produção de prova decorra em sede judicial; se, pelo contrário, concluir pela desnecessidade da mesma, denegar-lhe-á a solicitada autorização.

25. Neste último caso, apenas por ocasião do recurso da sentença arbitral, se o processo o admitir, poderá a parte que se considere lesada suscitar a sua discordância.

---

[16] A solução da lei brasileira de 1996 é a seguinte: se o comportamento faltoso for da parte, isso será tido em conta pelo tribunal ao proferir a sentença; se for de testemunha, o tribunal poderá requerer à autoridade judiciária que conduza a testemunha renitente (artigo 22.º, § 2., da Lei n.º 9 307, de 23 de Setembro de 1996). A lei espanhola prevê que a intervenção do tribunal judicial pode consistir na produção de prova perante o tribunal competente ou na adopção de medidas específicas com vista a que a prova seja produzida perante os árbitros. Já a solução da lei alemã é semelhante à nossa (cfr. artigo 1050.º do Código de Processo Civil).

Advirta-se que a não realização de prova que haja sido requerida não constitui, porém, causa de acção de anulação da decisão arbitral, conforme se alcança do artigo 27.º, n.º 1, da LAV.

26. O pedido de produção de prova perante o tribunal judicial é feito pela própria parte interessada – e não, portanto, pelo tribunal arbitral, que se limita a conceder-lhe autorização para tal efeito. À parte requerente cabe fazer prova dessa autorização, sem o que o tribunal estadual deverá indeferir liminarmente o pedido.

Em caso de deferimento, o tribunal estadual procede às diligências de prova que lhe foram solicitadas; e, uma vez concluídas as mesmas, remete os respectivos resultados ao tribunal arbitral (e já não à parte requerente), nisso esgotando a sua intervenção. Diga-se, aliás, de passagem que, tal como os resultados da diligência são remetidos ao tribunal arbitral – e não, portanto, à parte requerente da diligência –, talvez também o pedido devesse ser feito directamente por aquele tribunal, e não pela parte interessada, não se deslocando, assim, artificialmente para o plano do mero interesse da parte uma questão que releva directamente da condição do tribunal arbitral.

27. Em que circunstâncias pode o tribunal estadual indeferir o pedido de produção de prova?

Desde logo, seguramente, se o tribunal arbitral não tiver concedido a necessária autorização. Mas poderá igualmente recusar a realização das diligências probatórias requeridas com outro fundamento, *v. g.*, a irrelevância da prova requerida ou a ilegalidade do pedido?

Quanto ao primeiro fundamento, a resposta é negativa: com efeito, ao tribunal arbitral, e só a ele, cabe decidir acerca da pertinência e utilidade da prova que haja sido requerida – bem como, naturalmente, valorar os respectivos resultados.

Já quanto ao segundo se dirá que, estando os tribunais submetidos à Constituição e à lei, não poderão realizar a diligência se a mesma for ilegal – como aconteceria se, por hipótese, fosse requerida a realização de prova com violação dos limites consagrados no n.º 3 do artigo 519.º do Código de Processo Civil.

Da recusa de produção judicial de prova proferida pelo tribunal estadual cabe recurso, nos termos gerais.

28. Que implicações tem a produção de prova perante o tribunal estadual relativamente ao prazo da arbitragem convencionalmente fixado ou legalmente previsto, a título subsidiário? Deverá a instância arbitral considerar-se automaticamente suspensa enquanto estiver pendente o incidente de produção judicial de prova, conforme se prevê, por exemplo, na lei arbitral italiana[17]?

Nada dispõe a este propósito a LAV; pelo que, e assumindo que o silêncio desta seja compartilhado pela convenção de arbitragem, deve o tribunal arbitral, perante o desconhecimento e incerteza quanto à demora na realização das diligências de prova requeridas, suscitar o acordo das partes quanto à suspensão da instância pelo período correspondente.

E se estas não convierem na suspensão?

Nessa eventualidade, existirá um risco efectivo de a convenção caducar, sobretudo se for aplicável ao caso o prazo supletivo consagrado na LAV – que se mostra, amiudadas vezes, insuficiente.

Seja com for, não parece aceitável que a caducidade possa ser invocada pela parte que requereu a prova judicial, o que configuraria um verdadeiro *venire contra factum proprio.*

29. Em artigo recente sobre a reforma, em curso, da Lei da Arbitragem Voluntária, apontava o respectivo autor a necessidade de previsão expressa no Código de Processo Civil *«das várias formas de apoio que os tribunais judiciais devem conceder à arbitragem»*; e, referindo-se às matérias que carecem de assistência – dentre as quais se contam, precisamente, a constituição do tribunal arbitral e a obtenção de prova –, dizia que as mesmas *«não têm, neste momento, reflexo no CPC em termos que permitam aos tribunais e às partes saber como actuar»*[18].

Das regras aplicáveis à constituição do tribunal já atrás se falou; e a quais se deve fazer apelo em matéria de produção de prova perante o tribunal judicial?

Na falta de disposições específicas, devem entender-se aplicáveis ao caso as normas relativas à produção antecipada de prova dos artigos 520.º, 521.º e 522.º-A do Código de Processo Civil[19], bem como, em

---

[17] Cfr. artigo 816.º, n.º 3, do Código de Processo Civil.
[18] Manuel Barrocas, *«A reforma da Lei da Arbitragem Voluntária»*, in *Boletim da Ordem dos Advogados,* n.º 46, Mar. Abr. 2007, p. 10.
[19] Nesse sentido, João Luís Lopes dos Reis, *Representação forense...,* cit., p. 133.

geral, as que regulam a cooperação judicial (cfr. artigos 176.º a 191.º do mesmo diploma). Face às particularidades da matéria, só se ganharia, no entanto, em clareza e segurança se a mesma dispusesse de regulamentação própria.

IV – CONSIDERAÇÕES FINAIS

30. Porque o tempo e a paciência do auditório não são ilimitados, é chegado o momento de terminar. Não o farei, porém, como de início prometi, sem deixar aqui algumas considerações que, em época de revisão da LAV, podem ganhar justificação.

São as seguintes:
a) *De jure condendo,* não pareceria mal fixar-se supletivamente um prazo para a constituição do tribunal arbitral, de modo a concitar o empenho de ambas as partes em a promover com brevidade, sob pena de, em caso de inércia de ambas, se produzir a caducidade da convenção arbitral;
b) Dado que é de seis meses o prazo supletivamente aplicável para a decisão arbitral, aquele poderia, por hipótese, ser de um terço, contando-se os dois meses da data em que pudesse ser iniciado o processo de suprimento que ao caso cabe;
c) Reconhecendo, embora, as objecções que possam opor-se a esta solução – *v. g.,* as decorrentes da demora na decisão –, deveria contemplar-se um recurso imediato, ainda que sem efeito suspensivo, das questões relativas à regularidade da constituição do tribunal arbitral, incluindo a nomeação de árbitros pelo presidente do tribunal da relação;
d) Seria conveniente a fixação das condições do exercício das funções de árbitro e de presidente de tribunal arbitral por nomeação do presidente do tribunal estadual competente;
e) Bem assim, e em qualquer caso, devia tornar-se obrigatória a fundamentação, ainda que simplificada, de tais nomeações, devendo as mesmas atender às qualificações exigidas pelas partes, se for o caso, ou decorrentes da natureza e objecto do processo, tomar necessariamente em conta as exigências de imparcialidade e independência dos árbitros, e respeitar sempre o princípio da igualdade das partes;

f) Porque, interessando embora directamente à parte, constitui um verdadeiro "assunto" do tribunal arbitral, deveria deferir-se a este, e não àquela, o poder de requerer ao tribunal estadual a produção de prova, naqueles casos em que esta é admitida por lei;
g) Devia consagrar-se a regra da suspensão automática do prazo da arbitragem durante o período de realização pelo tribunal judicial das diligências de prova que, precedendo autorização do tribunal arbitral, lhe hajam sido requeridas;
h) Enfim, seria conveniente regular *ex professo* a tramitação dos incidentes de nomeação judicial de árbitro e, sobretudo, de produção judicial de prova em processo arbitral.

3º Painel
A decisão arbitral: eficácia e impugnação

Moderador: Prof. Doutor Manuel Henrique Mesquita

A execução em Portugal de decisões arbitrais nacionais e estrangeiras
Profª Doutora Paula Costa e Silva

Recurso e anulação de decisão arbitral: admissibilidade, fundamentos e consequências
Prof. Doutor Luís de Lima Pinheiro

A EXECUÇÃO EM PORTUGAL DE DECISÕES ARBITRAIS NACIONAIS E ESTRANGEIRAS[1]

PAULA COSTA E SILVA

SUMÁRIO: 1. Colocação do problema: cumprimento voluntário e execução. 2. Execução: direito de acção versus confidencialidade. 3. A decisão arbitral: título executivo. 4. A exequibilidade do titulo. 4.1. Requisitos de exequibilidade das decisões arbitrais nacionais. 4.2. A decisão arbitral nacional e a pendência de acção de anulação. 4.3. A decisão arbitral estrangeira e o reconhecimento. 5. Os requisitos da obrigação exequenda: o problema da liquidação da decisão arbitral. 6. O tribunal competente para a execução. 7. A estrutura da execução fundada em decisão arbitral. 8. Os fundamentos da oposição à execução fundada em decisão arbitral e o concurso de pretensões processuais. 8.1. Os fundamentos de oposição às sentenças e o concurso de meios processuais. 8.2. O art. 815 e as decisões arbitrais estrangeiras. 8.3. Reponderação do sistema traçado. 9. Balanço final.

1. Colocação do problema: cumprimento voluntário e execução

1. A matéria que nos ocupará no presente estudo é a da execução de decisões arbitrais nacionais e estrangeiras no Estado português.

O primeiro ponto de que temos de partir e que tem relevância tanto em tutela cautelar como em tutela executiva principal, é o de que os tribunais arbitrais não têm entre nós, como sucede nos diversos ordena-

---

[1] Todos os preceitos indicados sem fonte pertencem ao Código de Processo Civil.

mentos internos que pudemos compulsar, competência executiva. Esta conclusão decorre directamente do art. 30 da Lei n. 31/86.

Poderia perguntar-se se a questão não é susceptível de resolução, em benefício de um reconhecimento de competência cautelar injuntiva/executiva aos tribunais arbitrais à luz do direito constituído na medida em que estes tribunais recebem consagração constitucional expressa. Na verdade, dispõe o art. 209/2 da CRP, depois de ter enumerado no seu n. 1 as diversas categorias de tribunais ao lado do Tribunal Constitucional, que podem existir tribunais arbitrais. No entanto, semelhante linha teria de fazer derivar os poderes de autoridade inerentes à prática de actos de execução e às injunções do reconhecimento dos tribunais arbitrais enquanto órgãos com *jurisdictio*. Supomos, porém, que são categorias distintas. A *jurisdctio*, seguramente cometida também aos tribunais arbitrais por reconhecimento expresso do art. 209/1 da CRP[2], não envolve, necessariamente, a concessão de poderes de autoridade ao órgão que a exerce. Se é inerente à ideia de Estado de Direito Democrático a proibição da auto-tutela, incumbe ao Estado a criação de estruturas que declarem o direito e que façam cumprir o direito declarado. Mas os poderes que são implicados numa e em outra das actuações, que concorrem para a efectiva satisfação de situações jurídicas violadas, são de diferente natureza. A realização de actos de execução implica a intromissão em direitos fundamentais do executado através da prática de actos de autoridade pelo que, na expressão de ROSENBERG/GAUL/SCHILKEN[3] constitui a forma mais intensa de realização da Justiça. Detendo o Estado o monopólio do uso da força de modo legítimo, qualquer actividade que implique o seu uso só pode ser exercida ou pelo Estado ou por alguém, mesmo que sujeito privado, por sua delegação. Esta delegação não existe no caso dos tribunais arbitrais pelo que não pode admitir-se que pratiquem actos de coerção[4], seja em tutela cautelar, seja em tutela definitiva.

---

[2] Sem esta expressa consagração e atendendo a que estaríamos perante o exercício de poderes públicos (o exercício da jurisdição) por privados, as decisões proferidas pelos tribunais arbitrais não poderiam ser consideradas actos jurisdicionais, produtores dos seu efeitos típicos.

[3] Zwangsvollstreckungsrecht, 11ª, CHBeck, München 1997, § 1.III.

[4] PEDRO GONÇALVES, Entidades privadas com poderes públicos, Almedina. O Exercício de Poderes Públicos de Autoridade por Entidades Privadas com Funções Administrativas, Almedina, Coimbra 2005, p. 578 e segs. (p. 582).

2. Sendo o tema deste estudo a execução de decisões arbitrais, começaremos por uma observação óbvia: este tema apenas tem relevância se e quando a parte condenada resiste ao comando emitido pelo tribunal arbitral, não o cumprindo espontaneamente. E, apesar da relativa falibilidade de todos os dados empíricos de que possa partir-se, é relativamente comum a observação de um de dois tipos de desfechos na sequência do proferimento de uma decisão arbitral: ou a parte condenada se submete à decisão, cumprindo-a voluntariamente, ou as partes chegam a uma solução transaccionada que terá a vantagem de manter a reserva do litígio e do seu desfecho. Com efeito, a execução determinará um contacto necessário da decisão com o sistema de justiça estadual. Este contacto, para além de comportar atrasos na satisfação efectiva do interesse do credor, sujeitará as partes a uma publicidade, que regra geral visam evitar.

Este último factor nos permite introduzir no debate o aspecto subsequente.

2. Execução: direito de acção versus confidencialidade

3. Um dos problemas que se vêm suscitando em sede de execução de decisões arbitrais entronca e conflitua com uma das vantagens imputadas a esta via de exercício da função jurisdicional: a confidencialidade e a reserva do processo e da própria decisão.

É comum afirmar-se que uma das maiores vantagens do exercício da função jurisdicional por árbitros por contraposição ao exercício da mesma função por tribunais estaduais reside na possibilidade de toda a situação de conflito escapar ao domínio público[5]. A circunstância de um conflito não ser tornado ostensivo permite:

---

[5] As demais vantagens, que não têm repercussão directa naquilo que agora se expõe, são a possibilidade de escolha do decisor (*un giudice su misura*, na expressão de Carnelutti), escolha que tenderá a recair em peritos na matéria do conflito, a celeridade na obtenção da decisão, a eventual menor onerosidade do processo e a possibilidade de conformação do procedimento. Não pode deixar de ponderar-se que de um ponto de vista da arquitectura do sistema e independentemente da respectiva praticabilidade, esta última característica já não pode dizer-se, no ordenamento nacional, uma vantagem da arbitragem a partir do momento em que foi consagrado entre nós o princípio da adequação formal.

A estas vantagens, que são assinaladas por SCHWAB/WALTER, Schiedsgerchtbarkeit, C.H. Beck, I.1.II.2, contrapõem os Autores dois riscos da arbitragem. O primeiro prende-

a) Resguardar a imagem das partes, inviabilizando um aproveitamento mediático da situação de tensão, nomeadamente quando nela estão implicados interesses sensíveis ou agentes económicos relevantes;
b) Manter reserva sobre aspectos da vida interna das partes.

4. Sendo acordadas a confidencialidade e a reserva de uma concreta arbitragem e da decisão nele proferida ou decorrendo o procedimento sob a égide de um centro institucionalizado de arbitragem, cujo regulamento preveja essa confidencialidade, cumpre perguntar como convivem semelhantes cláusulas com a execução[6] uma vez que este procedimento implica, perante a ausência de poder executivo do tribunal arbitral, o contacto da sentença com estranhos à arbitragem.

5. O primeiro nível em que esta matéria deve ser analisada é o da conformidade constitucional da falta de publicidade do processo arbitral. Pode um qualquer processo ou, dito de outro modo, pode um qualquer meio através do qual se exerce a função jurisdicional, estar sujeito a reserva?

Num ordenamento que afirma expressamente os princípios da publicidade do processo (art. 167 do CPC) e das audiências (art. 206 da CRP), a questão não pode ser ignorada.

Responder-lhe pressupõe a consideração de diversos pontos do sistema já que a Lei n. 31/86 não nos dá resposta ou pista alguma. Consequentemente, haverá que questionar, nomeadamente em face do art. 20/4 da CRP, se o processo equitativo pressupõe publicidade, se esta disposição, caso imponha a publicidade, se aplica ao procedimento arbitral, que bens jurídicos são tutelados com a publicidade e se esses bens jurídicos estão presentes na arbitragem voluntária. As conclusões a que então chegámos podem resumir-se nos seguintes enunciados: se o art. 20/4 da CRP se deve entender aplicável ao processo arbitral, uma vez

---

se com as arbitragens aparentemente voluntárias, mas que são impostas perante a adesão de um associado a certo tipo de instituições, e o segundo decorre da potencial parcialidade do do árbitro.

[6] Semelhante questão se coloca relativamente à anulação da decisão proferida pelos árbitros quando este esquema de impugnação não seja tramitado no seio da instituição ou centro de arbitragem, sob cuja égide decorreu o concreto procedimento.

que deve entender-se aplicável a todo o modo de resolução heterónoma de litígios, a publicidade não integra o seu núcleo. Com efeito, se a publicidade serve fins de transparência quanto à administração da justiça pelo Estado, que para si reservou esta função, concorrendo para a credibilidade dos sistemas judiciais e para a ideia da Estado de Direito, dificilmente se pode encontrar a necessidade de tutela destes fins quando a função jurisdicional não é exercida através de um sistema formal/institucional, mas por recurso a um órgão de composição transaccional.

6. Se o procedimento arbitral pode, sem violação de comandos constitucionais, ser submetido a cláusulas de reserva e de confidencialidade, sendo certo que a execução implicará um contacto da decisão ou mesmo do procedimento com os sistemas formais de justiça, pergunta-se o que deve sobrepor-se, se o direito ao cumprimento coercivo, se a confidencialidade.

Diremos que a solução do problema a valoração e a hierarquização de dois bens jurídicos merecedores de tutela: o acto de autonomia, através do qual as partes aceitam a reserva e a confidencialidade, e o direito de acção. Saber, em concreto, qual destes bens jurídicos deve prevalecer, dependerá, em última instância, de uma interpretação da vontade das partes, manifestada na convenção de arbitragem. Se a cláusula de confidencialidade revelar, em conjugação com outros índices, que o interesse tutelado pelo comando não pode ser coercivamente satisfeito, a arbitragem terá deixado de ser um modo de resolução jurisdicional de um litígio para entrar no âmbito dos esquemas informais de declaração do dever ser por um órgão instituído pelas partes. A autonomia privada admite este tipo[7]. Por outro lado e se não pode haver uma renúncia antecipada ao

---

[7] Para uma hipótese mais radical, cfr. a decisão do BGH de 1 de Março de 2007, publicada na ZZP 120 (Set. 2007), 367-371. Discutia-se, na situação submetida à apreciação do tribunal, a qualificação de uma convenção e a inerente validade de uma das suas cláusulas. Segundo o acordo celebrado entre as partes, qualquer litígio emergente de um dado contrato seria resolvida por arbitragem. Porém, e aqui residia o pomo da discórdia, uma vez proferida a decisão pelos árbitros, a parte que nisso tivesse interesse, porque preservara o seu direito de acção sobre a matéria decidida, poderia intentar a competente acção junto dos tribunais judiciais de primeira instância num prazo predeterminado. O BGH, não só considerou que semelhante convenção era uma convenção de arbitragem, como entendeu ser válida, à luz do regime da arbitragem voluntária, constante da ZPO, a cláusula de reserva do direito de acção. Muito crítico quanto a esta solução, que

direito de acção, é possível aceitar que, perante a eclosão do conflito, as partes aceitem a convolação de uma obrigação jurídica numa obrigação natural[8]. Em última instância e se não for possível inferir semelhante conversão da obrigação do acordo, se a concreta declaração proferida por aquele órgão não puder ser coercivamente imposta, reabrir-se-á a via judicial. Ressurgirá toda a discussão perante os sistemas de justiça estadual, a esta não podendo opor-se a convenção de arbitragem.

3. A decisão arbitral: título executivo

7. A decisão proferida por árbitros será título executivo?

A questão que ora nos ocupa não se confunde com a da exequibilidade da decisão. Não pretendemos, neste ponto, defrontar qualquer problema relativo à necessidade de a decisão arbitral, uma vez proferida, ser submetida a um processo mais ou menos amplo de reconhecimento. Ou seja, não nos ocuparão agora os efeitos públicos de um procedimento, que é privado[9]. O que queremos saber é se a decisão é, em si, susceptível de ser reconduzida à categoria dos títulos executivos.

Por que colocamos sequer esta dúvida quando é certo que, por quanto conseguimos identificar, entre nós a decisão arbitral é referida pela doutrina quando esta se pronuncia sobre o título executivo *sentença condenatória* e quando a decisão arbitral é equiparada, por lei, à sentença[10]?

De acordo com ZIMMERMANN[11], quando a lei equipara a decisão arbitral à decisão judicial há que ter em atenção que a decisão arbitral não produz necessariamente os mesmos efeitos que são produzidos por uma decisão judicial nem os produz exactamente nos mesmos termos em que

---

considera implicar uma degradação injustificada da decisão arbitral por confronto com a decisão judicial, REINMAR WOLFF, anotação ao aresto identificado, ZZP 120 (Set. 2007), 371-377.

[8] ZÖLLER, Zivilprozessordnung, Otto Schmidt, § 1029, n. 9.

[9] REDFERN/HUNTER, Law and practice of international commercial arbitration, 4ª, Thomson, London 2004, p. 164.

[10] Relatando as dúvidas suscitadas em torno da decisão arbitral, bem como os limites ao princípio da equiparação,

[11] Zivilprozessordnung, 6ª, C. F. Müller, Heidelberg 2002, p. 1518 (anotação ao § 1055).

eles são produzidos pela decisão judicial. Como é evidente, esta aproximação não pode ser interpretada, nem no sentido de se tomar uma posição de princípio de desfavor relativamente à arbitragem voluntária, nem no de se abrir, com semelhante interrogação, a possibilidade a uma discussão quanto à força executiva da decisão arbitral. Não é isso que aqui se pondera. O que se pondera é se a decisão arbitral é um título recondutível à categoria da sentença condenatória, sendo que o princípio da equiparação, como a decisão do BGH já referida em nota demonstra, não resolve o problema. Na verdade, este supremo tribunal aceitou para a decisão arbitral, que também o sistema alemão equipara nos seus efeitos a uma decisão judicial, uma faculdade de postergação por iniciativa de uma das partes que não cremos jamais aceitasse se de uma decisão judicial se tratasse. Equiparar nos efeitos não é identificar na substância.

Atente-se nos seguintes dados, todos eles extraídos do direito positivo.

Segundo a alínea a) do art. 46/1 do CPC, à execução podem servir de base as sentenças condenatórias.

Atendendo à integração sistemática da matéria relativa à sentença, esta é um acto do magistrado.

A sentença é, segundo o art. 156/1 do CPC, um dos actos através dos quais o juiz administra justiça.

De acordo com o art. 156/2 do CPC, a sentença é "o acto pelo qual o juiz decide a causa principal (...)."

Dos três últimos aspectos resulta que o acto *sentença* pressupõe o concurso de três tipos de elementos: ela é um acto do magistrado, ela é um acto de decisão e ela é um acto de decisão da causa. Consequentemente, o acto *sentença* define-se através de um triplo critério: um primeiro, orgânico, um segundo, funcional/intencional, e um terceiro, objectivo. Organicamente, a sentença é, ao lado do despacho, um dos actos típicos do magistrado, funcional/intencionalmente, a sentença é um acto de decisão, objectivamente, a sentença é um acto de decisão de uma causa.

É evidente que a maioria das expressões que aqui se tomam por referentes são ambíguas. O significado dos termos *decidir*, *causa* e mesmo *juiz* não é inequívoco. No entanto, e atendendo aos objectivos da presente intervenção, seria não só impossível, como desadequado ensaiar aqui um aprofundamento. Limitar-nos-emos a dizer que tomaremos a expressão *decidir* no sentido de resolver um conflito de interesses, sabendo que, com esta demarcação, deixaremos por explicar as sentenças proferidas em situação de revelia, bem como as sentenças homologatórias. Por outro lado, diremos que se decide *a causa* quando se toma uma decisão de mérito sobre o objecto do processo, sabendo que com isto transferimos as dificuldades para este novo termo.

8. Qual a ligação entre estas observações e a matéria da execução da decisão arbitral?

Já o enunciado aponta essa ligação, suscitando nova interrogação. A decisão arbitral é uma sentença?

Por que levantamos esta questão?

Porque, segundo o art. 46/1 do CPC, só as realidades aí contempladas podem servir de base à execução. Os títulos executivos estão sujeitos ao princípio do *numerus clausus*.

Repete-se: a decisão arbitral é uma sentença?

Se atendermos à finalidade que este acto desempenha no contexto de um processo arbitral, diremos que a decisão se equipara à sentença nos seus elementos funcional/intencional e objectivo[12]. A decisão, tal como a sentença, é o acto através do qual, administrando-se justiça, se decide a causa.

Mas a decisão arbitral não é um acto de um magistrado. Talvez por esta razão o Código de Processo Civil e a Lei n. 31/86 não se lhe refiram como sentença, usando preferencialmente o termo *decisão*. Curiosamente, no art. 49/1 do CPC, que regula a exequibilidade das sentenças e dos títulos exarados em país estrangeiro, surge a expressão sentença. No entanto, pode supor-se que assim tenha ocorrido na medida em que, nesta disposição, a lei se refere à sentença proferida por tribunais no estrangeiro.

Curiosamente, em sede de execução o esquema é invertido. Com efeito, diz-nos o art. 812-A/1a) do CPC que não tem lugar o despacho

---

[12] Mereceria particular atenção a matéria da decisão proferida na designada arbitragem contratual, em que, conforme se estabelece no art. 1/3 da Lei n. 31/86, ao árbitro não é pedida a decisão de um conflito, em sentido técnico, mas a interpretação ou integração de uma cláusula contratual. Se esta intervenção determina o sentido vinculante e o conteúdo do acto de autonomia, ela não é susceptível de ser qualificada como uma decisão, passível de execução, pois não se destina a declarar heteronomamente a existência de um dever de prestar. Sobre este aspecto, MARIA CRISTINA PIMENTA COELHO, A Convenção de Nova Iorque de 10 de Junho de 1958 relativa ao reconhecimento e execução de sentenças arbitrais estrangeiras, Revista Jurídica da Associação Académica da Faculdade de Direito de Lisboa, n° 20, Outubro de 1996, 37-71 (40-41).

liminar nas execuções baseadas em decisão judicial ou arbitral. Aqui o termo *sentença* apaga-se, sendo o título judicial referido como uma decisão. E, por outro lado, prevê o art. 815, depois de na sua epígrafe, se referir aos fundamentos de oposição à execução fundada em decisão arbitral, os fundamentos de oposição à sentença arbitral.

A flutuação terminológica é intensa, não sendo irrelevante a utilização de um ou outro termo.

9. Retoma-se a pergunta inicial: a decisão arbitral é título executivo por se reconduzir à categoria da *sentença condenatória*?

Poderia pensar-se que a resposta a esta questão é irrelevante e que se remete ao mero patamar das qualificações académicas, sem qualquer interesse para quem pretende resolver questões práticas. As coordenadas da reforma da acção executiva, levada a efeito em 2003, desmente idêntico entendimento. Com efeito, e conforme adiante melhor se verá, a natureza do título repercute-se na estrutura da execução. A execução, se não implica necessariamente o exercício da função jurisdicional (é possível, perante o actual modelo de acção executiva vigente entre nós, que não haja qualquer contacto de um procedimento com o juiz da execução), põe em confronto direitos fundamentais das partes. Ao invés do que possa pensar-se, nenhuma estrutura processual é agnóstica, reflectindo todas e cada uma delas uma opção do legislador quanto à articulação dos diversos interesses em presença. A análise de um procedimento permitirá sempre uma conclusão acerca das opções feitas pelo legislador quanto aos interesses que, em cada estrutura ou fase dela, entendeu serem prevalecentes. Deste modo, porque a natureza do título vai repercutir-se na tramitação, não é indiferente sabermos em que categoria deve ser integrada a decisão arbitral. Veja-se que este aspecto não é meramente formal: ele vai condicionar, em larga medida, o modo de articulação das posições dos putativos credor e devedor, quer no que tange à sequência dos actos de citação e de penhora, quer nos efeitos imputados, por lei, à oposição.

Ora, é exactamente a tomada de consciência destes vectores que fundamenta a necessidade de se determinar a que categoria se reconduz uma qualquer realidade, que não haja sido nominalmente considerada pelo legislador. Como é evidente nenhum problema se levantaria se, ao invés de considerar, no art. 46/1a), como títulos executivos as sentenças condenatórias, o legislador houvesse afirmado serem títulos executivos as decisões condenatórias. Ou se, ao referir-se ao acto de decisão da causa de um procedimento arbitral, o houvesse qualificado não como uma decisão, mas sim como uma sentença.

10. E será, então, a decisão arbitral uma sentença condenatória?

Como dissemos, a decisão arbitral só organicamente se afasta da sentença. Se esta é um acto de um magistrado, aquela é um acto de um árbitro, que não é um magistrado.

Que critério deve prevalecer na determinação do sentido da expressão *sentença condenatória*, utilizada pelo legislador no art. 46/1a) do CPC? Por que releva a sentença enquanto título executivo?

Veja-se como aqui não se duvida da resposta primeira que qualquer um dará: a sentença é título, a sentença é, aliás, o título por excelência, porquanto é um acto de um magistrado. E é por ser um acto de um magistrado, praticado num procedimento declarativo informado por garantias processuais fundamentais (*v.g.* igualdade, contraditório), que se permite o reforço do *favor creditoris* na fase ulterior da execução. Avulta, assim, a relevância directa do critério orgânico, aquele que falha quando olhamos a decisão arbitral.

11. Deve dar-se o problema por resolvido no sentido da não integração das decisões arbitrais na categoria das sentenças?

Cremos que ainda não. Com efeito, o que haverá que perguntar é se, substancialmente, as garantias que informam o procedimento e o acto de decisão praticado por um magistrado estão ou não necessariamente presentes no procedimento arbitral e na decisão arbitral.

Compreender-se-á que será, uma vez mais, impossível operar a demonstração exaustiva das conclusões que se apresentarão. No entanto, sempre diremos que o confronto dos arts. 10 e 16 da Lei n. 31/86 nos permite afirmar que as garantias fundamentais que norteiam o procedimento arbitral e que conformam o estatuto do decisor são equivalentes àquelas que informam a decisão judicial[13]. Ora são razões desta ordem

---

[13] Apesar da aparente simplicidade do enunciado, é evidente que ele esconde um imenso problema: o da determinação da lei aplicável ao procedimento arbitral. Com efeito, não pode perder-se de vista, nas incisivas palavras de MANUEL BOTELHO DA SILVA, que "a proposição que dita que a LAV (ou qualquer uma lei de arbitragem territorialista) se aplica a todas as arbitragens que ocorram em território português, sendo de todo

que determinam a qualificação da sentença como título executivo. O aspecto orgânico releva na medida em que nele estão implicadas garantias que encontram paralelo na decisão arbitral. E este é o argumento substancial e decisivo que permite entender que a decisão arbitral, se bem que não seja uma sentença em sentido estrito, deve ser reconduzida a esta categoria.

É evidente que avançar uma qualquer proposta de alteração do texto da lei processual civil, especialmente para sugerir a clarificação de um aspecto, até agora, isento de dúvidas, é atitude temerária. No entanto, ainda assim diremos que bastaria a acrescentar a expressão decisão arbitral ao art. 46/1a) e tudo ficaria ultrapassado.

12. Por fim, diga-se que não nos parece poder considerar-se espúrio saber como deve ser qualificada a decisão arbitral uma vez que, perante o que se dispõe no art. 26/2 da Lei n. 31/86, esta realidade poderia subsumir-se à categoria de títulos executivos contemplados na al. d) do art. 46/1 do CPC.

Para além das já referidas diferenças quanto ao procedimento e aos efeitos da oposição que podem, em concreto, ocorrer, semelhante qualificação surge como totalmente desadequada.

A recondução de uma decisão arbitral à categoria dos documentos somente se pode realizar se se apagarem os traços distintivos de um e de

---

irrelevantes quaisquer estipulações das partes ou dos árbitros em contrário apenas será verdadeira se nos mantivermos na perspectiva ilusória do sistema jurídico português. Não resiste à percepção da realidade por uma adequada óptica relativista, sendo não falsa apenas no restrito ponto de vista estatal". Cfr. Autor cit., Arbitragem voluntária. A hipótese da relatividade da posição do árbitro perante o direito de conflitos de fonte estatal, Almedina, Coimbra 2004. Cfr, com desenvolvimento, LIMA PINHEIRO, Arbitragem transnacional. A determinação do estatuto da arbitragem, Almedina, Coimbra 2005, § 49 e segs.. Em sentido divergente e numa perspectiva que se subscreve, demonstrando que a deslocalização da arbitragem internacional é "inadmissível e desmentida pelo direito positivo contemporâneo", que a observa como "um desvio ao monopólio público da função jurisdicional, que os Estados apenas consentem na medida em que se reservam a faculdade de regulamentar e fiscalizar o processo e a decisão arbitrais, através da sujeição destes a regras imperativas e da concessão às partes dos direitos de requererem a anulação da sentença arbitral e de impugnarem o seu reconhecimento e execução em caso de violação dessa regras", DÁRIO MOURA VICENTE, A Convenção de Bruxelas de 27 de Setembro de 1968, relativa à competência judiciária e à execução de decisões em matéria civil e comercial e a arbitragem, ROA, ano 56 (1996), 595-618 (606-607).

outro tipo de realidades. É certo que a decisão arbitral, como qualquer decisão judicial deve ser representada num documento. No entanto, a decisão arbitral não se confunde com o próprio documento; ela é um acto performativo de decisão. A decisão é um facto jurídico, o documento é uma coisa. A decisão arbitral é um acto de exercício de jurisdição, o documento é um meio de prova. A decisão arbitral é uma sentença, proferida por árbitros num procedimento submetido ao princípio do *due process of law*.

13. A qualificação operada permite alicerçar a execução da decisão arbitral exactamente nos mesmos princípios em que se alicerça a execução fundada em decisão judicial. E esta possibilidade é aberta porque é possível, segundo cremos e conforme se vem afirmando, o princípio da equiparação da decisão arbitral à decisão judicial tem fundamento substancial.

Em estreita ligação com a equiparação substancial a que se chega, há um aspecto que não pode deixar de ser salientado no que tange à execução de decisões arbitrais estrangeiras. Uma das formas de manipular o recurso à jurisdição consiste em criar regimes mais gravosos para a execução do mesmo tipo de títulos consoante o lugar da sua criação. Uma das formas de tornar o Estado da execução mais atractivo do que uma jurisdição estrangeira decorre da submissão da execução de decisões, judiciais ou arbitrais, estrangeiras a regimes menos favoráveis para o credor do que os esquemas que lhe são abertos quando o título é nacional. Impedindo que os diversos legisladores internos explorem esta possibilidade, a Convenção de Nova Iorque vem dispor, no seu art. III.2, que a execução de decisões arbitrais estrangeiras, cujo objecto determine a aplicação desta Convenção, seja submetida a regimes processuais mais severos do que a execução de decisões arbitrais nacionais.

4. A exequibilidade do título

14. Adquirido que a decisão arbitral constitui título executivo, há que perguntar de que requisitos depende a respectiva exequibilidade.

Sob este ponto discute-se, classicamente, o problema da necessidade ou desnecessidade de a decisão arbitral ser submetida a um procedimento, mais ou menos amplo, destinado a conferir-lhe exequibilidade.

As respostas a esta interrogação são extremamente variáveis, acabando por reflectir o modo como cada sistema jurídico situa o exercício do poder jurisdicional por árbitros no confronto com o exercício do mesmo poder pelos tribunais estaduais.

Essencialmente, dois modelos podem ser identificados[14]: de um lado podem encontrar-se sistemas que submetem qualquer decisão arbitral, quer seja proferida no Estado da execução, quer o seja num Estado diferente do Estado da execução, a um procedimento de concessão de *exequatur*. Nestes sistemas, a decisão arbitral, não sendo equiparada a uma decisão judicial, apenas pode produzir os efeitos que esta produz depois de escrutinada pela justiça estadual. A decisão arbitral proferida por árbitros no Estado da execução é tendencialmente equiparada a uma decisão arbitral proferida por árbitros em Estado diverso do Estado da execução.

Inversamente é possível encontrar sistemas que equiparam as decisões arbitrais proferidas por tribunais arbitrais no Estado da execução às decisões proferidas pela justiça estadual desse Estado, sendo as decisões arbitrais proferidas por árbitros em Estado diverso do Estado da execução submetidas aos procedimentos a que são submetidas as decisões proferidas por tribunais judiciais estrangeiros.

Compete-nos analisar a execução, em Portugal, das decisões arbitrais nacionais e estrangeiras pelo que é da perspectiva deste sistema jurídico que deve ser respondida a questão relativa á exequibilidade destes títulos.

15. O sistema jurídico português segue o segundo modelo referido. De acordo com o art. 48/2 do CPC, as decisões arbitrais são exequíveis nos mesmos termos em que o são as decisões dos tribunais comuns. O confronto com o regime do art. 49/1 permite delimitar, com maior rigor, o campo de aplicação do art. 48/2: este refere-se à exequibilidade de decisões arbitrais proferidas em Portugal. Por seu turno, as decisões arbitrais proferidas por árbitros no estrangeiro[15] são equiparadas às

---

[14] Para maiores desenvolvimentos, LIMA PINHEIRO, A Arbitragem transnacional cit., §§ 14, 17 e 29.

[15] MARQUES DOS SANTOS, *Revisão e confirmação de sentenças estrangeiras no novo Código de Processo Civil de 1997 (alterações ao regime anterior)*, in Aspectos do novo processo civil, Lex, Lisboa 1997, 105-155 (p. 114-115), partindo do pressuposto de que

decisões proferidas por tribunais estrangeiros, devendo umas e outras ser submetidas a revisão e confirmação a fim de poderem titular a execução.

16. Duas notas, somente, antes de analisarmos, então, os requisitos de exequibilidade de cada um dos tipos de decisões arbitrais.

O sistema português, ao equiparar a decisão arbitral à decisão judicial, toma uma opção claramente favorável a este modo de resolução de conflitos, concorrendo para uma dignificação do estatuto da arbitragem e dos árbitros: o legislador não manifesta qualquer reserva ou desconfiança quanto à administração da justiça por tribunais arbitrais. E esta opção, que representou uma enorme evolução do nosso sistema, apresenta-se como perfeitamente justificada, permitindo-nos compreender porque se não submeteram as decisões proferidas por árbitros, no estrangeiro, a este mesmo princípio: o legislador português entendeu poder equiparar as decisões arbitrais proferidas no seu território às decisões proferidas pelos tribunais judiciais porque submeteu o procedimento arbitral, seja qual for respectiva estrutura, às garantias fundamentais a que submeteu os procedimentos judiciais.

17. Segundo a lei, as decisões arbitrais, nacionais ou estrangeiras, são exequíveis nos mesmos termos em que o são as decisões judiciais, nacionais ou estrangeiras.

Não obstante a sua aparente adequação, a solução camufla problemas evidentes, cuja raiz é fácil de localizar: a especificidade dos meios de impugnação da decisão arbitral. Conforme vimos já em outros lugares, a lei criou um esquema próprio de destruição de decisões proferidas por árbitros. Nada disto seria ainda fonte de insegurança: coisa alguma impõe que uma decisão arbitral e uma decisão judicial, mesmo que constituindo ambas actos deliberativos, devam submeter-se a esquemas idênticos de impugnação. No entanto, e aqui começam as dificuldades, a lei parece

---

as disposições da Lei 31/86 têm natureza de normas de aplicação imediata, conclui que a decisão arbitral proferida no estrangeiro, mas que o haja sido em arbitragem que decorreu em território nacional, não é uma sentença estrangeira, mas uma decisão nacional apesar de proferida no estrangeiro. Isto implica que, para o Autor em citação e de um ponto de vista da ordem jurídica portuguesa, a Convenção de Nova Iorque apenas seja aplicável a decisões proferidas em Portugal ou no estrangeiro que provenham de arbitragens localizadas no estrangeiro.

ter-se esquecido, ao regular as vias de impugnação da decisão arbitral, que não só criava meios que o direito aplicável à impugnação de decisões judiciais desconhece, como criava situações de concurso entre impugnações que também são desconhecidas do esquema de impugnação das decisões judiciais. Talvez que a inspiração do legislador, aquando da publicação da Lei n. 31/86, o tenha aproximado dos modelos que, por tenderem à universalidade, prevêem com a necessária mas excessiva generalidade, formas próprias, cujas operacionalidade e funcionalidade hão-de resultar do confronto com as formas dos sistemas internos. Ao apartar-se do seu sistema de impugnação, não regulando aspectos cruciais do regime dos meios específicos de impugnação de decisões arbitrais, o legislador abriu a porta a uma série de interrogações no plano do regime. Interrogações que podem, sem qualquer justificação, fragilizar este meio de administração da justiça pelo que devem ser esclarecidas pelo legislador.

18. Estas observações marcam a sequência da investigação. Se a decisão arbitral se pode pensar sujeita aos requisitos de exequibilidade das decisões judiciais na medida em que aquela esteja submetida aos meios de impugnação a que esta pode estar submetida, terá já o aplicador de proceder à indagação autónoma e sem apoio algum na lei dos efeitos decorrentes da pendência dos meios específicos de impugnação da decisão arbitral sobre a respectiva exequibilidade.

Por esta razão não se estranhará que a análise dos efeitos da pendência de recurso sobre a exequibilidade sejam tratados com a brevidade que a falta de autonomia desta questão apresenta: neste ponto, o regime é insensível à natureza judicial ou arbitral do comando. Já assim não é quando a decisão arbitral é impugnada por meio de acção de anulação: a lei não trata dos efeitos deste meio quando regula sentença porque a sentença não é susceptível de ser impugnada através desta via. Terá a sua pendência efeitos sobre a exequibilidade da decisão?

19. Se as questões que acabámos de enunciar se prendem com os efeitos da impugnação sobre a decisão arbitral, cumprirá perguntar, especificamente a propósito das decisões arbitrais estrangeiras que efeito têm os instrumentos internacionais que vinculam o Estado português quando estes prevêem causas que podem funcionar, alternativamente, enquanto fundamentos de impugnação e enquanto fundamentos de

oposição à execução. A dúvida que estes diplomas suscitam liga-se à determinação da natureza dos procedimentos de revisão e confirmação: serão estes procedimentos exaurientes no que respeita à discussão da regularidade da decisão arbitral? O que quer o legislador dizer quando dispõe que as causas por ele expressamente acolhidas permitem recusar a revisão *e* a execução?

4.1. Requisitos de exequibilidade das decisões arbitrais nacionais

20. Os requisitos de exequibilidade da sentença estão previstos no art. 47, fundamentalmente no seu n. 1.

E aqui toma a lei posição quanto àquele que é o requisito de exequibilidade específico deste tipo de título: o trânsito em julgado da decisão.

Como já escrevemos em outro lugar, a decisão do legislador nesta matéria depende da consideração de dois interesses contrapostos. Enquanto o credor da obrigação reconhecida pela decisão condenatória pretende o recurso imediato à execução, já que só esta lhe permite, perante o incumprimento voluntário pelo devedor condenado do comando judicial, a satisfação efectiva do seu interesse, o devedor pretenderá protelar a agressão do seu património até à integral estabilização do título. Qualquer uma das opções comporta riscos. Se o património do devedor for atingido antes de a decisão atingir o patamar da imutabilidade, tal agressão será ulteriormente qualificada como infundada. Se o credor tiver de aguardar pelo trânsito em julgado, para além de correr o risco da perda da garantia patrimonial, que apenas pode anular através de tutela cautelar, ou seja, através de procedimentos instrumentais, verá prolongar-se no tempo a situação de incumprimento.

O legislador português optou por enunciar como regra aquela que parece ser a melhor tutela do devedor: a sentença só constitui título executivo depois do seu trânsito em julgado. Porém, abre-se, de imediato, uma excepção. A sentença não transitada pode ser executada se o recurso contra ela interposto tiver efeito meramente devolutivo.

Atendendo a que as sentenças que são títulos executivos são as sentenças condenatórias, diremos, de modo algo simplificado e enquanto se não alterar o actual esquema de impugnação, que os recursos que delas podem ser interpostos serão a apelação e a revista. No entanto, não pode descartar-se a possibilidade de a decisão proferida pela primeira instância ser uma decisão meramente formal, da qual cabe agravo, sendo este recurso julgado procedente e decidindo o tribunal *ad quem* o objecto do recurso. Nesta configuração, a um agravo suceder-se-á uma revista.

21. Após a reforma de 2003, a regra geral quanto ao efeito da apelação é a de este recurso ter efeito meramente devolutivo (cfr. art. 692/1 do CPC)[16]: é, assim, admitida a execução provisória da generalidade das decisões condenatórias.

Se o recurso da decisão arbitral for admissível (quer por a decisão preencher os critérios gerais de recorribilidade, quer por as partes não haverem renunciado aos recursos ou não se terem conformado com a decisão, conclusão que resultará de um juízo normalmente assente em factos concludentes) e se este for interposto, a decisão, não obstante a sua fragilidade, é susceptível de execução imediata como qualquer decisão judicial.

Tal como sucede quando o título sujeito a impugnação é uma sentença, são também conferidos ao recorrente de decisão arbitral as faculdades que lhe permitirão desencadear a inversão do efeito do recurso. Porque esta matéria não tem qualquer especificidade resultante da natureza do acto de decisão, remetemos para quanto se tem escrito acerca do funcionamento dos arts. 692 e 693 do CPC.

4.2. A decisão arbitral nacional e a pendência de acção de anulação

22. Bem mais complexa é a questão da interferência da pendência de acção de anulação sobre a exequibilidade da decisão arbitral.

---

[16] Dando conta da alteração do efeito do recurso de apelação na reforma operada em diversos domínios do processo pelo Decreto-lei n. 38/2003, de 8 de Março, PAULA COSTA E SILVA, A reforma da acção executiva, 1ª, Coimbra Editora, Coimbra 2003, n. 22.1. Chamando a atenção para a diferença entre a percepção e a realidade das reformas pontuais a que vai sendo submetido o direito processual civil positivo, em intervenção datada de Dezembro de 2003, PAULA COSTA E SILVA, As linhas gerais da reforma do processo civil, Estudos em Honra de Ruy de Albuquerque, Coimbra Editora, Coimbra 2006, volume II, p. 383-394 (p. 383-385).

Não aprofundaremos, aqui, os fundamentos de anulação. Já o fizemos em outros lugares. Diremos, apenas, que os vícios que podem determinar a anulação da decisão são de tal modo graves que a lei não admite, sequer, a renúncia à faculdade de requerer a anulação.

O problema que nos vai ocupar, porque é um verdadeiro problema de exequibilidade, é o dos efeitos da pendência da acção de anulação sobre a susceptibilidade de execução imediata do título.

Pode uma decisão arbitral ser executada durante a pendência de acção de anulação?

Se confrontarmos alguns sistemas jurídicos estrangeiros, verificaremos que o legislador que, regra geral, toma posição quanto ao problema que nos ocupa, tende a suspender a execução durante a pendência da acção de anulação, podendo variar o termo dessa suspensão (trânsito em julgado da decisão ou pendência de recurso da decisão proferida na acção de anulação com efeito que pode já ser meramente devolutivo, mas também suspensivo). Mas quando a decisão arbitral deva ser aceite pela ordem estadual através de um procedimento de *exequatur*, na pendência do qual pode ser suscitada a verificação de fundamentos de anulação, permite-se que este procedimento seja desencadeado apesar da pendência do pedido de anulação[17].

E entre nós, qual a solução?

Assentemos num primeiro ponto. Para que esta interrogação tenha relevância é fundamental que a decisão não seja susceptível de recurso e que este não seja efectivamente interposto porque, se o for, o meio específico é consumido pelo meio genérico de impugnação: apesar da entorse, as causas de anulação serão deduzidas no recurso, meio destinado à impugnação com fundamento em ilegalidade. A celeridade e a concentração assim terão determinado e nada disto se estranhará se se pensar no actual esquema de dedução de nulidades da sentença.

23. Este aspecto, eventualmente considerado irrelevante porque aparentemente meramente construtivo, não o é. E isto por uma razão. Quando a lei manda deduzir os fundamentos de anulação através de recurso, abstendo-se de regular especificamente os efeitos desse recurso quando nele são deduzidos aqueles fundamentos, dá-nos uma clara

---

[17] ZÖLLER (GEIMER), Zivilprozessordnung, 26ª, Köln 2007, § 1060, Rn. 1.

indicação no sentido de a relevância das causas de anulação se não repercutir directamente nos efeitos da impugnação. Também aqui e na medida em que haja causas de anulação da decisão arbitral coincidentes com causas de nulidade da sentença, não estranharemos o resultado: se o tribunal judicial condenar em quantidade superior ou em objecto diverso daquele que foi pedido, a decisão é nula. Se a parte recorrer da decisão (ou, para quem entenda que basta a mera admissibilidade de recurso, se a decisão o admitir), arguindo a respectiva nulidade, poderá ver-se confrontada com a sua execução provisória.

O dado que acabámos de avançar permite-nos dizer que a invocação de causas de anulação não justifica, por si só, a inexequibilidade dessa decisão.

O outro dado que concorre no sentido da exequibilidade da decisão arbitral na pendência da acção de anulação decorre do princípio da equivalência que encontrámos no art. 48/2 do CPC: o que vale, em matéria de exequibilidade, para a decisão judicial vale para a decisão arbitral. Porque a lei não faz depender a exequibilidade da sentença da não pendência de acção de anulação, se esta for instaurada não interferirá sobre a exequibilidade do título.

Mas só nestes termos este é fraco argumento pelas razões já antes enunciadas: não existe qualquer acção de anulação de decisões judiciais pelo que não poderia a lei ter regulado os respectivos efeitos sobre a exequibilidade do título.

No entanto, e atendendo aos comandos contidos no art. 9 do CC, não pode o intérprete pretender que o legislador, ao regular a matéria da exequibilidade das decisões arbitrais, remetendo para o regime de exequibilidade das decisões judiciais, se esqueceu dos meios específicos de impugnação daquelas. E perante o que há pouco vimos quanto à irrelevância da dedução de fundamentos de anulação (ou de nulidade, no caso das decisões judiciais) sobre o efeito do recurso, nem sequer podemos afirmar que, se houvesse legislado, teria a lei consagrado a suspensão automática dos efeitos da decisão arbitral na pendência de acção de anulação, queira com isto significar-se até ao trânsito em julgado da decisão desta acção ou enquanto penda recurso com efeito suspensivo.

24. A solução para a qual os dados do nosso sistema jurídico parecem, assim, apontar, vai no sentido de a pendência de acção de anulação não prejudicar a exequibilidade da decisão arbitral arguida de inválida.

Será uma boa solução?

A pergunta não pode ser respondida tomando por referência somente a hipótese da impugnação da decisão arbitral por meio de recurso. Ela estende-se a toda a execução provisória. A execução provisória é boa ou é má? Do ponto de vista do executado, já o dissemos, é má. Ele pretenderá que o seu património só seja agredido perante a existência de um acto de heteronomia imutável. Mas ao interesse do executado vai contrapor-se o interesse do exequente à satisfação, tão rápida quanto possível, do seu crédito e à constituição, tão célere quanto possível, da garantia constituída pela penhora.

Poderia pensar-se que o que vale para a execução provisória na pendência de recurso não deve valer para a execução provisória na pendência de acção de anulação. Isto porque, dir-se-á eventualmente, os vícios da decisão são mais graves num caso do que no outro: invalidade contra ilegalidade.

Mas, perguntar-se-ia, não será esta distinção inócua do ponto de vista do executado? Com efeito, um e outro meios, se julgados procedentes, levarão à anulação/revogação do título em execução. A gravidade da causa não se repercute pragmaticamente nos efeitos da reacção sobre o título.

Se a norma que se retira do texto da lei pode parecer iníqua, não deve perder-se de vista que o executado tem, segundo o regime constante do art. 47/4, a faculdade de provocar a suspensão da execução. É claro que não o fará sem custos pois, a fim de desencadear este efeito, deverá prestar caução. E é claro, também, que sempre se poderá dizer que a regra pressupõe a faculdade concorrente, mas não exercida, de obtenção do efeito suspensivo no recurso. Mas esta leitura do art. 47/4 relegaria para segundo plano o facto de a lei conferir ao executado a faculdade de obter um mesmo efeito por diversas vias em seu próprio benefício. Ora se, cabendo recurso da decisão, ele pode obter a suspensão da execução, quer interferindo sobre a exequibilidade do título (quando requer que ao recurso seja fixado o efeito suspensivo), quer sobre a própria execução, dificilmente se poderia justificar que se a situação concreta apenas permitir a segunda via esta se deveria ter por prejudicada por a primeira não ter lugar.

4.3. A decisão arbitral estrangeira e o reconhecimento

25. Conforme já acima referimos, somente a decisão arbitral proferida por árbitros no estrangeiro é considerada, do ponto de vista da ordem jurídica nacional, como uma decisão estrangeira, pelo que deverá ser revista e confirmada para poder produzir efeitos primários[18] na ordem jurídica interna (cfr. arts. 49/1, 1094/1 e 1097, todos do CPC).
O procedimento aplicável à revisão é o que resulta dos arts. 1095 e segs., sendo os fundamentos que impedem a confirmação (e, veremos mais adiante, que fundamentam a oposição à execução fundada em decisão arbitral proferida por árbitros no estrangeiro e confirmada) de decisões arbitrais aqueles que constam do Direito convencional que vincula o Estado português ou, em caso de ausência deste tipo de instrumento, da prova da verificação dos pressupostos positivos de confirmação e da prova da não verificação dos pressupostos negativos da confirmação, previstos no art. 1096 do CPC.

26. No domínio da arbitragem, o reconhecimento e os princípios aplicáveis à execução de decisões estão relativamente uniformizados. Com efeito, um dos instrumentos mais relevantes nesta matéria é a Convenção de Nova Iorque sobre o Reconhecimento e a Execução de Sentenças Arbitrais Estrangeiras, de 1958, cuja aplicação é quase universal, tornando marginal a aplicação da Convenção de Genebra para a Execução de Sentenças Arbitrais Estrangeiras, de 1927. Por esta razão, só àquela faremos algumas referências. Em matéria de reconhecimento e execução de decisões arbitrais estrangeiras, em Portugal, deverá ainda tomar-se em consideração a Convenção Interamericana sobre a Arbitragem Comercial Internacional, de 1975[19].

27. Os fundamentos de oposição à revisão da sentença arbitral estrangeira previstos no art. 5 da Convenção de Nova Iorque são comum-

---

[18] MARQUES DOS SANTOS, *Revisão e confirmação de sentenças estrangeiras no novo Código de Processo Civil de 1997 (alterações ao regime anterior)*, in Aspectos do novo processo civil, Lex, Lisboa 1997, 105-155 (p. 105), enunciando os diversos tipos de efeitos que a decisão estrangeira pode provocar.

[19] Não será feita qualquer menção à Convenção Europeia uma vez que ela não releva directamente na ordem jurídica portuguesa.

mente entendidos como padrões quase universais de reconhecimento, atendendo ao âmbito espacial de aplicação da Convenção de Nova Iorque e à sua influência sobre Leis Modelo, seguidas por diferentes legislações[20]. Como é evidente e conforme é também sustentado por REDFERN/ /HUNTER[21], num mundo ideal, aquelas regras seriam interpretadas de modo semelhante por todos os tribunais que houvessem se as aplicar. Se bem que assim não suceda e ainda que as decisões proferidas por uma jurisdição não sejam vinculantes para outras, será efectivamente relevante que a concretização de uma qualquer das regras da Convenção seja antecedida de um excurso por decisões que a hajam aplicado. Esta uma das vias de uniformização real das regras convencionais.

28. Numa primeira aproximação aos fundamentos de recusa de revisão, diremos que eles podem ser agrupados em duas grandes categorias. Por um lado, encontram-se os fundamentos de oposição, em sentido estrito, de outro, as causas impeditivas do reconhecimento.

Enquanto os fundamentos de oposição ao reconhecimento estão previstos nas diferentes alíneas do n. 1 do art. V da Convenção de Nova Iorque e do n. 1 do art. 5 da Convenção Interamericana, as causas impeditivas do reconhecimento que podem, segundo opção do legislador interno[22], ser de conhecimento oficioso, constam das alíneas a) e b) do n. 2 do art. V da Convenção de Nova Iorque e do n. 2 do art. 5 da Convenção Interamericana.

29. Entre os fundamentos de oposição ao reconhecimento da sentença arbitral estrangeira, dependentes, assim, de invocação, contam-se:
- a incapacidade das partes segundo a lei definidora deste pressuposto substantivo da convenção de arbitragem;
- a invalidade da convenção segundo a lei à qual as partes a submeteram, ou, na falta de indicação autónoma, segundo a lei do Estado em que foi proferida a decisão;

---

[20] REDFERN/HUNTER, Law and practice of international commercial arbitration, 4ª, Thomson, London 2004, p. 530-531.

[21] Law and practice of international commercial arbitration, 4ª, Thomson, London 2004, p. 531.

[22] A opção concedida ao legislador interno resulta da compreensão do direito convencional como constituindo uma obrigação para o Estado de reconhecer decisões arbitrais se verificadas determinadas condições e não como criando proibições de reconhecimento. ZÖLLER (GEIMER), Zivilprozessordnung, 26ª, Köln 2007, § 1060.

- a violação do princípio do contraditório, na sua ampla expressão, radicada no princípio do processo equitativo, no procedimento de que proveio a sentença arbitral invocada contra a parte[23];
- a não recondução do objecto da decisão ao objecto da convenção de arbitragem;
- a falta de conformidade da composição do tribunal ou do procedimento quer com o acordo, quer com a lei relevante;
- a não vinculatividade[24], suspensão ou anulação da decisão arbitral[25].

Entre aquelas que podem ser consideradas pela lei do Estado de reconhecimento como causas de recusa desse reconhecimento, contam-se a não arbitrabilidade do litígio e a violação da ordem pública.
Quanto a estas causas, apenas duas breves observações.
A possibilidade de submissão do litígio a arbitragem deve ser aferida, segundo o texto da própria Convenção, pela lei do Estado de reconhecimento. Quer isto dizer que, no caso concreto da nossa ordem jurídica, que, na adopção deste critério acompanha muitas outras, a arbitrabilidade vai depender da disponibilidade da situação jurídica substantiva a decidir. Já há muito afirmámos que este princípio de simetria entre a disponibilidade da situação jurídica decidenda e a disponibilidade da jurisdição têm um fundamento que deixa transparecer um certo desfavor da arbitragem. Não encontramos razão para esta regra. Na verdade, a haver alguma coincidência entre a disponibilidade da situação substantiva litigiosa e a disponibilidade intraprocessual, esta deveria repercutir-se, não na inadmissibilidade da arbitragem, mas sim na inadmissibilidade dos negócios processuais dispositivos do objecto. E mesmo esta, em paralelo com o que sucede com a respectiva ocorrência em processos pendentes perante tribunais estaduais, no estrito campo do tipo de indisponibilidade concreta.

---

[23] Um dos aspectos polémicos desta regra consiste em determinar qual o sistema à luz do qual deve ser concretizado o contraditório, se o sistema do Estado de origem, se o sistema do Estado do reconhecimento. Sobre esta questão, REDFERN/HUNTER, Law and practice of international commercial arbitration, 4ª, Thomson, London 2004, p. 532-533.

[24] Ao empregar-se a expressão *vinculatividade* quer afirmar-se ser a decisão a rever insusceptível de uma impugnação de mérito no Estado de origem.

[25] Acerca dos problemas suscitados por esta previsão, que funciona como uma cláusula de remissão para os sistemas internos quanto às causas que permitem a suspensão ou anulação da decisão arbitral, REDFERN/HUNTER, Law and practice of international commercial arbitration, 4ª, Thomson, London 2004, p. 538-539.

Quanto a ordem pública, esta deve ser entendida no seu sentido restrito, ou seja, enquanto ordem pública internacional. Por outro lado, a consagração expressa desta causa enquanto eventual impedimento de conhecimento oficioso não transforma a revisão, por esta razão, numa revisão de mérito já que o tribunal do reconhecimento não pode sindicar a aplicação do direito ou reapreciar a matéria de facto, mas limitar-se a declarar a impossibilidade de reconhecimento com fundamento em contrariedade da decisão aos seus princípios fundamentais.

30. Numa contraposição *prima facie* destas regras às que encontramos no direito interno português, verificam-se alguns traços distintivos que nos parece serem cruciais quanto a algumas das questões que teremos de resolver.

Em primeiro lugar, verifica-se uma divergência muito acentuada entre as condições directas ou simplesmente condições de confirmação, enunciadas pelo legislador nacional no art. 1096 do CPC, e os fundamentos de oposição, previstos nas alíneas a), c) e f) do art. 771, cuja invocabilidade no processo de revisão é facultada ao requerido pelo art. 1100/1 e os fundamentos de recusa de confirmação, enunciados pelo legislador convencional, no art. V da Convenção de Nova Iorque. Uma vez que é objectivo claro do art. V da Convenção de Nova Iorque assegurar a relevância espacial máxima de sentenças arbitrais, impede que os tribunais do Estado do reconhecimento recusem a confirmação com fundamentos diversos dos fundamentos específicos nele previstos. Isto implicará que apenas se possa considerar legal uma decisão de recusa de confirmação, proferida pelos tribunais nacionais, se a recusa se fundar nas causas enunciadas no art. V. No caso de pedido de confirmação, em Portugal, de decisão arbitral estrangeira, significa a restrição dos fundamentos de recusa aos que a Convenção de Nova Iorque consagra no seu art. V a ininvocabilidade das circunstâncias constantes do art. 1096, 1100/2 e 771a), c) e f). Sem prejuízo do que possa resultar de direito convencional em contrário, dir-se-á que, se nenhuma outra fonte se aplicar aquando do reconhecimento de decisões estrangeiras, será mais fácil obter a confirmação de uma decisão arbitral estrangeira do que de uma decisão judicial estrangeira.

Se bem que, sem uma comparação substancial, das circunstâncias impeditivas da confirmação, previstas no art. V da Convenção de Nova Iorque, com aquelas que se encontram nos arts. 1096, 1100/2 e 771a), c) e f), a mera afirmação de que é mais fácil obter a confirmação de uma decisão arbitral estrangeira do que de uma decisão judicial estrangeira pode surgir como arbitrária. Todavia, se se atender a que o art. V se ocupa essencialmente de fundamentos de recusa de confirmação que se prendem com a validade da convenção de arbitragem, a regularidade da constituição do tribunal arbitral, a amplitude objectiva da decisão arbitral, o princípio do contraditório e a contraditoriedade à ordem pública do Estado de reconhecimento percebe-se o desnível face a um regime que permite a recusa de reconhecimento com fundamento em fraude à jurisdição, litispendência, violação grave da determinação do decisor, superveniência de documento essencial para a inflexão do sentido da decisão, caso julgado anterior e tutela de nacionais na composição do litígio.

31. Para além das diferenças entre as causas que permitem fundar a recusa de reconhecimento, assiste-se, ainda, a uma divergência entre o sistema convencional e o sistema de direito interno no que ao regime destas causas concerne.

Enquanto a generalidade dos fundamentos constantes do art. 1096 são de conhecimento oficioso pelo tribunal, os fundamentos referidos no art. V da Convenção de Nova Iorque dependem de impulso do demandado.

5. Os requisitos da obrigação exequenda: o problema da liquidação da decisão arbitral

32. Não faremos, aqui, uma exposição generalizada dos requisitos de exequibilidade intrínseca da obrigação exequenda. Limitaremos as nossas observações ao único requisito que vem suscitando dificuldades práticas atendendo à ausência de tomada clara de posição pelo legislador. Referimo-nos à liquidez.

Se a falta de liquidez da obrigação em face do título puder ser ultrapassada por simples cálculo aritmético, a decisão arbitral não suscita qualquer problema particular: como sucede com todos os demais títulos, aplicar-se-á à liquidação o regime do art. 805/2 do CPC.

As dificuldades surgem quando a liquidação não pode ser realizada por simples cálculo aritmético, implicando o proferimento de uma decisão, que fixe o valor da dívida exequenda. Nestes casos, e sendo o título uma decisão judicial, a lei optou pela concessão ao tribunal da acção de competência para a liquidação, considerando, inclusivamente, que a sentença, que contenha condenação genérica, não é ainda título executivo (cfr. art. 47/5). Resta saber se foi intenção do legislador qualificar a execução fundada em sentença não liquidada como inadmissível por falta de título executivo, circunstância que impõe a recusa do requerimento inicial pela secretaria, quando é certo que o vício é o da falta de liquidez da obrigação exequenda.

Se o título não for uma sentença, a liquidação será da competência do tribunal da execução que, em circunscrições cobertas pela sua esfera de competência territorial, poderá ser um juízo de execução.

A repartição de competências tem reflexo na estrutura processual que permitirá a liquidação. Se a competência for do tribunal da acção, a liquidação é processada como incidente póstumo, sendo-lhe aplicável o regime previsto nos arts. 378 e seguintes. Se a liquidação for da competência do juiz da execução, depois de o exequente concluir o requerimento executivo com a indicação de uma quantia líquida, a contestação é deduzida em conjunto com a oposição à execução. Neste caso, apesar de não haver despacho liminar, há citação prévia (cfr. art. 812/7b) do CPC), não tendo a oposição efeito suspensivo da execução. Quer isto dizer que, mesmo que a obrigação exequenda não esteja liquidada, se realizará a penhora; não encontramos apoio no art. 832 para conclusão inversa, se bem que possa estranhar-se como é possível observar nomeadamente o princípio da proporcionalidade, constante dos arts. 821/3 e 834/1, primeira parte, e o princípio da adequação, ínsito no art. 834/1, segunda parte, quando é certo que o agente da execução desconhece o valor da dívida exequenda.

33. Pergunta-se: como se liquida uma sentença arbitral, que contenha uma condenação genérica? Através do mecanismo tipicamente aplicável às sentenças? Através do mecanismo previsto no art. 805/4?

Dir-se-ia que o princípio da equiparação imporia que fosse aplicado à liquidação de decisão arbitral com condenação genérica o disposto nos arts. 378 e seguintes do CPC. Dir-se-ia não obstar a esta solução o princípio do esgotamento da jurisdição arbitral. No entanto, o art. 25 da Lei n. 31/86 dispõe com toda a clareza que o poder dos árbitros se extingue com o depósito da decisão que pôs termo ao litígio. Ora, a condenação, apesar de genérica, põe termo ao litígio, podendo somente restar por determinar a extensão quantitativa dessa condenação.

Mas são essencialmente argumentos de ordem pragmática que demonstram a desrazoabilidade desta solução. O tribunal arbitral, mesmo que a arbitragem seja institucionalizada, é de composição tópica e de existência efémera. Avançar com uma solução para a liquidação que dificulte sem qualquer razão de fundo a situação do credor/exequente não nos parece ser bom caminho. Se a concentração da competência para a liquidação no tribunal da acção teve em vista objectivos relacionados com uma melhor gestão dos meios de justiça (o legislador da reforma terá imaginado, atendendo ao difícil equilíbrio das soluções legais e aos amplos poderes que aos agentes de execução foram conferidos, que a competência para a execução fosse cometida universalmente a juízos de execução, que restringissem a sua intervenção ao controlo da legalidade destes procedimentos e à decisão dos litígios surgidos no seu seio), estes objectivos nada valem por si. Eles apenas valem porque uma melhor gestão de recursos induz uma melhor aplicação da Justiça e, assim, uma melhor tutela dos destinatários deste serviço prestado pelo Estado. Quer isto dizer que na busca da solução não directamente prevista (e cremos que ninguém duvidará que a lei não está pensada, quanto à determinação da competência para a liquidação, para a liquidação de decisões arbitrais), deverá o aplicador encontrar aquela que mais adequadamente atenda às finalidades do sistema. E, na execução, tais finalidades residem, essencialmente, na satisfação tão breve e rápida quanto possível do direito à prestação do credor/exequente[26].

Do que antecede, tiramos uma conclusão: qualquer solução que se proponha para a liquidação de decisões arbitrais deverá tomar em consideração os interesses do exequente, obviamente que sem prejuízo desproporcional e injustificado dos direitos materiais e processuais fundamentais do executado. Se assim é, e atendendo à infrequência relativa das decisões arbitrais, que contenham condenações genéricas, seguramente que o cometimento da competência para a liquidação ao tribunal da execução não bloqueará o funcionamento destes órgãos com uma pendência desmesurada. A solução inversa, que consiste em atribuir competência para a liquidação ao tribunal arbitral que julgou a causa, para além de ter

---

[26] No mesmo sentido, LEBRE DE FREITAS, Competência de tribunal de execução para a liquidação da obrigação no caso de sentença genérica arbitral, Revista da Ordem dos Advogados, ano 66 (Jan. 2006), 119-130.

contra si o princípio do esgotamento da jurisdição arbitral, implica custos e tempos de decisão (o tribunal terá de se reconstituir) absolutamente injustificados.

Neste particular, o princípio da equiparação não vale. A sentença arbitral deverá ser liquidada através do procedimento aplicável à liquidação de títulos extrajudiciais. Este pequeníssimo detalhe nos mostra, uma vez mais, como todas as questões têm de ser enfrentadas quando se lida com tipos que a lei não toma como referente directo dos seus regimes.

6. O tribunal competente para a execução

34. Se os pressupostos processuais gerais não suscitam grandes adaptações em execução de decisão arbitral, a matéria da competência requer alguma explicitação.

A regra geral quanto à execução de decisões arbitrais nacionais consta do art. 90/2. Segundo esta disposição, o tribunal competente para a execução de decisões arbitrais é o tribunal da comarca do lugar da arbitragem. A lei não distingue se a decisão, sendo nacional, é estritamente interna ou se é internacional, no sentido que o art. 32 da Lei n. 31/86 dá a esta expressão.

Seja qual for o campo de aplicação deste preceito, diremos que só a equiparação da decisão arbitral à decisão judicial poderá, por um lado, explicar a integração sistemática desta matéria. O art. 90 sempre foi a disposição que, afastando inclusivamente os critérios especiais, que visam assegurar a conexão óptima entre tribunal e património a atingir, regulou a competência para a execução de decisões. E aquele que era o critério-chave deste preceito, que não podia ser lido desintegrado das formas do processo comum de execução, era o da perpetuação da competência do órgão que tivera competência primária, a este se conferindo também a competência para a execução. Não era, seguramente, a melhor conexão possível nem mesmo, quando se aceitasse uma dupla funcionalidade das normas de competência interna, a conexão suficiente, já que esta passa, atendendo à natureza dos actos a praticar em execução, pela localização do património a atingir. Com a reforma da execução, este critério está posto em crise, com excepção do que respeita aos tribunais de competência especializada, surgindo como ausente de conexão substancial.

Se quanto às decisões judiciais se pode, hoje em dia, apontar esta crítica ao art. 90/1, ainda menos fundamentado nos parece ser o critério do art. 90/2. Para além de se escolher como tribunal competente, não o tribunal do lugar da arbitragem, mas o tribunal da comarca do lugar da arbitragem, parece ter-se cristalizado uma solução que, se podia ainda ter alguma justificação quando a relação entre o tribunal arbitral e o tribunal judicial era umbilical, nenhuma justificação tem nos actuais quadros de autonomia entre estas duas jurisdições.

35. Para além de alguma arbitrariedade da solução (diríamos que teria sido preferível sujeitar a determinação da competência para a execução de decisões arbitrais aos critérios do art. 94, na medida em que assegura conexões substanciais entre o tribunal e a execução), a primeira zona de complexidade do art. 90/2 toma como ponto de referência a arbitragem internacional. Apesar de a prática revelar que as arbitragens internacionais ocorrem, por regra, em território neutro, ou seja, que o tribunal estará localizado em país estranho a qualquer uma das partes envolvidas no procedimento[27], de um ponto de vista de direito interno, estamos perante arbitragem nacional. No entanto, porque esta arbitragem põe em jogo interesses do comércio internacional a situação que subjaz ao processo, apesar de este ser qualificado como nacional, apresenta conexões com diferentes ordens jurídicas. Nestas situações, o legislador terá implicitamente aceite como irrelevante a localização do património a atingir sendo certo que a situação litigiosa claramente aponta no sentido da possibilidade de este estar localizado no estrangeiro. Ao declarar como competente o tribunal da comarca do lugar da arbitragem a lei pode estar a conferir competência a um tribunal português quando nenhum dos activos penhoráveis se encontre em Portugal. O resultado é totalmente espúrio já que a penhora será inadmissível. Porque assim é, diremos que não resta alternativa ao aplicador da regra que não seja o de a entender como aplicável apenas quando o património a penhorar se localizar em território nacional.

---

[27] REDFERN/HUNTER, Law and practice of international commercial arbitration, 4ª, Thomson, London 2004, p. 92, que assim chamam a atenção para o facto de, na maioria das arbitragens internacionais, a *lex arbitri* não coincidir com a lei aplicável ao mérito.

36. Se a execução se fundar em decisão arbitral estrangeira, a competência territorial interna será determinada pelo art. 91 por remissão do art. 95: é competente para a execução o tribunal (de primeira instância) do domicílio do executado. O que se disse quanto ao art. 90, vale aqui igualmente. Se a competência deve tomar por referência a melhor conexão possível entre um tribunal e a situação que lhe é submetida, atendendo à natureza dos actos a praticar na execução melhor teria sido submeter a execução de decisões proferidas por tribunais superiores aos critérios gerais e especiais do art. 94.

7. A estrutura da execução fundada em decisão arbitral

37. Tal como sucedia já antes da reforma do processo de execução, operada em 2003, a natureza do título executivo influencia a estrutura da execução. Não havendo uma relação de implicação de uns actos face aos outros, tem o legislador larga margem de conformação desta estrutura processual, fazendo-a depender dos valores em que, em cada momento, considera prevalecentes[28].

Neste contexto, começará por notar-se que, seja qual for a origem da decisão arbitral, dispõe o art. 812-A/1a) que a execução nela fundada dispensa intervenção judicial liminar. Independentemente das razões de fundo que terão determinado o legislador a suprimir o despacho liminar nas execuções referidas no art. 812/A1[29], terá sido a equiparação, levada às suas últimas consequências, entre o título judicial e o título arbitral seguramente a ditar este regime, contra o qual se pronunciou já criticamente LIMA PINHEIRO[30].

À dispensa de despacho liminar vai corresponder, nos termos do art. 812-B/1, a dispensa de citação prévia do executado, quer isto dizer, vai corresponder a imediata penhora de bens do executado antes da sua citação para a execução.

---

[28] Sobre a manipulação das estruturas processuais, PAULA COSTA E SILVA, A reforma da acção executiva, 3ª, Coimbra Editora, Coimbra 2003, n. 10; Títulos executivos europeus, Coimbra Editora, Coimbra, 2006, p. 5 segs..

[29] Sobre este aspecto, PAULA COSTA E SILVA, A reforma da acção executiva, 3ª, Coimbra Editora, Coimbra 2003, n. 10.

[30] LIMA PINHEIRO, Arbitragem transnacional. A determinação do estatuto da arbitragem, Almedina, Coimbra 2005, p. 177 e segs..

Apenas se poderá admitir a intervenção liminar, à qual, no entanto, se vai suceder a penhora, desde que o despacho se não pronuncie pela inadmissibilidade da execução, se o funcionário judicial, antes de remeter o requerimento ao solicitador da execução para penhora, ou, acrescentaremos nós, o próprio solicitador da execução, uma vez por ele recebido o requerimento executivo e antes, sequer, de iniciar as diligências prévias à penhora tiverem dúvidas quanto à arbitrabilidade do litígio.

Sendo a citação precedida da penhora, a citação ocorrerá, nos termos do art. 864/2, aquando da realização da própria penhora ou nos cinco dias subsequentes à sua realização. Por outro lado e ainda enquanto efeito da natureza do título sobre a estrutura da execução, a oposição à execução, que o executado deduza, terá efeito suspensivo (cfr. art. 818).

8. Os fundamentos da oposição à execução fundada em decisão arbitral e o concurso de pretensões processuais

8.1. *Os fundamentos de oposição às sentenças e o concurso de meios processuais*

38. Os fundamentos de oposição à execução fundada em decisão arbitral constam do art. 815 do CPC.

Segundo esta disposição, que parece omitir a situação específica da execução de decisões arbitrais estrangeiras confirmadas, são fundamentos de oposição, não apenas aqueles que podem ser deduzidos em execução fundada em sentença nacional, mas também aqueles em que pode fundar--se a anulação da decisão arbitral. Deste modo, e ao invés de desencadear a anulação da decisão, com fundamento em alguma das circunstâncias constantes do art. 27 da Lei n. 31/86, pode a parte condenada aguardar pela execução para, em oposição, deduzir os fundamentos que poderia deduzir em acção autónoma.

Veremos, já em seguida, que as soluções legais, apesar de visarem a concentração da discussão num só meio, podem determinar um concurso de pretensões processuais. E este concurso levanta enormes problemas num sistema que, globalmente, não está pensado para esta construção.

Por que pode surgir semelhante concurso?

Por um lado, porque a lei dá relevância aos fundamentos de anulação, quer enquanto causa de pedir em acção de anulação autónoma, quer enquanto fundamento de oposição à execução.

Por outro, porque a lei manda que os fundamentos de anulação sejam deduzidos no recurso da sentença arbitral, permitindo, simultaneamente, a respectiva invocação enquanto fundamentos de oposição à execução.

Pergunta-se:
– Aceitando-se que o princípio da prevalência da substância sobre a forma releva na aferição da legitimidade processual para a propositura da acção de anulação, pode o autor da acção de anulação, parte vencida[31] e potencial executado, mas não recorrente (porque não interpôs recurso, apesar de ser parte vencida), deduzir em oposição à execução causas de anulação que haja invocado em acção de anulação?
– Pode a parte vencida que recorreu da sentença arbitral sem ter deduzido causas de anulação no recurso, invocar tais causas em oposição à execução?
– Pode o executado/recorrente, que deduziu determinada causa de anulação da decisão arbitral no recurso que interpôs dessa decisão, invocar o mesmo fundamento de anulação em oposição à execução?

39. Antes de enfrentarmos as diferentes questões deixadas em aberto, relembremos o que sucedia com o Código de Processo Civil, na sua versão de 39.

O art. 814/3 dispunha que na execução de sentença proferida por tribunal arbitral podia a oposição ser deduzida, não só com algum dos fundamentos previstos para a oposição à execução de sentença judicial, mas ainda com fundamento em nulidade da sentença arbitral, se as partes

---

[31] O que se afirma no texto pressupõe que se entenda que a parte com legitimidade para instaurar a acção de anulação é a parte vencida. Esta coincidência resulta de se aceitar que a parte prejudicada com a anulação é a parte contra a qual a decisão pode ser ulteriormente invocada. Neste sentido, ZÖLLER (GEIMER), Zivilprozessordnung, 26ª, Köln 2007, § 1059, Rn. 3.

Quanto à admissibilidade da propositura de acção de anulação contra as partes por terceiro, que haja aderido à convenção ou ao procedimento, ZÖLLER (GEIMER), Zivilprozessordnung, 26ª, Köln 2007, §§ 1055, Rn. 7 e 1059, Rn. 3.

houvessem renunciado previamente aos recursos. Pronunciando-se sobre esta regra, afirmava ALBERTO DOS REIS que na hipótese de as partes haverem renunciado aos recursos a invocação da nulidade perante o tribunal arbitral não estava vedada às partes. E, continuava: "o que sucede é que, embora a não argua, pode manejá-la como fundamento de oposição à execução; e se a arguir e for desatendida, pode igualmente fazê-la valer em oposição à acção executiva"[32].

ALBERTO DOS REIS admitia, assim, expressamente que uma causa de nulidade da sentença arbitral pudesse ser deduzida por meio de reclamação e, caso fosse desatendida, ulteriormente por meio de embargos à execução. Mais admitia que, não sendo a causa de nulidade deduzida em reclamação, fosse a mesma invocada em embargos de executado. Daqui se inferem as respostas que o Autor possivelmente daria se confrontado com as nossas questões. Havendo concurso de pretensões processuais, esse concurso é real e heterogéneo: uma mesma nulidade tanto pode ser deduzida em reclamação como em embargos. Por outro lado, a dedução e apreciação da nulidade num meio não inviabilizam a sua dedução e apreciação em outro. Quer isto dizer que a decisão que conheça em reclamação da invocada nulidade não produz efeito externo. Por fim, não existe qualquer ónus de concentração da invocação de causas de nulidade na reclamação pelo que não se verifica qualquer efeito preclusivo.

40. Os dados legais de que podemos partir para resolvermos as questões acima enunciadas são os seguintes:
– O art. 815 do CPC dispõe que são fundamentos de oposição à execução fundada em sentença arbitral tanto aqueles que constam do art. 814[33], quanto aqueles em que pode basear-se a anulação judicial da mesma decisão;

---

[32] Processo de execução, volume 2º, reimpressão, Coimbra Editora, Coimbra 1985, p. 37.

[33] Relativamente à aplicação à oposição à execução fundada em decisão arbitral do art. 814 levanta-se uma questão muito curiosa, para a qual foi chamada a nossa atenção pelo Dr. NUNO SALAZAR CASANOVA. Esta respeita a articulação do fundamento de oposição, previsto na al. g) do art. 814, com os poderes de cognição de todos os litígios respeitantes a determinado litígio a um tribunal arbitral. Talvez que a pista de solução seja constituída pelo art. 25 da Lei 31/86, concluindo-se no sentido de a competência do tribunal arbitral, uma vez cessado o seu poder jurisdicional, se não estender aos factos supervenientes, podendo estes ser conhecidos, sem preterição de tribunal arbitral voluntário, pelo tribunal

– O art. 31 da Lei n. 31/86 dispõe que o decurso do prazo para intentar a acção de anulação não obsta a que se invoquem os seus fundamentos em via de oposição à execução.

o art. 31 resulta com evidência a não preclusão dos fundamentos de anulação[34]. A parte vencida, que poderia ter desencadeado a anulação da decisão, não o faz, podendo reservar esta forma de impugnação da sentença arbitral para a oposição à execução dessa mesma decisão. Se a solução tem a vantagem de evitar o concurso de pretensões a que faremos referência já a seguir, tem a desvantagem de deixar a validade da sen-

---

da execução. ZÖLLER (GEIMER), Zivilprozessordnung, 26ª, Köln 2007, § 1060, Rn. 4 e 4b, opera uma distinção quanto aos factos/excepções supervenientes, negando jurisdição aos tribunais estaduais para conhecerem, no procedimento de *exequatur* da decisão arbitral, de excepões materiais abrangidas pela convenção, logo pela competência do tribunal arbitral.

Bem mais complexa é outra hipótese, também levantada pelo Dr. NUNO SALAZAR CASANOVA, e que é constituída pela execução de títulos extrajudiciais quando a resolução de litígios referentes a situações jurídicas, por eles representadas, haja sido cometida a tribunal arbitral. Nesta situação, atendendo à potencial amplitude objectiva da oposição à execução, suscitar-se-á a questão do conflito entre a jurisdição estadual e a jurisdição arbitral. Atendendo ao objecto específico deste estudo (a sentença arbitral e não os títulos extrajudiciais) e à complexidade do problema (insusceptível de *apreciação incidental*), sobre ele não será aqui tomada posição. No entanto, também aqui apontaremos uma das que nos parecem ser as pistas de solução: o art. 96/1 do CPC. Esta regra dará competência ao tribunal da execução para conhecer das questões suscitadas pelo executado como meio de defesa, sendo certo que o acesso a uma jurisdição, onde a invocação da preterição do tribunal arbitral se manifesta possível, provocando a inadmissibilidade da oposição, depende exclusivamente do impulso do exequente. Quer isto dizer que se não se admitir a dedução da oposição na execução por preterição de tribunal arbitral, ou seja, se se afastar a aplicação do art. 96/1 a esta situação concreta, terá de se aceitar a suspensão da instância executiva até proferimento de decisão arbitral sobre a questão suscitada pelo executado na oposição.

Aceitando uma extensão de competência, fundada no art. 96/1, do tribunal da acção para as questões abrangidas por convenção de arbitragem, LEBRE DE FREITAS/JOÃO REDINHA/RUI PINTO, Código de Processo Civil anotado, volume 1º, sub art. 96, n. 3.

[34] Algo diversamente, cfr., no direito alemão, o § 1060.II.3 da ZPO, onde se dispõe que o decurso do prazo para a propositura da acção de anulação impede que sejam considerados, no procedimento de *exequatur* (e não na execução), causas de anulação, que sejam de conhecimento oficioso. Estas causas constam do § 1059.II.2 da ZPO e coincidem com os fundamentos de recusa de reconhecimento, previstos no art. V.2 da Convenção de Nova Iorque.

tença arbitral em estado de incerteza. Isto porque, e fazendo um paralelismo com a solução a defender para a oposição à execução fundada em decisão homologatória de negócio processual, o prazo para a dedução do fundamento de anulação deve contar-se, não a partir do momento em que a decisão arbitral (ou homologatória) foi proferida, mas a partir do momento em que qualquer um destes actos é dada relevância em execução[35].

Mas aquilo que nem o art. 815, nem o art. 31, nem o regime da acção de anulação resolvem são as situações de concurso.

41. Comecemos pela situação mais simples. Pode o executado, que instaurou acção de anulação autónoma, deduzir em oposição à execução fundamentos de anulação diversos daqueles em que fundou aquela acção?

A primeira questão que aqui se coloca é a do carácter exauriente da acção de anulação. Regra geral, o autor não tem o ónus de fundamentação exaustiva da pretensão, podendo renová-la em nova acção se invocar causa de pedir diversa. Todavia, a submissão da acção de anulação a um prazo de caducidade aponta em sentido inverso: se a parte pretende impugnar a validade da decisão, deverá fazê-lo dentro de um determinado prazo. Depois disso, não poderá arguir, autonomamente, a invalidade da decisão.

A assertividade desta conclusão esbate-se, porém, em face do regime do já citado art. 31 da Lei n. 31/86. Como vimos, esta regra estatuía a não preclusão dos fundamentos de anulação. Ainda se poderá tentar uma solução, afirmando que o art. 31 apenas se aplica quando a parte não haja instaurado acção de anulação pelo que, invertendo o comando, a preclusão dos fundamentos de anulação e a respectiva inadmissibilidade enquanto fundamentos da oposição à execução ulteriormente proposta. O apoio desta solução seria constituído pelo trecho do art. 31, que refere o decurso do prazo para intentar acção de anulação.

No entanto, aquilo que há-de procurar-se é o fundamento substancial que permita justificar uma diversidade de tratamento daquele que instaurou acção de anulação em confronto com aquele que nada fez no que respeita à preclusão dos meios de defesa. Poderá dizer-se que deve ser outro o ponto de referência, ou seja, que não deve atender-se à

---

[35] Assim e para as sentenças homologatórias, bem como para as demais situações de concurso de meios processuais, ANSELMO DE CASTRO, A acção executiva singular, comum e especial, Coimbra Editora, Coimbra 1970, p. 282 e segs..

perspectiva do executado, autor de acção de anulação, mas à perspectiva do exequente demandado na acção de anulação. E a consideração dos interesses desta parte determinaria que a acção de anulação fosse entendida como exauriente de modo a que pudesse dimensionar a viabilidade da própria execução. Quanto mais abrangente for a oposição, quanto mais forem os fundamentos admissíveis, mais vulnerável é a posição do exequente. Este terá a legítima expectativa de que a defesa do executado se restrinja a fundamentos que não pudessem ter sido deduzidos em outra acção. E todas as causas de anulação poderiam ter substanciado a acção de anulação instaurada pelo executado. Aliás, esta linha de argumentação segue a ratio subjacente ao próprio art. 814. Os fundamentos de oposição à execução baseada em sentença respeitam à falta de exequibilidade intrínseca ou extrínseca do título, à irregularidade da instância executiva ou a factos supervenientes. E, quanto a estes últimos, a condição da respectiva superveniência é decisiva já que só eles se não podem dizer abrangidos pelo ónus de concentração da defesa (cfr. art. 489).

42. Vejamos, com a brevidade que o objecto específico desta intervenção implica, a relação que se estabelece entre a acção de anulação e a oposição à execução com identidade de fundamentos.

Pode o executado deduzir, em oposição à execução, fundamentos que deduziu em acção de anulação? Podem correr, em simultâneo, dois procedimentos com estrutura declarativa (esta a natureza da oposição à execução) em que o mesmo fundamento seja invocado, num caso, para obter directamente a anulação de uma decisão e, no outro, para obter a extinção de uma execução por anulação do título executivo?

Apesar da falta de identidade do pedido (num caso a parte pretende a anulação, no outro, a parte pretende a extinção da execução com fundamento em anulabilidade do título), certo é que uma solução que admita o concurso de competências de decisão quanto ao mérito implica, não apenas a realização de actividade processual em termos pouco racionais (o mesmo fundamento de anulação é conhecido em dois procedimentos diversos, determinando a prática dupla dos mesmos actos processuais), como pode colocar os tribunais na posição de se contradizerem. Estes indícios apontam no sentido de não ser desejável que possam os mesmos fundamentos de anulação ser conhecidos em acção de anulação e em oposição à execução.

Perguntar-se-á, então, qual dos meios deve ser prejudicado em benefício do outro. A amplitude da discussão na acção de anulação aponta no sentido de dever ser preterida a competência do tribunal da execução para conhecer dos fundamentos de anulação que o executado invoque. Também o facto de ser o meio específico de invocação de causas de anulação parece indicar no mesmo sentido.

De um ponto de vista dos efeitos, fazer a execução aguardar pelo julgamento e decisão do fundamento de anulação não significa uma inflexão nos efeitos da oposição sobre a execução. Sendo a citação antecedida de penhora, a dedução da própria oposição arrastará uma suspensão da execução (cfr. art. 818/2). Assim, também a prevalência do interesse do exequente, fundada na penhora prévia, não é posta em causa com uma suspensão da oposição.

Contra estes índices poderá alegar-se que a acção de anulação, sendo tramitada segundo os termos do processo comum de declaração, poderá, de um ponto de vista da conformação das estruturas de conhecimento, estar sujeita a um rito com prazos mais alargados e com uma fase de articulados mais complexa do que a estrutura que é aplicada ao conhecimento da oposição à execução. Isto poderia significar que sendo os fundamentos conhecidos na oposição em prejuízo da acção de anulação, a questão relativa à validade do título executivo seria mais rapidamente esclarecida. A este argumento acresceria a circunstância de a oposição à execução poder ser tramitada junto de tribunais que, por terem uma competência específica, poderão encontrar-se em melhores condições para decidir. No entanto, estas razões não nos surgem como suficientemente ponderosas para que se considerasse concedida competência ao tribunal da execução em detrimento do tribunal da acção de anulação.

43. A solução a que acabámos de chegar vale para a relação entre a anulação deduzida em recurso e a oposição à execução. Também nesta situação nos parece razoável defender que deve ser suspensa a oposição à execução, fundada numa causa de anulação, sempre que essa mesma causa haja sido invocada no recurso[36].

---

[36] Não obstante a relativa segurança das soluções que pudemos propor, tudo se complicará, como é evidente, se a própria oposição à execução for constituída por uma pluralidade objectiva em regime de cumulação. Em outra circunstância retomaremos este ponto.

8.2. O art. 815 e as decisões arbitrais estrangeiras

44. O art. 815 não parece estar pensado para a execução de decisões proferidas por árbitros no estrangeiro e confirmadas pelos tribunais portugueses[37]. O facto de a lei se referir a causas de anulação assim parece indicar.

Por outro lado, e aqui avulta um grande problema, as decisões arbitrais proferidas por árbitros no estrangeiro não produzem efeitos directos. Ora, se em termos convencionais existe uma coincidência entre fundamentos de rejeição de reconhecimento e de oposição à execução, pergunta-se que fundamentos poderá o executado, contra o qual foi requerida a confirmação da decisão em Portugal, deduzir em ulterior execução. Todos os fundamentos que poderia ter deduzido e não deduziu no processo de reconhecimento? Fundamentos que deduziu no processo de reconhecimento e que aí foram julgados improcedentes?

Como é evidente, estas duas perguntas nos remetem para a qualificação dos fundamentos previstos nos arts. 5 da Convenção de Nova Iorque e 5 da Convenção Interamericana e para a matéria da preclusão e do caso julgado.

Os problemas que vão avultar resultam da circunstância de o regime convencional prever fundamentos que impedem o reconhecimento e a execução. Ora, se por esta última expressão se considerar que a Convenção se está a referir a uma declaração de executoriedade, que se confunde com o reconhecimento, nenhum problema se suscita: o fundamento de recusa, invocado no procedimento, tem um duplo efeito, impedindo o reconhecimento e o *exequatur* da decisão.

No entanto, podem estas regras ser entendidas como referindo-se a circunstâncias que, por um lado, fundamentam a recusa de confirmação e que, por outro, permitem fundar a oposição à execução de uma decisão que, sendo estrangeira, terá sido necessariamente confirmada em momento prévio.

45. Tentamos, então, compreender como se articulam as faculdades de invocação dos fundamentos previstos nos arts. 5 da Convenção de

---

[37] Manifestando-se crítico quanto à aplicabilidade do art. 815 do CPC à execução de decisões arbitrais estrangeiras, LIMA PINHEIRO, Arbitragem transnacional. A determinação do estatuto da arbitragem, Almedina, Coimbra 2005, p. 311 e 313 e segs..

Nova Iorque e 5 da Convenção Interamericana caso estes possam ser entendidos como causas de recusa de reconhecimento e como causas de oposição, não à concessão de *exequatur*, mas à execução.

Comecemos pela última questão acima colocada. Pode o executado opor-se à execução com fundamentos que deduziu no processo de reconhecimento e que aí foram julgados improcedentes?

A resposta é de enunciação fácil. A decisão de confirmação implicará, necessariamente, que devam ter-se por não verificados quaisquer fundamentos que a poderiam impedir. A confirmação preclude, deste modo, a invocabilidade ulterior de qualquer fundamento de recusa em oposição à execução, quer ele haja sido deduzido ou não naquele procedimento.

Se a resposta antecedente estiver correcta, não pode o executado opor-se à execução com fundamentos que poderia ter deduzido em oposição à revisão e não deduziu, ou com fundamentos que nela deduziu e que foram julgados improcedentes. Esta segunda solução estaria, desde logo, justificada por um argumento de maioria de razão: se o executado não pode deduzir em oposição fundamentos de recusa de execução que, por falta de invocação, precludiram, não deverá ser admitido a deduzir em oposição fundamentos de recusa de execução que foram já deduzidos e apreciados no procedimento de revisão.

Esta resposta, que parece consentânea com a salvaguarda máxima da decisão arbitral confirmada, parece colidir com o texto do art. V. Este regime terá tomado seguramente por assente que não é possível executar sem prévia confirmação. Ao elencar uma série de fundamentos que impedem a confirmação e a execução, o legislador sabia que um procedimento pressupunha o outro, quer isto dizer que sabia que só poderá falar-se, com rigor, em fundamentos que impedem a confirmação e a execução se se estiverem a referir meios distintos.

Entendemos que este não deve ser o sentido relevante do texto convencional pelas razões que passaremos a indicar. Umas pressupõem somente que se considere a natureza das Convenções de Nova Iorque e Interamericana. Outras implicam, já, um aprofundamento mesmo que mínimo de figuras centrais do nosso sistema processual. Umas e outras levar-nos-ão a concluir que não pode o executado, em execução fundada em decisão arbitral estrangeira confirmada pelo competente tribunal português, deduzir em oposição à execução fundamentos que foram ou poderiam ter sido invocados no processo de revisão.

46. A primeira observação que uma argumentação e a interpretação que, com base nela, se proporia para os arts. V da Convenção de Nova Iorque e 5 da Convenção Interamericana, suscita é a seguinte. Se é verdade que, regra geral, as decisões estrangeiras, sejam elas arbitrais ou judiciais, apenas produzem efeitos em Estado diverso do seu Estado de origem, se forem previamente confirmadas, não é inelutável que assim aconteça. É prerrogativa dos Estados definirem de que condições e procedimentos fazem depender a produção de efeitos, no seu espaço, por decisões (e outros títulos, aliás), criadas em Estado estrangeiro. Ora, o direito convencional deverá ter previsões de tal modo amplas que seja susceptível de conviver, sem atrito ou com o menos atrito possível, com os diversos direitos internos. Quer isto dizer que uma regra que vise uniformizar, não os meios, mas os fundamentos que impedem a produção de efeitos por uma decisão estrangeira nos diversos ordenamentos deverá estar redigida e ser interpretada como com neutralidade dos meios. Tomando como base os eventuais sistemas que não façam depender a execução de decisões arbitrais condenatórias de revisão, o texto convencional não pode ser interpretado no sentido de, em oposição à execução, apenas poder o executado deduzir excepções dilatórias directamente relacionadas com a instância executiva ou excepções peremptórias supervenientes, estando-lhe vedada a invocação de matéria que atingisse o título/ sentença arbitral. O que o texto convencional pretende é que, perante este esquema de recepção de decisões arbitrais estrangeiras, se não frustre a uniformidade quanto às causas oponíveis ao título: estas serão aquelas que o art. V contempla.

47. Por outro lado, vejamos que consequências teria a afirmação de que o texto das Convenções de Nova Iorque e Interamericana pode ser interpretado, quando se refere a fundamentos de recusa de revisão e de execução, como criando um verdadeiro concurso.
Para que de concurso pudesse falar-se, deveria admitir-se que, ao disporem que determinados fundamentos impedem tanto a revisão, quanto a execução, afastariam as Convenções de Nova Iorque e Interamericana a vigência de um ónus de concentração da defesa na revisão. Se assim fosse, deveria admitir-se, independentemente do figurino traçado pelo direito nacional quanto a este meio processual, que em caso de execução de decisão arbitral submetida ao regime da Convenção de Nova Iorque, poderia o executado deduzir em oposição fundamentos que

poderia ter deduzido em oposição à revisão, uma vez que estes não podem dizer-se precludidos. Mas há ainda uma outra ilação a extrair desta posição. Ela apontaria não só para um carácter não exauriente do processo de revisão, como permitiria que a matéria da verificação de todas as condições que permitem o reconhecimento de uma decisão estivesse submetida a eventual nova decisão.

Esta possibilidade estranhar-se-ia por diferentes ordens de razões.

Em primeiro lugar porque dificilmente se pode compreender, pelo menos no sistema interno, que possa um tribunal de primeira instância (o tribunal competente para a execução) apreciar novamente uma matéria que foi apreciada por um tribunal superior.

Em segundo lugar porque sempre se dirá que a decisão proferida pelo tribunal competente para a revisão sobre a matéria da não verificação de determinadas condições, que impedem tanto a revisão quanto a execução, forma caso julgado.

Analisemos mais detalhadamente estes índices que concorrem para a interpretação dos arts. V da Convenção de Nova Iorque e 5 da Convenção Interamericana.

48. Suponhamos que se aceitava que no processo de revisão não haveria preclusão, perguntar-se-ia se poderia o executado deduzir na oposição fundamentos que foram deduzidos e apreciados no procedimento de confirmação. Dir-se-ia que não se tais fundamentos foram conhecidos por meio de decisão com força de caso julgado material.

No entanto, apesar da linearidade do enunciado, ele esconde enormes dificuldades, relacionadas com a delimitação do âmbito objectivo do caso julgado. A regra crucial nesta matéria é o art. 673 do CPC. Segundo esta disposição, "a sentença constitui caso julgado nos precisos limites e termos em que julga." Atendendo à circunstância de a sentença ser o acto do magistrado através do qual ele decide a causa principal ou algum incidente que apresente a estrutura de uma causa e ainda à sua complexidade formal, sustenta-se que o efeito de caso julgado se restringe à decisão (com isto se excluindo os seus fundamentos) do pedido deduzido pelo autor ou pelo réu reconvinte.

Sustenta-se que a defesa deduzida pelo réu pode constituir objecto processual autónomo. Porém, o julgamento desse objecto, mesmo que ocorrendo temporal e formalmente na sentença, não se confunde com a decisão da causa principal. Se assim é, a decisão não produzirá, na parte que daquele conhece, efeitos externos. Esta conclusão seria reforçada pelo regime previsto no art. 96, preceito cuja delimitação não é fácil pois, como demonstrou CASTRO MENDES, nesta tarefa "não somos ajudados pelo legislador"[38]. Não obstante esta advertência, cremos poder dizer que é o art. 96 a disposição que rege a matéria da formação de caso julgado sobre questões deduzidas pelo réu como meio de defesa.

49. A regra decorrente do art. 96, que visa concertar as necessidades antagónicas[39] ou os interesses que estão em tensão no julgamento concentrado de matéria incidental[40], aqui tomada esta expressão no seu sentido amplo, vai no sentido de conferir poderes de conhecimento desta matéria ao juiz da causa. Quer isto significar que o juiz da causa tem competência para conhecer de questões que o réu suscite como meio de defesa. Porém, sendo pedida a apreciação incidental de tais questões, ou, concentrando-nos nas hipóteses que ora nos interessam, sendo deduzido pedido reconvencional incidental[41], porque esta pretensão consubstancia a dedução de novo objecto no processo, a respectiva admissibilidade dependerá do preenchimento do pressuposto processual, que é a competência absoluta do tribunal da acção para o pedido reconvencional[42].

Segundo a solução da lei, a exigência de preenchimento de pressupostos processuais pela reconvenção incidental terá repercussão directa no tipo de caso julgado que se formará sobre a decisão que a aprecia: se toda a decisão proferida sobre questões deduzidas pelo réu como meio de

---

[38] CASTRO MENDES, Limites objectivos do caso julgado em processo civil, Edições Ática, s.l. mas Lisboa, s.d. mas 1968, p. 212.

[39] ALBERTO DOS REIS, Comentário ao Código de Processo Civil, vol. 1º, Coimbra Editora, Coimbra 1960, p. 283.

[40] LEBRE DE FEITAS/JOÃO REDINHA/RUI PINTO, Código de Processo Civil anotado, vol. 1º, sub art. 96, n. 3.

[41] A expressão apreciação incidental será tomada no sentido de apreciação com proferimento de decisão que deverá formar caso julgado material. Em sentido muito próximo, TEIXEIRA DE SOUSA, As partes, o objecto e a prova na acção declarativa, Lex, Lisboa 1995, págs. 180-181.

[42] Numa discussão que, para o presente objectivo, nada tem de específico, discute-se se esta cumulação objectiva impõe o preenchimento dos demais pressupostos de que depende a admissibilidade de qualquer cumulação objectiva. Sobre este ponto, CASTRO MENDES, Limites objectivos do caso julgado em processo civil, Edições Ática, s.l. mas Lisboa, s.d. mas 1968, p. 216 e segs.; LEBRE DE FEITAS/JOÃO REDINHA/RUI PINTO, Código de Processo Civil anotado, vol. 1º, sub art. 96, n. 3.

defesa forma caso julgado formal[43], impedindo que sobre a mesma questão recaia segunda decisão num mesmo processo, se a reconvenção incidental reunir os pressupostos processuais objectivos, a decisão que sobre ela é proferida poderá formar caso julgado material.

50. A justificação avançada para esta distinção dos efeitos da decisão que recai sobre questão incidental prende-se com a amplitude que a instrução e julgamento desta questão podem obter dentro do processo. Na verdade, a verdadeira questão incidental pressupõe, pelo tipo de objecto nela implicado, um processamento anómalo, que em nada contribui directamente para o julgamento da causa. Os objectos da acção e do incidente não apresentam relações de interdependência, são autónomos entre si[44]. No entanto, e dito em termos bem pouco rigorosos, o conhecimento e decisão do objecto incidental são necessários quer à regularidade da instância, quer à regularidade dos seus actos. Porque assim é, concertando os tais interesses antagónicos de que há pouco falávamos, a lei aligeira os requisitos de admissibilidade do objecto incidental, permitindo a respectiva tramitação e decisão pelo juiz da causa. No entanto, porque o julgamento e instrução do objecto incidental ocorrem no âmbito de um procedimento com a estrutura (abreviada e relativamente rígida) de um incidente, restringe-se a eficácia da decisão que sobre eles recai.

51. As questões que, sendo suscitadas pelo réu, podem ser julgadas por decisão com força de caso julgado material serão necessariamente questões que, independentemente de quem as suscite, admitam decisão com semelhante efeito. Quer isto dizer que somente as decisões que conheçam de questões que possam ter relevância extra-processual poderão assumir essa relevância. Na sua inversa, significa esta afirmação que não pode ser deduzida reconvenção incidental relativamente a questões processuais cuja projecção se esgota dentro de um determinado processo.

Perguntar-se-á se não seria mais fácil ter dito que a reconvenção incidental apenas pode ser deduzida relativamente a excepções peremp-

---

[43] ALBERTO DOS REIS, Comentário ao Código de Processo Civil, vol. 1º, Coimbra Editora, Coimbra 1960, p. 283.
[44] CASTRO MENDES, Limites objectivos do caso julgado em processo civil, Edições Ática, s.l. mas Lisboa, s.d. mas 1968, p. 198.

tórias e, eventualmente, quanto a matéria de impugnação[45]. Se olharmos a classificação dos meios de defesa de réu, diremos que aparentemente a observação seria certeira. Na verdade, segundo o art. 487 do CPC, a defesa do réu reparte-se em defesa por impugnação e em defesa por excepção. Ora, se a reconvenção incidental tem por objecto uma questão suscitada pelo réu como meio de defesa, se a parte passiva se pode defender ou por impugnação ou por excepção, a reconvenção incidental tem por base ou uma impugnação ou uma excepção. Atendendo à natureza das matérias que importam a dedução de defesa por excepção dilatória, dir-se-ia que a decisão sobre elas proferidas somente pode projectar efeitos no concreto procedimento em que são suscitadas. Consequentemente, a reconvenção incidental apenas teria como objectos admissíveis excepções peremptórias e impugnações.

Diremos, entrando novamente em matéria que aqui não pode ser aprofundada, que a regra do art. 96/2 seguramente não tem qualquer sentido quando se pretenda decisão com força de caso julgado material sobre questão processual directamente ligada à regularidade de uma concreta instância. No entanto, talvez já não seja tão líquido que questões que dificilmente se qualificariam como excepções dilatórias mas que não são igualmente questões de natureza substantiva, não devam, uma vez decididas, ter-se por definitivamente decididas. E o nosso campo de análise é fértil em exemplos que convocam esta distinção. E foi exactamente a necessidade de tomar posição quanto a elas que nos alertou para aquela que pensamos ser a verdadeira chave interpretativa do art. 96 do CPC. Mais do que colocar, enquanto termos divisores do campo de aplicação desta regra, de um lado, as decisões que conhecem de excepções dilatórias e, de outro, aquelas que conhecem de excepções peremptórias, deverá estabelecer-se a dicotomia entre decisões que, pelo seu conteúdo, não podem ter efeitos externos à concreta instância e decisões que, atendendo ao seu conteúdo, podem projectar efeitos para além da concreta instância em que são proferidas. Se é certo que os termos desta distinção tendem a coincidir com a contraposição entre decisões formais e decisões materiais, certo é, também, que podemos detectar decisões proferidas sobre questões, cuja natureza substantiva é duvidosa, mas que poderão

---

[45] Admitindo esta hipótese, CASTRO MENDES, Limites objectivos do caso julgado em processo civil, Edições Ática, s.l. mas Lisboa, s.d. mas 1968, p. 215.

projectar efeitos para lá do procedimento em que foram proferidas. Adiante veremos melhor este ponto.

52. Como é evidente, não é este o momento de aprofundarmos a problemática do caso julgado em ligação com o julgamento da questão incidental. No entanto, não podemos deixar de notar os seguintes aspectos, alguns dos quais terão repercussão directa sobre o nosso tema.

Em primeiro lugar, note-se como os pressupostos de que se faz depender o julgamento com força de caso julgado material da questão incidental pouca relação apresentam com o grande problema que uma imutabilidade desta decisão comporta: o de a estrutura de instrução e julgamento deste objecto ser extremamente abreviada e pobre se comparada com as estruturas aplicáveis à instrução e julgamento da causa.

Em segundo lugar, há que atender, na actual determinação das razões do art. 96 do CPC, à evolução que foram sofrendo as estruturas processuais que levam ao julgamento da causa e à formação de caso julgado material sobre a decisão.

Em terceiro lugar, e este nos parece ser um ponto determinante, não pode efectivamente dizer-se haver similitude entre as questões suscitadas pela apreciação incidental em sentido estrito e aquelas que a reconvenção incidental convoca. Registe-se, em primeiro lugar, que o julgamento das questões suscitadas pelo réu como meio de defesa interfere directamente na decisão da causa[46], havendo uma óbvia relação entre o objecto tal como definido pelo autor e o objecto da reconvenção incidental. Quer isto dizer que a decisão só pode entender-se se se atender ao modo como foram decididas as questões suscitadas pelo réu como meios de defesa. Em segundo lugar, a instrução e o julgamento da reconvenção incidental oferecem tantas garantias quanto a instrução e o julgamento do objecto definido pelo autor porque o julgamento daquela se *dissolve*[47] no julgamento deste.

Por outro lado, diremos que aceite a distinção entre caso julgado absoluto e caso julgado relativo, nos termos em que é proposta por CASTRO MENDES, o mecanismo do art. 96/2 visa que a decisão que recai sobre

---

[46] Por todos, CASTRO MENDES, Limites objectivos do caso julgado em processo civil, Edições Ática, s.l. mas Lisboa, s.d. mas 1968, p. 174 e segs..

[47] CASTRO MENDES, Limites objectivos do caso julgado em processo civil, Edições Ática, s.l. mas Lisboa, s.d. mas 1968, p. 198.

a matéria da defesa alcance a estabilidade de caso julgado absoluto: a questão decidida não deve ter-se por assente apenas no contexto da concreta decisão, mas independentemente do contexto em que venha a ser deduzida.

53. Com os dados antecedentes, regressemos à análise da questão que nos ocupava: poderá admitir-se que o executado deduza em oposição à execução um fundamento que deduzira já em procedimento de revisão e que aí foi decidido e julgado improcedente?

A primeira questão que haverá que resolver prende-se com a possibilidade de a execução ser considerada, ainda, um mesmo processo face ao processo de revisão.

Se a resposta for positiva, seja qual for a natureza do caso julgado formado sobre a decisão que conhece da questão suscitada pelo requerido no processo de revisão e seja qual for a natureza do fundamento de oposição à revisão, não pode a mesma questão ser suscitada em oposição à execução.

Poder-se-ia ter a questão por resolvida na medida em que a competência para a revisão e para a execução não coincidem num mesmo tribunal. Sendo a revisão da competência de um tribunal superior e sendo a jurisdição executiva exclusivamente cometida à primeira instância, a falta de coincidência de competência poderia ser índice de que a execução não constituiria uma nova fase num processo único, iniciado com a revisão. No entanto, semelhante argumento, porque daria relevância a um aspecto de regime que não releva na qualificação de uma estrutura processual enquanto fase ou enquanto procedimento autónomo, não seria adequado. Relembre-se o que sucedia com a execução de decisões de tribunais superiores antes da reforma operada pelo Decreto-Lei n. 38//2003, de 8 de Março nas formas do processo comum de execução.

Um bom índice para se saber se a lei concebe determinada estrutura como autónoma ou não, consiste em perguntar como se dá conhecimento à parte passiva da respectiva pendência. Tomando por referência a distinção entre citação e notificação, diremos que deve presumir-se a falta de autonomia de uma estrutura quando a lei manda notificar a parte passiva da respectiva pendência. Se aplicarmos este índice à execução, atendendo a que o executado é chamado ao processo, seja qual for o título que o fundamenta, através de citação, teremos um primeiro elemento que nos permite afastar a qualificação deste procedimento como uma mera fase.

54. Não podendo a execução ser qualificada como uma fase da revisão, ou seja, não sendo possível conceber revisão e execução como um só processo, avultam as dificuldades há pouco enunciadas quer no que se prende com a possibilidade de aplicação às questões que o requerido haja suscitado como meio de defesa no procedimento de revisão do mecanismo referido no art. 96, quer no que respeita à possibilidade de as considerar abrangidas pelo caso julgado relativo.

Como vimos, a solução que resulta do art. 96 é a de que a decisão da questão suscitada pelo réu como meio de defesa não forma, em regra, caso julgado material. Isto porque para que a decisão proferida sobre aquela questão forme caso julgado material, impeditivo de nova pronúncia, terá de ser requerida a sua apreciação com essa amplitude. Se assim é, deduzido pelo requerido em procedimento de revisão um dos fundamentos que impedem a confirmação, se a decisão proferida sobre este fundamento não forma caso julgado pode o então requerido voltar a deduzi-lo em oposição à execução, agora na sua posição de executado.

55. Poderia a dupla pronúncia ser evitada através da dedução de reconvenção incidental?

Teremos, agora, de olhar os fundamentos previstos no art. 5 da Convenção de NI e no art. 5 da Convenção Interamericana. Se bem que estes fundamentos apresentem a estrutura de excepções, nem sempre se poderá dizer que o que está em causa é a invocação de direito material. Quando o requerido se defende com fundamento na violação de garantias processuais fundamentais, seguramente que invoca regras substanciais, se bem que não regras de direito substantivo ou material.

Haverá alguma razão substancial que imponha resposta negativa quando se pergunta se sobre questões como a acabada de referir pode requerer-se a apreciação com força de caso julgado material? Como há pouco dissemos, o sentido da restrição do campo de aplicação do art. 96/2 assenta no facto de não poder pedir-se apreciação incidental de matéria adjectiva quando a questão suscitada pelo réu como meio de defesa e a decidir tenha apenas relevância na concreta instância em que é colocada. Assim sucede quando o meio de defesa é uma excepção dilatória em sentido próprio, ou seja, quando o demandado se defende alegando a falta de pressupostos processuais objectivos ou subjectivos. Mas já não é necessariamente assim quando o demandado, apesar de se defender com a alegação de regras processuais, visa obter uma decisão cujos efeitos se não esgotam necessariamente na concreta instância em que aquela é proferida; assim sucede se o requerido visa a apreciação de uma questão que respeita, não à regularidade da conformação da instância em que a decisão sobre tal questão deve ser proferida, mas sim à regularidade de uma outra instância ou acto nela praticado, quando este último pode ter efeito externo. Exactamente isto ocorre quando o requerido em procedimento de revisão e confirmação visa impedir a procedência, com fundamento em razões adjectivas ou materiais: impedindo a revisão, se a decisão arbitral for uma decisão condenatória, impedirá a formação de título.

8.3. Reponderação do sistema traçado: o processo de revisão enquanto meio exauriente

56. Os resultados a que se chegaria e que resultam de se aceitar como criando os arts. V da Convenção de Nova Iorque e 5 da Convenção Interamericana um concurso de meios processuais sem relação de preclusão entre si, apesar de terem apoio na letra daqueles textos legais são, do nosso ponto de vista, indesejáveis. O processo de revisão é o procedimento através do qual se procede à decisão acerca da validade e da legalidade da decisão proferida por tribunal ou por árbitros no estrangeiro. E esta questão deve ter-se por arrumada uma vez transitada em julgado. O meio de a questionar não é a oposição à execução, é o recurso. Por esta razão, esgotada a jurisdição relativa ao objecto da revisão, as questões de que depende a produção de efeitos de uma decisão arbitral estrangeira em Portugal ficam definitivamente decididas, tenham sido ou não concretamente apreciadas. O processo de revisão é exauriente, nele vigorando o princípio da concentração da defesa. Assim sendo, está prejudicada a invocação, em oposição à execução, de fundamentos que poderiam ter sido deduzidos em oposição à revisão. Deste modo, a construção do sistema de revisão de sentenças arbitrais estrangeiras em torno do princípio da preclusão dos fundamentos de oposição impede, inclusivamente, que o executado possa deduzir em oposição à execução fundamentos invocados e rejeitados na oposição à revisão. Tanto porque deve ser invocado o ónus de concentração, como porque nenhum sentido teria colocar em vantagem na execução aquele que invocou um fundamento na revisão, que foi rejeitado pelo tribunal, relativamente àquele que nenhum fundamento invocou na revisão.

Esta solução é aquela que uma interpretação funcional não obstante a redacção dos arts. 5 da Convenção de Nova Iorque e 5 da Convenção Interamericana com fundamento na possibilidade de existência de sistemas jurídicos que não façam depender a força de título executivo de uma decisão arbitral estrangeira de um prévio procedimento de reconhecimento.

Se este seria o sistema desejável, diremos que a redacção do art. 5 da Convenção de Nova Iorque e do art. 5 da Convenção Interamericana permitem a dúvida. Ao atribuir uma dupla eficácia aos fundamentos neles previstos, quando a execução pressupõe a revisão, a letra da lei permite nela vislumbrar um concurso real de pretensões processuais.

9. Balanço final

57. Uma das melhores formas de apreendermos a coerência e a completude de um sistema consiste em observá-lo a partir de pontos que não sejam os pontos típicos de observação. E se o sistema for testado na sua potencial aplicação a tipos que não são tipos de frequência chega-se por vezes a resultados dogmaticamente riquíssimos, que motivam o observador a repensá-lo globalmente, assim o fazendo evoluir.

Se é evidente que o intérprete não deve partir do princípio de que o legislador, ao consagrar determinada solução, não se representou, nesse momento, a globalidade da realidade a que ela é potencialmente aplicável, esquecendo os tais tipos não frequentes, sabemos todos nós que a base de facto desta regra de interpretação, que pressupõe um legislador abstracto e humanamente inexistente, não é nem psicológica nem sociologicamente defensável. Porque todos nós sabemos que assim é, nenhum de nós poderá entender como crítica fulminante o facto de se afirmar que o legislador, ao reformar um sistema, se esqueceu de tipos que não são tipos de frequência.

Assim parece ter sucedido, em alguma medida, com o instituto da arbitragem. Como vimos, ele desafia uma multiplicidade de institutos, que não estão pensados e assentes em realidades similares àquelas em que assenta a arbitragem. Instituto que, ainda por cima, tem hoje uma conformação radicalmente diversa daquela que apresentava aquando da grande alteração ocorrida no sistema processual na década de trinta do século passado.

58. A matéria da execução, porque representa o culminar de uma crise e a intervenção de meios coercitivos, é sempre um bom domínio para se testar a coerência e a adequação de um sistema aos tais tipos não frequentes.

Analisada a partir do prisma da decisão arbitral, a estrutura que é a execução, tal como desenhada pelo legislador nacional, apresenta alguns desajustes que poderiam ser facilmente ultrapassados. Quem sabe se numa futura reforma, em que o sistema seja pensado como um todo e não somente nos seus tipos de frequência, estas dificuldades possam ser removidas. Supomos que, para além dos diversos problemas que a análise que empreendemos sobre os meios de impugnação revelou, aqueles que agora deixamos anotados em sede de execução são problemas reais e relevantes para quem recorre à arbitragem. A criação de um regime que os contemplasse expressamente seria por certo opção bem-vinda pelos diferentes operadores.

Junho de 2007

RECURSO E ANULAÇÃO DA DECISÃO ARBITRAL: ADMISSIBILIDADE, FUNDAMENTOS E CONSEQUÊNCIAS

Luís de Lima Pinheiro[*]

INTRODUÇÃO

O controlo estadual da arbitragem é a contrapartida necessária da atribuição de eficácia jurisdicional à decisão arbitral[1]. Na verdade, as ordens jurídicas estaduais só estão dispostas a atribuir efeitos jurisdicionais a uma decisão proferida por particulares na condição de poderem exercer algum controlo sobre a arbitragem ou, pelo menos, sobre os efeitos jurisdicionais da decisão arbitral[2].

Um dos níveis em que opera o controlo estadual da arbitragem é justamente o da impugnação das decisões arbitrais "nacionais" junto dos tribunais estaduais.

A lei portuguesa da arbitragem voluntária (Lei n.º 31/86, de 29/8, doravante designada LAV) consagra uma *dupla via de impugnação* da decisão arbitral proferida na arbitragem interna: a anulação e os recursos.

---

[*] Professor Catedrático da Faculdade de Direito de Lisboa
Presidente da Associação Portuguesa de Arbitragem

[1] Em geral, sobre o controlo estadual da arbitragem, ver Luís de Lima Pinheiro – *Arbitragem Transnacional. A Determinação do Estatuto da Arbitragem*, Coimbra, 2005, 73 e segs., com mais referências.

[2] Com respeito à arbitragem transnacional é concebível que a competência para controlar a arbitragem venha no futuro a ser delegada numa jurisdição internacional.

Já se afirmou que esta solução é "reaccionária" em relação às modernas tendências de harmonização do Direito da arbitragem[3] e que se trata de solução praticamente única nos países europeus[4]. Estas afirmações não são inteiramente exactas.

É certo que na Lei-Modelo da CNUDCI sobre Arbitragem Comercial Internacional (art. 34.º) e na maioria dos principais sistemas a decisão arbitral só pode ser impugnada por via de acção de anulação. Mas deve ter-se em conta que, em matéria de arbitragem internacional, o legislador português só admite, na falta de convenção em contrário, a acção de anulação. Não há, pois, desvio substancial relativamente à tendência que se manifesta na Lei-Modelo relativamente à arbitragem transnacional. Por outro lado, a Lei "inglesa" de 1996 também admite uma dupla via de impugnação, visto que, além da acção de anulação, admite o recurso da decisão arbitral no que toca a questões de Direito, embora sob condições bastante restritivas (art. 69.º).

Em todo o caso, considero desejável a evolução da lei portuguesa no sentido de estabelecer, como regime supletivo, uma única via de impugnação (*infra* II).

I. ANULAÇÃO DA DECISÃO ARBITRAL

A) Aspectos gerais

Perante a esmagadora maioria dos principais sistemas, o direito de requerer a anulação da decisão arbitral é irrenunciável. É o que estabelece, na ordem jurídica portuguesa, o art. 28.º/1 LAV.

Face à lei portuguesa, a acção de anulação da decisão arbitral pode ser intentada no prazo de um mês a contar da notificação da decisão arbitral (art. 28.º/2 LAV)[5].

Na omissão de indicação expressa pelo legislador, deveria entender-se que é competente para a acção de anulação da decisão arbitral o

---

[3] Francisco CORTEZ – "A arbitragem voluntária em Portugal: dos ´ricos homens` aos tribunais privados", *O Direito* 124 (1992) 365-404 e 541-591, 579 e segs.

[4] PAULA COSTA E SILVA – "Os meios de impugnação de decisões proferidas em arbitragem voluntária no Direito interno português", *ROA* 56 (1996) 179-207, 180 e seg.

[5] Trata-se de um prazo processual sujeito ao disposto no art. 144.º CPC – cf. STJ 18/5/1995 [*BMJ* 447: 455].

tribunal judicial com competência material para a acção julgada pelo tribunal arbitral[6]. A jurisprudência do STJ tende, porém, a afirmar a competência dos tribunais de competência genérica[7].

Na acção de anulação, são de seguir as regras do processo comum de declaração[8].

De iure condendo, seria desejável a atribuição de competência a um tribunal superior e o estabelecimento de um processo especial para a acção de anulação[9].

B) Fundamentos de anulação

Na Lei-Modelo da CNUDCI (art. 34.º), bem como na lei alemã (art. 1059.º ZPO), os fundamentos de anulação coincidem com os fundamentos de recusa de reconhecimento de sentenças "estrangeiras" e inspiram-se na Convenção de Nova Iorque sobre o Reconhecimento e a Execução de Sentenças Arbitrais Estrangeiras (1958). Outras leis, entre os quais se conta a portuguesa (art. 27.º LAV), a brasileira (arts. 32.º e 33.º da Lei de arbitragem) e a Lei federal de arbitragem dos EUA (art. 10.º), não seguem o modelo da Convenção de Nova Iorque[10].

A LAV prevê os seguintes fundamentos de anulação da decisão arbitral (art. 27.º/1 LAV):

– não ser o litígio susceptível de resolução por via arbitral;

---

[6] Cf. RLx 14/6/2000 [*CJ* (2000-III) 167]. Ver ainda, relativamente às decisões arbitrais que decidam conflitos colectivos laborais, Dário MOURA VICENTE – "Arbitragem de conflitos colectivos de trabalho", in *Estudos do Instituto de Direito do Trabalho*, 249-267, Coimbra, 2003, 264.

[7] Ver STJ 31/3/2004 [*in* www.dgsi.pt/jstj.nsf] e, em *obiter dictum*, STJ 5/12/2002 [*CJ* (2002-III) 155]. Ver também PAULA COSTA E SILVA – "Anulação e recursos da decisão arbitral", *ROA* 52 (1992) 893-1018, 956.

[8] Cf. PAULA COSTA E SILVA (n. 4) 186.

[9] Ver PAULA COSTA E SILVA (n. 4) 187. Em geral, sobre o regime da acção de anulação, ver PAULA COSTA E SILVA (n. 7) 947 e segs.

[10] No entanto, perante o Direito federal dos EUA, é controverso se as decisões que apesar de proferidas no território dos EUA forem consideradas "não-internas" e, como tal, forem abrangidas pelo regime da Convenção de Nova Iorque, podem ser anuladas com base em fundamentos que não correspondam a fundamentos de recusa de reconhecimento estabelecidos na Convenção de Nova Iorque – ver Gary BORN – *International Civil Litigation in United States Courts. Commentary and Materials*, 3.ª ed., Deventer, 2001, 723 e segs. e 899 e seg.

- ter sido proferida por tribunal incompetente ou irregularmente constituído;
- ter havido no processo violação dos princípios fundamentais a observar no processo, com influência decisiva na resolução do litígio;
- faltar a assinatura da maioria dos árbitros ou os votos de vencido;
- faltar a fundamentação;
- ter o tribunal conhecido de questões de que não podia tomar conhecimento, ou ter deixado de pronunciar-se sobre questões que devia apreciar[11].

Examinemos com brevidade alguns destes fundamentos de anulação.

O primeiro fundamento de anulação verifica-se quando a decisão incida sobre matéria não arbitrável nos termos do art. 1.º/1 LAV.

A incompetência e a irregularidade só são invocáveis em acção de anulação se a parte as alegou oportunamente perante o tribunal arbitral e este considerou tais alegações improcedentes (art. 27.º/2)[12]. A incompetência do tribunal só pode ser arguida até à apresentação da defesa quanto ao fundo da causa, ou juntamente com esta (art. 21.º/3). O mesmo se deve entender com respeito à irregularidade na constituição do tribunal[13].

No entanto, com respeito aos contratos celebrados por consumidores, o TCE consagrou um desvio a este regime. Com efeito, no caso *Mostaza Claro* (2006)[14], o TCE entendeu que a Directiva sobre cláusulas abusivas deve ser interpretada no sentido de que o tribunal estadual deve apreciar a nulidade da convenção arbitral na acção de anulação da decisão arbitral e deve revogar esta decisão se a referida convenção constituir uma cláusula abusiva, mesmo que o consumidor não tenha invocado essa nulidade no âmbito do processo arbitral.

A violação de princípios fundamentais a observar no processo apenas constitui fundamento de anulação quando seja invocada pela parte prejudicada e tenha tido influência decisiva na resolução do litígio[15]. Estes princípios encontram-se enunciados no art. 16.º LAV.

---

[11] Sobre este fundamento de anulação cp. acs. RLx 14/6/2000 [*CJ* (2000-III) 167] e STJ 17/5/2001 [*CJ/STJ* (2001-II) 89] e, na doutrina, PAULA COSTA E SILVA (n. 4) 185 e MOURA VICENTE (n. 6) 262 e seg.

[12] Ver também PAULA COSTA E SILVA (n. 4) 183.

[13] No mesmo sentido, PAULA COSTA E SILVA (n. 7) 932.

[14] 26/10/2006 [*in* http://curia.europa.eu].

[15] Ver também STJ 18/2/2003 [*in* www.dgsi.pt/jstj.nsf].

A decisão só será anulável, por falta de fundamentação, se não forem enunciadas as razões em que se baseia. A deficiência ou erro de fundamentação não constituem causa de anulação[16].

Enfim, constitui fundamento de anulação ter o tribunal decido para além ou aquém dos pedidos formulados pelas partes (decisão *ultra* ou *infra petita*). A decisão *ultra petita*, apesar de proferida para além dos pedidos das partes, encontra-se dentro do âmbito de competência do tribunal arbitral, distinguindo-se assim dos casos de incompetência do tribunal arbitral[17].

A enumeração dos fundamentos de anulação feita pela LAV é, aparentemente, *taxativa*: nos termos do n.º 1 do art. 27.º a sentença arbitral "só pode ser anulada pelo tribunal judicial por algum dos seguintes fundamentos"[18].

Esta taxatividade tem sido afirmada pelos tribunais superiores quando confrontados com a tentativa de introduzir, por via da anulação, um controlo de mérito da decisão arbitral, em casos em que não há lugar a recurso.

A atitude restritiva do nosso legislador e da jurisprudência é de aplaudir. O controlo de mérito da decisão só é admissível, por via de recurso, quando a decisão arbitral for recorrível. Uma decisão arbitral que não é recorrível só deve ser impugnável com fundamento na violação certas regras fundamentais que dizem respeito à validade da convenção de arbitragem, à constituição do tribunal arbitral, ao processo arbitral e aos requisitos da própria decisão, bem como em caso de violação grave da convenção de arbitragem ou de manifesta incompatibilidade da decisão com um núcleo muito restrito de regras e princípios fundamentais da ordem jurídica do foro.

---

[16] Cf. STJ 11/5/1995 [*in* www.dgsi.pt/jstj.nsf] e 17/5/2001 [*CJ/STJ* (2001-II) 89] e LIMA PINHEIRO (n. 1) 152 e seg. Em sentido convergente, PAULA COSTA E SILVA [1992: 938 e seg.]. Este entendimento tem sido seguido, perante o art. 1502.º NCPC fr., pela jurisprudência francesa – ver, designadamente, Cass. 14/6/2000 [*Clunet* 128 (2001) 127].

[17] Cf. Jean-François POUDRET e Sebastien BESSON – *Droit comparé de l'arbitrage international*, Zurique, 2002, 786.

[18] Ver também António MARQUES DOS SANTOS – "Nota sobre a nova lei portuguesa relativa à arbitragem voluntária – lei n.º 31/86, de 29 de Agosto", *Rev. Corte Esp. Arb.* (1987) 15-50 (= *in Estudos de Direito Internacional Privado e de Direito Processual Civil Internacional*, 255-306, Coimbra), 45, PAULA COSTA E SILVA (n. 4) 186 e MÁRIO RAPOSO – "Arbitragem", *in Enc. Polis*, 2.ª ed., vol. I, 1997, n.º 3.

A arbitragem seria muito prejudicada se se permitisse que as partes vencidas paralisassem sistematicamente a eficácia das decisões arbitrais mediante acções de anulação baseadas em erros na apreciação dos factos ou na aplicação do Direito, inobservância de formalismos previstos na lei processual comum ou deficiências de fundamentação. Não é de mais recordar que os árbitros podem nem sequer ser juristas.

Não excluo, porém, que razões ponderosas possam justificar a admissibilidade de fundamentos adicionais de anulação. *No plano do Direito vigente*, entendo que a introdução de fundamentos adicionais de anulação tem de apoiar-se firmemente em ideias rectoras subjacentes ao regime da arbitragem voluntária e na sua articulação sistemática com o regime do reconhecimento de decisões arbitrais "estrangeiras".

Em primeiro lugar, a arbitragem voluntária tem um fundamento contratual e, por isso, a violação da convenção de arbitragem com influência decisiva na decisão do litígio desencadeia necessariamente a invalidade da decisão arbitral. Isto pode verificar-se principalmente com o desrespeito de regras processuais fixadas pelas partes, com a decisão de equidade não autorizada pelas partes e, na arbitragem transnacional, com a manifesta não aplicação do Direito escolhido pelas partes.

O desrespeito da convenção das partes sobre o Direito aplicável não é autonomizado como fundamento legal de anulação da decisão arbitral nos principais sistemas. Isto leva, por vezes, à conclusão apressada de que os sistemas nacionais não controlam o Direito aplicado pelos árbitros ao mérito da causa. Sucede, porém, que em alguns destes sistemas é geralmente aceite a recondução deste vício a um dos fundamentos legais de anulação. Noutros sistemas é controverso se este vício fundamenta a anulação da decisão arbitral[19].

A este respeito é útil estabelecer um paralelo com o regime do reconhecimento das decisões arbitrais "estrangeiras".

À face da supracitada Convenção de Nova Iorque não está estabelecido se o desrespeito da convenção das partes sobre o Direito aplicável pode constituir um fundamento de recusa de reconhecimento[20]. O art. 5.º/

---

[19] Ver LIMA PINHEIRO (n. 1) § 27.

[20] Cp. A. VAN DEN BERG – *The New York Arbitration Convention of 1958. Towards a Uniform Judicial Interpretation*, Deventer et al., 1981, 322 e segs.; Ph. FOUCHARD, E. GAILLARD e B. GOLDMAN – *Traité de l'arbitrage commercial international*, Paris, 1996, 1003; e CHRISTIAN VON BAR e Peter MANKOWSKI – *Internationales Privatrecht*, vol. I, 2.ª

/1/d desta Convenção estabelece como fundamento de recusa de reconhecimento a desconformidade da constituição do tribunal arbitral ou *do processo de arbitragem* com a convenção das partes ou, na falta de convenção, com a lei do país onde teve lugar a arbitragem. O desrespeito pelos árbitros da designação feita pelas partes do Direito aplicável pode ainda ser visto como desconformidade processual. Dificilmente se compreenderia que a inobservância de preceitos processuais constitua fundamento de recusa de reconhecimento e que o mesmo não se verifique relativamente à violação da convenção sobre o Direito aplicável ao fundo da causa, que se afigura mais grave.

Se a desconformidade do processo (incluindo a determinação do Direito aplicável) com a convenção de arbitragem constituir um fundamento de recusa de reconhecimento, por maioria de razão deve constituir um fundamento de anulação da decisão arbitral "nacional".

Em terceiro lugar, importa considerar a incompatibilidade da decisão com a *ordem pública*. A este respeito convém distinguir entre a arbitragem transnacional e a arbitragem interna.

Nos principais sistemas estrangeiros, é geralmente aceite que a incompatibilidade com a *ordem pública internacional* constitui fundamento de anulação da decisão proferida em *arbitragem transnacional*. Isto tende a verificar-se mesmo em sistemas em que a lei não prevê este fundamento de anulação.

A ordem pública internacional que está aqui em causa é, em princípio, a do Estado do foro, i.e., o Estado cujos tribunais são competentes para a impugnação da decisão.

A lei portuguesa conta-se entre aquelas que não prevêem este fundamento de anulação. Mas a Convenção de Nova Iorque, vigente na ordem jurídica portuguesa, estabelece como fundamento de recusa de reconhecimento da sentença arbitral "estrangeira" a contrariedade do reconhecimento à ordem pública internacional do Estado de reconhecimento (art. 5.º/2/b)[21]. O mesmo se verifica com o regime interno de

---

ed., Munique, 2003, 87. Ver ainda Antoine KASSIS – *Le nouveau droit européen des contrats internationaux*, Paris, 1993, 500, que, perante este preceito, exclui a possibilidade de controlo da determinação do Direito aplicável feita pelos árbitros.

[21] O que não obsta a que também tenham surgido divergências a este respeito, em especial nos tribunais dos EUA – ver BORN (n. 10) 826 e seg.

reconhecimento de decisões arbitrais "estrangeiras" (art. 1096.º/f *ex vi* art. 1097.º CPC)[22].

Também aqui se pode invocar um argumento de maioria de razão: se a contrariedade à ordem pública internacional constitui, perante a Convenção de Nova Iorque e o regime interno, um fundamento de recusa de reconhecimento de uma decisão arbitral "estrangeira", não pode deixar de constituir um fundamento de anulação de uma decisão arbitral "nacional".

A contrariedade à ordem pública internacional constitui um vício particularmente grave da decisão arbitral que deve desencadear a sua invalidade[23]. Na medida em que a ordem pública constitui também um veículo para a actuação dos direitos fundamentais constitucionalmente consagrados, o controlo da conformidade da decisão com a ordem pública internacional é imposto pela própria Constituição[24].

Daí que se deva entender, mesmo *de iure constituto*, que a decisão arbitral é anulável se for manifestamente contrária à ordem pública internacional[25]. Sendo de sublinhar que a actuação da reserva de ordem pública internacional só se verifica em casos excepcionais em que a decisão arbitral tenha chegado a um resultado que é manifestamente incompatível com normas e princípios fundamentais da ordem jurídica portuguesa, o que, *em regra*, pressupõe laços significativos da relação controvertida com Portugal.

A questão é mais delicada com respeito à *arbitragem interna*. Aqui estamos sempre perante uma relação controvertida que se encontra inserida exclusivamente na esfera social do Estado do foro, razão por que se pode pensar que o controlo da decisão deve ser mais apertado. A tendência geral nos principais sistemas vai no sentido de um controlo

---

[22] No mesmo sentido, em tese geral, Pierre MAYER e Audley SHEPPARD – "Final ILA Report on Public Policy as a Bar to Enforcement of International Arbitral Awards", *Arb. Int.* 19 (2003) 249-263, 25 e seg., com referência à Recomendação da ILA sobre a ordem pública como limite à execução das sentenças arbitrais estrangeiras.

[23] Em sentido convergente, MARQUES DOS SANTOS (n. 18) 45, que invoca a aplicação analógica do art. 1096.º/f CPC.

[24] JORGE MIRANDA – *Manual de Direito Constitucional*, t. IV – *Direitos Fundamentais*, 3.ª ed., 2000, 263, observa que os tribunais arbitrais não podem "atingir a definição de direitos fundamentais em concreto, sob pena de violação do art. 20.º'" da Constituição.

[25] Em sentido convergente, LEBRE DE FREITAS – *Introdução ao Processo Civil. Conceito e Princípios Gerais. À Luz do Código Revisto*, Coimbra, 69 n. 27.

da conformidade das decisões proferidas na arbitragem interna com a ordem pública[26] e até, em alguns deles, no sentido de um controlo de mérito destas decisões[27].

Na lei portuguesa, a decisão proferida em arbitragem interna é, em princípio, recorrível. Mas se as partes tiverem renunciado aos recursos, ficará excluído todo o controlo da conformidade da decisão com a ordem pública por via da acção de anulação? Se a ordem pública for entendida como o conjunto de regras e princípios gerais imperativos, parece que o controlo da conformidade com a ordem pública franqueia a porta a ataques constantes à validade das decisões arbitrais. Daí que me pareça preferível uma solução semelhante à alemã, em que a ordem pública é entendida segundo um critério uniforme na arbitragem transnacional e na arbitragem interna[28].

Quer isto dizer que a anulação só deve ser admitida, com fundamento em contrariedade à ordem pública, naqueles casos excepcionais em que a decisão conduza a um resultado manifestamente incompatível com normas e princípios fundamentais da ordem jurídica local. Em todo o caso, esta actuação da reserva de ordem pública será mais frequente na arbitragem interna do que na arbitragem transnacional em virtude de existir sempre uma ligação intensa com o Estado do foro. A diferença não é qualitativa mas é quantitativa.

Perante o Direito constituído, creio que esta solução é defensável mais uma vez com base num argumento de maioria de razão. Se é sempre controlada a conformidade das sentenças arbitrais "estrangeiras", bem como das sentenças arbitrais "nacionais" proferidas em arbitragem transnacional, com a ordem pública internacional portuguesa, não faria sentido que não fosse sempre controlada a conformidade das decisões

---

[26] Ver art. 1484.º/2//6.º NCPC fr.; art. 1059/2/2b CPC al.; art. 829.º/3 do CPC italiano (modificado em 2006).

[27] Ver, nos EUA, a doutrina do "manifesto desrespeito da lei" [*manifest disregard of the law*] em Martin DOMKE e Gabriel WILNER – *Domke on Commercial Arbitration*, 2.ª ed., s.l., 1984/1998, 1984: 397 e seg. e 1998: 162 e 166 e seg. e BORN (n. 10) 792, 798 e 810 e segs.; art. 36.º/f do *Concordat sur l'arbitrage* suíço que se refere a "violação evidente do Direito"; art. 69.º da Lei "inglesa" de 1996, que admite o recurso da decisão arbitral no que toca a questões de Direito, embora sob condições bastante restritivas, com respeito a qualquer categoria de arbitragem regulada pela lei.

[28] Ver art. 1059/2/2b CPC al. e Karl Heinz SCHWAB e Gerhard WALTER – *Schiedsgerichtsbarkeit. Kommentar*, 7.ª ed., Munique, 2005, 217 e segs. e 264 e seg.

arbitrais proferidas em arbitragem interna com as mesmas normas e princípios fundamentais.

C) Consequências da anulação

Caso se verifique um fundamento de anulação, o tribunal estadual tem de limitar-se à anulação da decisão arbitral, não podendo proferir outra decisão em sua substituição.

Por outro lado, a convenção de arbitragem não caduca com o proferimento nem com a anulação da decisão arbitral (cf. art. 4.º LAV)[29]. A convenção de arbitragem continua em vigor não só relativamente a outras controvérsias que sejam abrangidas pelo seu âmbito, como também em relação à controvérsia que foi objecto da decisão anulada. No entanto, se a anulação se fundamentou na invalidade da convenção de arbitragem, o tribunal arbitral deve considerar-se vinculado pela decisão do tribunal estadual e pode ser proposta uma acção no tribunal estadual competente[30]. Salvo este caso, o tribunal estadual deve remeter a causa ao tribunal arbitral, para que este decida novamente corrigindo os vícios que desencadearam a anulação.

Como perante a lei portuguesa o poder jurisdicional dos árbitros finda com a notificação de depósito da decisão (art. 25.º LAV), parece que se tem de constituir um novo tribunal arbitral e que corre um novo prazo para a decisão nos termos do art. 19.º LAV. O mesmo entendimento é seguido perante o Direito alemão bem como, em matéria de arbitragem internacional, face ao Direito francês[31]. Já perante os ordenamentos suíço e "inglês" o processo arbitral prossegue, em princípio, com os mesmos árbitros[32].

---

[29] No mesmo sentido, perante o Direito suíço, POUDRET/BESSON (n. 17) 346, admitindo, porém, uma excepção. Cp. RAÚL VENTURA – "Convenção de arbitragem", *ROA* 46 (1986) 289-413, 401 e segs., PAULA COSTA E SILVA (n. 7) 964 e MOURA VICENTE (n. 6) 266 no sentido de a convenção de arbitragem, salvo tratando-se de cláusula compromissória, se extinguir com o proferimento da decisão arbitral.

[30] Deve sublinhar-se que a vinculação do tribunal arbitral a decisões dos tribunais estaduais só é absoluta no que toca à arbitragem interna.

[31] Cf. FOUCHARD/GAILLARD/GOLDMAN (n. 20) 788 e seg. e 924 e SCHWAB/WALTER (n. 28) 232 e seg.

[32] Quanto ao ordenamento suíço cf., relativamente à arbitragem interna, art. 40.º/4 do *Concordat sur l'arbitrage*, e no que toca à arbitragem internacional, PIERRE LALIVE,

A anulação da decisão arbitral pode ser parcial, se o fundamento de anulação só se verificar relativamente a uma parte decisão que seja dissociável do conjunto[33].

II. RECURSO DA DECISÃO ARBITRAL

Perante a lei portuguesa, a decisão proferida em arbitragem interna é *recorrível*. Mas faculta-se às partes a renúncia aos recursos (art. 29.º/1 LAV) e estabelece-se que a autorização dada aos árbitros para julgarem segundo a equidade envolve a renúncia aos recursos (art. 29.º/2)[34].

Na falta de indicação expressa em sentido contrário, deve entender-se que a renúncia não abrange os recursos extraordinários. Na verdade, as razões que levam à previsão de recursos extraordinários das decisões judiciais procedem também em relação às decisões arbitrais[35]. Na mesma ordem de ideias, considero que a irrecorribilidade da decisão proferida

---

Jean-François POUDRET e Claude REYMOND – *Le droit de l'arbitrage interne et international en Suisse*, Lausana, 1989, 440; quanto ao Direito inglês, cf. art. 69.º/7/c da Lei de arbitragem de 1996. Ver ainda, relativamente ao Direito italiano, Antonio BRIGUGLIO – "L'arbitrage international en Italie", in Peter GOTTWALD (org.) – *Internationale Schiedsgerichtsbarkeit*, 507-551, Bielefeld, 1997, 549.

[33] Cf. STJ 21/10/2003 [in www.dgsi.pt/jstj.nsf]. Neste sentido dispõe expressamente o art. 830.º/1 CPC it. Ver também PAULA COSTA E SILVA (n. 7) 962 e MOURA VICENTE (n. 6) 265.

[34] STJ 15/1/1987 [*BMJ* 363: 442] entendeu que a irrecorribilidade decorrente da autorização para julgamento segundo a equidade abrange a decisão do tribunal arbitral sobre a eficácia da convenção de arbitragem. A este entendimento opõe Miguel TEIXEIRA DE SOUSA – *A Recorribilidade das Decisões Arbitrais* (Sep. O Direito 120), s.l., 1988, 573 e 578, que a decisão proferida pelo tribunal arbitral sobre a eficácia da convenção de arbitragem não se funda na equidade, razão por que deve ser recorrível. Ver ainda REv 10/1/1983 [*BMJ* 325: 620]. Quando se entenda, porém, que só a decisão final é recorrível, parece que se não couber recurso da decisão final a invalidade ou ineficácia da convenção de arbitragem só pode ser arguida em acção de anulação ou oposição à execução da decisão arbitral.

[35] Ver LALIVE/POUDRET/REYMOND (n. 32) 443 e seg. e Yves DERAINS – "La révision des sentences dans l'arbitrage international", *in Law of International Business and Dispute Settlement in the 21st Century. FS Karl-Heinz Böckstiegel*, 165-176, Colónia et al., 2001, assinalando que os sistemas nacionais se encontram divididos neste ponto. Ver também art. 831.º CPC it. Cp. FOUCHARD/GAILLARD/GOLDMAN (n. 20) 930 e segs.

em arbitragem internacional, estabelecida no art. 34.º LAV, se refere apenas aos recursos ordinários[36].

Se as partes não tiverem renunciado aos recursos, da decisão arbitral cabem para o tribunal da relação os mesmos recursos que caberiam da sentença proferida pelo tribunal de comarca (art. 29.º/1 LAV). Deve considerar-se competente o tribunal da relação do lugar da arbitragem. Da decisão proferida pela relação cabe recurso para o STJ nos termos gerais[37].

Se da decisão arbitral couber recurso e ele for interposto, a anulabilidade só poderá ser apreciada no âmbito desse recurso (art. 27.º/3 LAV).

As partes podem convencionar a recorribilidade da decisão arbitral para outra instância arbitral. Esta convenção implica uma renúncia ao recurso para o tribunal judicial[38].

No caso de recurso para uma instância arbitral, é admissível a propositura de uma acção autónoma de anulação no tribunal judicial[39]. Isto decorre do carácter irrenunciável do direito de requerer a anulação da decisão arbitral perante um tribunal judicial (art. 28.º/1 LAV), que se relaciona com a função de controlo da arbitragem aqui exercida pelos órgãos estaduais.

Perante o Direito português, a decisão do tribunal não é recorrível em matéria de arbitragem internacional, salvo se as partes tiverem acordado a possibilidade de recurso e regulado os seus termos (art. 34.º LAV).

Creio que a mesma solução é hoje recomendável, *de lege ferenda*, com respeito à arbitragem interna. A possibilidade de anulação com base em contrariedade à ordem pública, entendida nos termos atrás indicados (I.B), já assegura um controlo suficiente da justiça da decisão. Daí que numa próxima reforma da LAV se deva estabelecer, como regime supletivo aplicável a todas as arbitragens reguladas pela portuguesa, a irrecorribilidade da decisão.

---

[36] Outra era a solução em Itália, por força do art. 838.º CPC, antes da reforma de 2006. Esta solução era criticada pela doutrina: ver A.BRIGUGLIO, E. FAZZALARI e R. MARENGO – *La nuova disciplina dell'arbitrato. Commentario*, Milão, 1994, 259 e seg. e BRIGUGLIO (n. 32) 550. A partir da reforma de 2006, todas as decisões arbitrais sujeitas à lei italiana são, em princípio, susceptíveis de acção de anulação e de recursos extraordinários (art. 827.º)

[37] Cf. STJ 17/6/1998 [*BMJ* 478: 278] e PAULA COSTA E SILVA (n. 7) 989 e (n. 4) 188.

[38] Ver também PAULA COSTA E SILVA (n. 4) 189 e seg.

III. DECISÕES IMPUGNÁVEIS

À face da lei portuguesa, deve entender-se que só a decisão final é impugnável[40].

Entende-se aqui por "decisão final" a decisão que se pronuncia definitivamente sobre o objecto do litígio ou que extingue a instância sem conhecer de mérito. Não se trata necessariamente da decisão que põe termo ao processo, visto que pode tratar-se de uma sentença parcial, i.e., uma decisão que decide definitivamente sobre uma parte do objecto do litígio. Para evitar equívocos parece-me preferível falar de "decisão definitiva"[41].

Com efeito, creio que o capítulo V da LAV, que regula a impugnação da decisão arbitral, se refere apenas à decisão definitiva. A LAV, quando se refere a "decisão arbitral", tem geralmente em vista as decisões definitivas[42] e, em certos casos, só as decisões definitivas que põem termo ao processo[43]. É no sentido de decisão definitiva que as disposições do Cap. V – relativo à impugnação da decisão arbitral – se referem à "sentença" ou "decisão arbitral" visada no capítulo anterior. Estas disposições não fazem qualquer referência a decisões interlocutórias. Enfim, o art. 21.º/4 não só determina que a decisão pela qual o tribunal arbitral se declara competente não é impugnável imediatamente como também indica que os meios de impugnação referidos no Cap. V apenas podem ter por objecto decisões definitivas.

O mesmo entendimento é seguido em Itália, no Brasil e por alguns autores alemães[44]. Também nos EUA a Lei federal de arbitragem é geral-

---

[39] Cp. PAULA COSTA E SILVA (n. 4) 203.

[40] No mesmo sentido, LOPES DOS REIS – "Questões de arbitragem ad-hoc II", *ROA* 59 (1999) 217-320, 270 e seg. Cp. STJ 9/11/1995 [*CJ/STJ* (1995-III) 107].

[41] Este conceito de "decisão definitiva" não abrange, em princípio, as decisões finais proferidas num incidente. Todavia, considero que requer melhor reflexão a questão de saber se não deverá admitir-se a impugnabilidade de certas decisões finais proferidas num incidente, designadamente no caso de medidas cautelares.

[42] Cf. arts. 2.º/4, 16.º/d, 23.º, 24.º, 26.º, 30.º, 31.º.

[43] Cf. art. 4.º/1/c, 19.º e 25.º

[44] Cf. art. 827.º/3 CPC it. e o entendimento seguido, perante o Direito brasileiro, por Beat Walter RECHSTEINER – *Arbitragem Privada Internacional no Brasil*, 2.ª ed., São Paulo, 114, e, aparentemente, Jacob DOLINGER e Carmen TIBURCIO – *Direito Internacional Privado. Arbitragem Comercial Internacional*, Rio de Janeiro e São Paulo, 2003, 361 e

mente interpretada no sentido de excluir a impugnação de decisões interlocutórias[45].

Já noutros sistemas se admite a impugnação imediata não só de sentenças parciais, mas também de decisões interlocutórias, designadamente de decisões que têm por objecto um meio de defesa destinado a extinguir a instância (tais como a decisão que tenha por objecto a competência do tribunal arbitral ou a excepção de caso julgado) – mesmo que o meio de defesa tenha sido considerado improcedente[46] –, ou de decisões interlocutórias ditas "jurisdicionais"[47].

IV. CONSIDERAÇÕES FINAIS

Decorre do anteriormente exposto que, na falta de convenção em contrário, as decisões arbitrais só devem ser impugnáveis por via da acção de anulação. Os fundamentos de anulação devem ser limitados e devem ser entendidos restritivamente. Mas seria errado pensar que a arbitragem é favorecida pela exclusão de fundamentos de impugnação que se destinam a tutelar o respeito da vontade das partes ou os valores fundamentais da ordem jurídica. Um excessivo liberalismo pode desprestigiar a arbitragem e, com isso, comprometer a sua difusão e a eficácia da convenção de arbitragem e da decisão arbitral na ordem jurídica estatal.

---

seg. e 376 e seg., e, perante o Direito alemão, por Hilmar RAESCHKE-KESSLER, e Klaus Peter BERGER – *Recht und Praxis des Schiedsverfahrens*, 3.ª ed., Colónia, 1999, 223.

[45] Ver BORN (n. 10) 461 e seg. e 465 e segs. e art. 10.º/a/4 da referida lei.

[46] Como defendem, perante o Direito suíço, POUDRET/BESSON (n. 17) 678 e segs. e 752 e segs.]. Ver também, quanto à arbitragem interna, art. 36.º do *Concordat sur l'arbitrage* e LALIVE/POUDRET/REYMOND (n. 32) 201 e, quanto à arbitragem internacional, art. 190.º da Lei federal de Direito Internacional Privado e, sobre ele, Andreas BUCHER – *Die neue internationale Schiedsgerichtsbarkeit in der Schweiz,* Basileia e Francoforte-sobre-o-Meno, 1989, 126 e LALIVE/POUDRET/REYMOND (n. 32) 422 e seg. POUDRET/BESSON (n. 17) 753 e seg. assinalam que o Tribunal federal tem seguido um entendimento diferente, segundo o qual não são em princípio impugnáveis as sentenças que não põem fim à arbitragem, em particular as sentenças parciais, salvo em caso de prejuízo irreparável.

[47] Como entende a jurisprudência francesa, com a aprovação de Jean ROBERT – *L'arbitrage – droit interne – droit international privé*, com a colaboração de Bertrand MOREAU, 6.ª ed., Paris, 1983, 170 e seg.; ver ainda, sobre esta jurisprudência, POUDRET/BESSON (n. 17) 679 e segs.

Em matéria da impugnação da decisão arbitral, pesa sobre os tribunais estaduais uma especial responsabilidade. Deles depende, em elevado grau, o sucesso da arbitragem como meio alternativo de resolução jurisdicional de litígios. Os fundamentos de anulação devem ser interpretados restritivamente, a especificidade e a autonomia da arbitragem devem ser respeitadas e os ensinamentos da doutrina (nacional, estrangeira e internacional) devem ser tidos em conta. Em suma, mais do que uma exclusão arbitrária de certos fundamentos de anulação é necessária uma jurisprudência amiga da arbitragem.

4º Painel
Arbitragem no direito público

Moderador: Dr. MIGUEL GALVÃO TELES

A tramitação do processo nos litígios sobre investimento estrangeiro em direito arbitral comparado
PROF. DOUTOR JOSÉ MANUEL SÉRVULO CORREIA

Arbitragem nas relações tributárias
PROF. DOUTOR DIOGO LEITE DE CAMPOS

A RESOLUÇÃO DOS LITÍGIOS SOBRE INVESTIMENTO ESTRANGEIRO EM DIREITO ARBITRAL COMPARADO

Sérvulo Correia

§ 1. INTERESSE NACIONAL E ESTABILIDADE DA SITUAÇÃO CONTRATUAL DO INVESTIDOR ESTRANGEIRO

1. Perante a efectivação e a execução dos investimentos estrangeiros, cabe às administrações públicas orientar-se pela directriz finalística que o n.º 1 do artigo 266.º da nossa Constituição globalmente aponta à actividade administrativa: visar a prossecução do interesse público no respeito pelos direitos de quem se sujeita à respectiva jurisdição. Nas relações jurídicas decorrentes do investimento estrangeiro, aquela dialéctica entre as exigências do bem comum e o esguardo das esferas jurídicas individuais assume, porém, colorações próprias. Se bem que, em princípio, não seja lícito discriminar uma entidade estrangeira a esse título – designadamente, num quadro comunitário, ou num quadro convencional como o da Organização Mundial do Comércio, ou ainda num quadro constitucional em que figurem preceitos do género do do artigo 15.º, n.º 1, da nossa Constituição – não podem, em contrapartida, ser-lhe exigidos sacrifícios vedados pelo Direito Internacional. Significa isto que, perante o investidor estrangeiro, o interesse público se transforma restritivamente em interesse nacional. Perante este, prevalecerá (embora não necessariamente em termos absolutos) a pretensão do investidor estrangeiro à estabilidade contratual, tutelada pelos *standards* mínimos do Direito Internacional do investimento[1].

---

[1] Cfr. Asante, in:*Achievments and Prospects*, p. 669 s.

2. Deve notar-se que as pretensões justiciáveis do investidor estrangeiro perante o Estado não dependem necessariamente da participação deste último num contrato de investimento. O Estado pode ficar sujeito ao dever de indemnizar o investidor tão só em consequência do exercício (ou não exercício) dos seus poderes legislativo, administrativo ou jurisdicional. Em tais casos, a sujeição da sua actuação *iure imperii* ao controlo de uma jurisdição arbitral internacional ou de outra nacionalidade depende de consentimento. A *Convenção para a Resolução de Diferendos Relativos a Investimentos entre Estados e Nacionais de Outros Estados (Convenção de Washington)*[2] não restringe, no seu artigo 25.º, a arbitralidade dos diferendos àquelas circunstâncias em que o Estado seja ele próprio parte no contrato que tenha o investimento por objecto[3]. Na realidade, mesmo quando as situações de investimento estrangeiro são relaionais, nem sempre o parceiro local tem de ser público. Mas há também os investimento estrangeiros meramente unilaterais (*wholly owned businesses*)[4]. Se, através de uma convenção internacional multilateral (como a de Washington), ou de um tratado bilateral de investimento (em inglês, BIT), o Estado aceitou submeter-se à resolução arbitral de diferendos sobre investimentos estrangeiros, ele poderá ser accionado por essa via em relação a situações não cobertas por um contrato de que seja parte, bastando que a causa de pedir consista num exercício de poderes públicos lesivo para o investidor estrangeiro.

No entanto, o exame da jurisprudência arbitral sobre investimento estrangeiro mostra que os litígios assim dirimidos emergem quase sempre de contratos de que o Estado é parte. Um primeiro tipo de situações é aquele em que o Estado em sentido amplo (Administração directa, ou indirecta, ou autónoma) é sujeito directo da relação económica conformada pelo contrato. É o caso, nomeadamente, de contratos de concessão, de exploração conjunta de recursos naturais e de outras formas de parcerias

---

[2] Assinada em 18.03.1965 e ratificada por Portugal em 02.07.1984.

[3] Como adiante se observará, a *Convenção de Washington* não define ela própria o que se deve entender por *investimento*. Mas o debate doutrinário e as flutuações na jurisprudência arbitral têm andado em torno dos tipos de interesse patrimonial abrangidos pela arbitrabilidade dos diferendos resultantes de intervenções estaduais lesivas, não se tendo, tanto quanto sabemos, levantado a questão de esses bens deverem ser objecto da *state contracts*. Veja-se, por exemplo, RUBINS/KINSELLA, *Dispute Resolution*, p. 294 s.

[4] Cfr. BISHOP/CRAWFORD/REISMAN, *Foreign Investment Disputes*, p. 223.

públicos-privadas. Mas o Estado pode também vincular-se contratualmente ao apoio a «grandes investimentos» através de incentivos financeiros, benefícios fiscais, co-financiamentos ou contrapartidas específicas[5]. Os litígios emergentes destes contratos serão também «diferendos directamente decorrentes de um investimento» na medida em que a operação incentivada mereça ela própria a qualificação como investimento.

3. O recurso à arbitragem para solucionar os diferendos entre o Estado e o investidor estrangeiro tem vantagens para ambas as partes, de maior alcance no que toca ao investidor.

Para qualquer das partes, a mais valia da solução arbitral passa sobretudo pela possibilidade de escolha de julgadores especificamente preparados e pela celeridade. A este propósito, surge por vezes também mencionada a confidencialidade. Mas, ainda que a parte pública nesta possa estar interessada num caso concreto, o certo é que, visto à luz do peso actual do princípio da transparência da administração, será quase sempre duvidoso o benefício do sigilo para o interesse público, sobretudo no que toca ao conhecimento das decisões arbitrais[6].

Para o investidor estrangeiro, a susceptibilidade do recurso à arbitragem internacional significa uma mais eficiente contenção dos riscos políticos, incluindo as expropriações confiscatórias, a actividade regulatória de efeitos quase expropriatórios, a desvalorização da moeda ou as restrições cambiais. Supondo que o sistema de jurisdição nacional não proporcione todas as garantias de imparcialidade, o investidor externo encontra

---

[5] Este segundo tipo de actuação contratual do Estado é regulado entre nós pelo *Decreto-Lei n.º 203/2003, de 10 de Setembro*. Para adequar o quadro normativo português às mais recentes orientações da União Europeia e da OCDE, que apontam no sentido da não-discriminação do investimento em razão da nacionalidade, este diploma instituiu um regime contratual único, pondo termo ao tratamento diferenciado do investimento estrangeiro em face do investimento nacional.

[6] Como justificadamente observa VAN HARTEN, se as cláusulas de confidencialidade incluídas em vários regimes de arbitragem internacional (inclusive nas regras do CIRDI/ /ICSID) são aceitáveis no campo de arbitragem comercial, ou seja, na dirimição de causas que apenas respeitam a interesses de litigantes privados, o seu enxerto na arbitragem dos contratos públicos de investimento permite uma aplicação secreta do Direito Público, isto é, que se subtraia à opinião pública o modo como se regula o interesse público para o efeito de proteger os direitos dos investidores estrangeiros. Cfr. *Investment Treaty Arbitration*, p. 160.

assim um instrumento de equalização das posições das partes, sobretudo nos litígios de elevada repercussão financeira. E as decisões proferidas em arbitragem internacional podem frequentemente ser executadas com mais facilidade num terceiro país, tanto em países desenvolvidos como em via de desenvolvimento, graças ao amplo espectro das potências que ratificaram a *Convenção sobre o Reconhecimento e a Execução de Sentenças Arbitrais Estrangeiras*, celebrada em Nova Iorque, em 1958 (ratificada por Portugal em 1994)[7].

Para os Estados enquanto tais, a principal vantagem da aceitação da arbitrabilidade internacional dos litígios sobre investimentos estrangeiros reside na instrumentalidade desta posição de abertura à obtenção dos investimentos. Mas os Estados – sobretudo os que dispõem de menor força de pressão na cena internacional – vêem-se a esse propósito apertados numa tenaz pouco favorável à sua autonomia de decisão: a não--sujeição aos mecanismos da arbitragem provocará o retraimento dos investidores; mas também parece dificilmente contestável que, nos meios da arbitragem internacional, e em particular entre muitos dos figurantes nos painéis institucionais de árbitros recomendados ou designáveis, se terá desenvolvido um estado de espírito pouco sensível ao carácter público das relações jurídicas entre o Estado e o investidor co-contratante. Desse modo, ou o Estado se vê reduzido ao estatuto de uma parte particular, ou (mais raramente) o investidor é elevado a um estatuto de quase soberania mas sem as responsabilidades regulatórias[8].

4. Seja como for, a arbitragem internacional dos litígios emergentes dos contratos de investimento estrangeiro é hoje um fenómeno generalizado. E, como em muitos outros aspectos da globalização do Direito, nota-se quanto a ela, a tendência para uma aproximação dos princípios e regras processuais (*harmonized approach*), ora vazados em convenções multilaterais ou em tratados bilaterais de investimento (BIT), ora nos múltiplos estatutos da arbitragem institucionalizada, como ainda nos modelos oferecidos para a tramitação da arbitragem *ad hoc* e nas próprias decisões arbitrais proferidas em casos paradigmáticos. É no seu conheci-

---

[7] Cfr. BOUCHEZ, in *Prospects*, p. 111 e 112; BISHOP/CRAWFORD/REISMAN, *Foreign Investment Disputes*, p. 128, 129 e 245; RUBINS/KINSELLA, *Dispute Resolution*, p. 5 a 12 e 20.

[8] Cfr. VAN HARTEN, *Investment Treaty Arbitration*, p. 130 e 131.

mento e na sua utilização mais prevenida e sagaz que reside a resposta realista aos problemas colocados pela necessidade de enfrentar este tipo de litigância.

§ 2. A ARBITRABILIDADE DOS LITÍGIOS SOBRE INVESTIMENTO ESTRANGEIRO: A) ÂMBITO OBJECTIVO

5. Muitos litígios emergentes de investimento estrangeiro são dirimidos através de soluções de arbitragem comercial internacional de âmbito indiferenciado. Existem, porém, âmbitos diferenciados. O mais importante é constituído pelo *Centro Internacional para a Resolução de Diferendos Relativos a Investimentos* (CIRDI/ICSID). O CIRDI detém e exerce competências no quadro da *Convenção de Washington*, de 1965, atrás referida, que Portugal ratificou em 1984. Outros âmbitos diferenciados são proporcionados pelas cláusulas sobre arbitragem de uma infinidade de tratados bilaterais de investimento, muitas das quais remetem, aliás, para a arbitragem nos termos da *Convenção de Washington* enquanto as partes do acordo bilateral sejam também partes naquela Convenção e a menos que acordem em solução diferente[9].

6. O n.º 1 do artigo 25.º da *Convenção de Washington* faz assentar sobre dois pólos o âmbito objectivo da arbitrabilidade de litígios no quadro institucional do CIRDI/ICSID. Em primeiro lugar, é necessário que se trate de um *diferendo directamente decorrente de um investimento*. E, em segundo lugar, é preciso que o investimento que dá lugar à controvérsia coloque em relação *um Estado Contratante (ou qualquer pessoa*

---

[9] Um exemplo – entre muitos outros possíveis – é-nos proporcionado pelo n.º 3 do artigo 15.º do *Acordo sobre Promoção e Protecção de Investimentos entre a República Portuguesa e a República de Cabo Verde*, aprovado pelo Decreto n.º 32/91, de 26 de Abril. Dispõe esse preceito que «No caso de ambas as Partes Contratantes virem a ser membros da Convenção para Regular Diferendos entre Estados e Nacionais de outros Estados Relativas a Investimentos, de 18 de Março de 1965, os litígios entre as partes a que se refere o presente artigo serão submetidos a processo arbitral nos termos da referida Convenção, a não ser que as Partes Contratantes acordem mutuamente em solução diferente». No n.º 2 do mesmo artigo, delineia-se um esquema sumário de arbitragem *ad hoc*.

colectiva de direito público ou um organismo dele dependente designado pelo mesmo ao Centro) e um nacional de outro Estado Contratante.[10]

Passaremos em rápida revista alguns aspectos do preenchimento destes requisitos.

7. Como foi reafirmado na conhecida decisão arbitral no caso *Joy Mining v. Egypt* [11], as partes num litígio não podem, através de contrato ou de tratado, definir como *investimento*, para o efeito da jurisdição do CIRDI/ICSID, algo que não satisfaça os requisitos objectivos do artigo 25.º da *Convenção de Washington*. Neste caso, o tribunal arbitral considerou que inexistiam no contrato *Joy Mining* vários elementos exigíveis para a qualificação como *investimento*. O prazo de execução das prestações era curto; não se previa qualquer retorno continuado; o risco envolvido na transacção era de natureza meramente comercial[12].

Em face da ausência de uma definição do termo *investimento* na letra da *Convenção de Washington*, tem cabido aos árbitros, respaldados pela doutrina, a tarefa de o densificar. Pode ser diferente e mais amplo o conceito de *investimento* subjacente ao emprego da figura em outros tratados, convenções de arbitragem ou legislações nacionais. Mas, para o efeito da arbitrabilidade no quadro do CIRDI/ICSID, há que definir um limite objectivo correspondente ao espírito finalístico da *Convenção de Washington*. Essa fronteira conceptual é traçável com recurso a um certo número de factores, o primeiro dos quais é o carácter duradouro da execução do contrato. Assim, por exemplo, no caso *Salini v. Jordan*[13], os árbitros citaram doutrina exigindo uma duracção mínima, que ia de dois a cinco anos. Embora com divergências, um segundo factor invocado é o de uma substancial afectação de recursos. Não se tentou até hoje a quantificação de um limiar mínimo, mas, jogando com um velho aforismo, poderá dizer-se que tem adeptos a tese de que «*de minibus non curat ICSID*». Um terceiro factor, considerado estruturante de um

---

[10] Para este efeito, *Estado Contratante* significa, como é óbvio, um Estado parte na *Convenção de Washington*.

[11] *Joy Mining Machinery Ltd. V. Arab Republic of Egypt*, ICSID Case No. ARB/03/11, Decision on Jurisdiction of August 6, 2004.

[12] Cfr. RUBINS/KINSELLA, *Dispute Resolution*, p. 301.

[13] *Salini Construttori S.p.A. and Italstrade S.p.A. v. the Hashemite Kingdom of Jordan*, ICSID Case No. ARB/02/13, Decision on Jurisdiction of Nov. 29, 2004.

verdadeiro investimento, reside na expectativa da regularidade de um rendimento ou retorno. Uma quarta ideia fulcral é a da assunção de um risco, ao menos pelo investidor e frequentemente também pelo Estado. Mas, naqueles contratos por força dos quais o risco incide primária ou inteiramente sobre o Estado (em particular a aquisição de bens com pré--pagamento) estar-se-á, em princípio, fora do âmbito das situações arbitráveis no quadro do CIRDI/ICSID. Um quinto elemento frequentemente aludido é o da contribuição expectável para o desenvolvimento do país receptor. Assim, no caso *Gruslin v. Malaysia* [14], foi decidido não integrar na categoria de *investimento*, para o efeito da arbitrabilidade em causa, a inversão de dinheiros na bolsa e na constituição de carteiras de títulos (*portfolio and stock market investment*). Procura-se assim afastar do conceito de investimento arbitrável as operações cujo móbil é a pura especulação financeira[15].

Áreas problemáticas, relativamente às quais não há ainda posições suficientemente consolidadas, são, por exemplo, as da propriedade intelectual, dívida pública, investimentos indirectos, despesas de pré-investimento e contratos de garantia para responsabilidade eventual. Em casos duvidosos, a estratégia preferível parece ser a de deixar de lado o CIRDI//ICSID e optar por vias alternativas como, por exemplo, a arbitragem *ad hoc* segundo as regras da UNCITRAL[16].

8. Para que o litígio caia no âmbito da arbitrabilidade no quadro do CIRDI/ICSID, tem de verificar-se ainda um segundo requisito: nos termos do artigo 25.º, n.º 1, da *Convenção de Washington*, o diferendo deverá travar-se entre um Estado Contratante (ou qualquer pessoa colectiva de direito público ou organismo dele dependente indicado pelo mesmo ao Centro) e um nacional de outro Estado Contratante.

---

[14] *Gruslin v. Malaysia*, ICSID Case No. ARB/94/1, Award of Nov., 27, 2000.

[15] Cfr. RUBINS/KINSELLA, *Dispute Resolution*, p. 301 e 307.

[16] Cumpre notar que, com frequência, tratados bilaterais de investimento incluem em elencos exemplificativos figuras que provavelmente não caberiam no conceito de investimento para efeito da arbitragem CIRDI/ICSID. Assim, por exemplo, o *Acordo para a Promoção e a Protecção Recíproca de Investimentos entre o Governo da República Portuguesa e o Governo da República Federativa do Brasil*, aprovado para ratificação pelo Decreto n.º 24/94, de 10 de Agosto, inclui no termo *investimentos* os «Direitos no âmbito da propriedade intelectual, incluindo a propriedade industrial e os direitos de autor» (artigo I, n.º 1, III, alínea e)).

Cria-se assim um problema naqueles casos – frequentes – em que, embora o capital investido tenha origem externa, os investidores o parqueiam em sociedades constituídas no quadro da Ordem Jurídica do Estado recipiente. Na segunda parte da alínea b) do n.º 2 do artigo 25.º em causa, atalha-se a dificuldade estendendo o âmbito de arbitrabilidade às hipóteses em que, não obstante a pessoa colectiva envolvida ter a nacionalidade do Estado Contratante parte no diferendo, as partes hajam concordado em tratá-la como nacional de outro Estado Contratante para os efeitos da Convenção em virtude do controlo sobre ela exercido por interesses estrangeiros. Esta é uma estipulação cuja conveniência não deverá ser esquecida na altura da elaboração dos contratos pelo investidor estrangeiro que, por este ou aquele motivo, precisar de transferir o capital do investimento para sociedades da nacionalidade do local do investimento.

Em algumas arbitragens CIRDI/ICSID, tem-se decidido no sentido de que basta para o efeito que, no contrato entre a sociedade veículo da nacionalidade do Estado recipiente e este Estado, se contenha uma cláusula de arbitragem ICSID[17].

§ 3. A ARBITRABILIDADE DOS LITÍGIOS SOBRE INVESTIMENTO ESTRANGEIRO: B) JURISDIÇÃO

9. Para que um litígio sobre investimento estrangeiro possa ser dirimido por arbitragem institucionalizada, torna-se também necessário que caiba no âmbito de incidência da jurisdição. Ora, dado o carácter voluntário da arbitragem, um tal cabimento pressupõe o *consentimento*. Daí, a importância da existência e do teor de uma cláusula compromissória no contrato de investimento. Voltando à arbitragem CIRDI/ICSID, dada a sua representatividade, cumpre recordar que não basta, para que esta possa ter lugar, a ratificação da *Convenção de Washington* pelo Estado recipiente e pelo Estado da nacionalidade do investidor. É necessário o consentimento de ambas as partes no diferendo.

O consentimento de um Estado recipiente pode ser formulado em abstracto. Como se referiu, não basta para o efeito a simples ratificação

---

[17] *Liberian Eastern Timber Corporation (LETCO) v. Government of the Republic of Liberia*, ICSID Case No. ARB/83/2, Award of March 31, 1986. Cfr. RUBINS/KINSELLA, *Dispute Resolution*, p. 270 e 271.

da *Convenção de Washington*. Um Estado pode – isso sim – notificar o Centro, designadamente no momento da ratificação, de que exclui desde logo certas categorias de diferendos do âmbito da jurisdição. Em contrapartida, o consentimento poderá ser expresso em abstracto mediante a inclusão de uma cláusula CIRDI/ICSID em outros tratados de protecção ao investimento ou, até, em legislação nacional. Em tais casos, ao investidor bastará, como modo de formulação do seu consentimento, a apresentação do requerimento de arbitragem (*Request for Arbitration*). Mas o consentimento poderá ser também dado bilateralmente através da inclusão de uma cláusula compromissória no contrato de investimento[18].

Nos termos do artigo 25., n.º 1, da Convenção de Washington, depois de ambas as partes terem dado o seu consentimento por escrito à jurisdição do CIRDI/ICSID, nenhuma delas poderá retirá-lo unilateralmente.

§ 4. QUADROS INSTITUCIONAIS DE ARBITRAGEM E REGIMES PROCESSUAIS

(i) *Centro Internacional para a Resolução de Diferendos Relativos a Investimentos (CIRDI / ICSID)*

10. A instituição especificamente focada na organização e enquadramento da arbitragem de diferendos emergentes de investimento estrangeiro é o *Centro Internacional para a Resolução de Diferendos Relativos a Investimentos (CIRDI)*, em inglês *International Centre for Settlement of Investment Disputes (ICSID)*.

As vantagens do recurso ao CIRDI decorrem não apenas da sua especialização, mas do facto de se tratar de um departamento do Banco

---

[18] Serve de exemplo de inclusão de uma cláusula ICSID num BIT o artigo 9.º, n.º 2, do *Acordo entre a República Portuguesa e a República de Moçambique para a Promoção e Protecção Recíproca de Investimentos*, aprovado pelo Decreto n.º 13/96, de 28 de Maio, em cujos termos «Se os diferendos não puderem ser resolvidos... no prazo de seis meses contados da data em que uma das partes litigantes o tiver suscitado, qualquer das partes poderá submeter o diferendo ao Centro Internacional para a Resolução de Diferendos Relativos a Investimentos para a conciliação ou arbitragem nos termos da Convenção para a Resolução de Diferendos entre Estados e Nacionais de outros Estados, celebrada em Washington, D.C., em 18 de Março de 1965».

Mundial. Esta implantação orgânica diminui por motivos óbvios o risco de incumprimento das decisões. E, na medida da sua instituição por uma convenção multilateral, a violação das suas regras e das suas decisões constitui violação do Direito Internacional[19].

No CIRDI, o foro é exclusivo: a anulação de uma decisão arbitral só pode ser proferida por uma segunda instância denominada «*ad hoc committee*». Pela aceitação da jurisdição CIRDI/ICSID, as partes renunciam, pois, a qualquer possibilidade de recurso ou de pedido de anulação perante outra instância nacional ou internacional.

Os três membros do *Comité ad hoc* são nomeados para cada caso pelo Presidente do CIRDI (que é, por inerência, o Presidente do Banco Mundial) de entre o painel de árbitros do Centro. Nenhum deles poderá ser da nacionalidade do Estado recipiente ou do Estado de origem do investidor.

As causas de anulação de um veredicto arbitral vêm elencadas taxativamente no n.º 1 do artigo 52.º da *Convenção de Washington*:
 (a) irregularidade na constituição do tribunal;
 (b) excesso de poder manifesto;
 (c) corrupção de um membro do tribunal;
 (d) inobservância grave de uma regra fundamental de processo;
 (e) ausência ou insuficiência de fundamentação.

Na sua parte final, o n.º 3 deste artigo 52.º declara que o Comité «terá poderes para anular a decisão arbitral ou uma parte da mesmo com qualquer dos fundamentos enunciados no n.º1». Em algumas decisões de Comités, a passagem «*shall have the authority to annul*» foi interpretada no sentido de concessão de uma margem de discricionariedade na avaliação, à luz do caso concreto, do peso determinante das causas de anulação listadas no n.º 1 do artigo 52.º [20].

---

[19] Cfr. BISHOP/CRAWFORD/REISMAN, *Foreign Investment Disputes*, p. 11.

[20] «*An ad hoc Committee retains a measure of discretion in ruling an application for annulment... It may ... refuse to exercise its authority to annul an award where annulment is cleary not required to remedy procedural injustice and annulment would unjustifiably erode the binding force and finality of ICSID awards*». Maritime International Nominees Establishment (MINE) v. Republic of Guinea, ICSID Case No. ARB/ /84/4, Committee Decision of Dec. 22, 1989. Citação recolhida em RUBINS/KINSELLA, *Dispute Resolution*, p. 362.

Apesar de se ter fixado a jurisprudência segundo a qual, perante a ocorrência formal de uma das causas de anulação, o Comité *ad hoc* pondera, à luz das circunstâncias do caso e das consequências do erro processual para os direitos das partes, se a anulação é uma medida apropriada[21], a verdade é que foi (proporcionalmente) elevado o número de anulações nos primeiros anos do funcionamento do sistema. Isso ter-se-á ficado a dever à ausência de um acervo jurisprudencial sobre os preceitos da *Convenção de Washington* e a inexperiência na aplicação das «*ICSID rules*»[22]. O grau elevado do risco de anulação das decisões arbitrais não correspondia aos propósitos assumidos durante os trabalhos preparatórios da *Convenção de Washington*, que eram os de fazer da anulação «*an unusual remedy for unusual situations*»[23]. Nos anos mais recentes, os Comités *ad hoc* têm assumido uma posição mais exigente quanto à verificação dos pressupostos de anulação. Para que a ofensa de uma regra fundamental do processo seja grave (*serious*), é necessário que ela possa ter conduzido o tribunal a um resultado substancialmente distinto daquele a que se teria chegado em caso de observância. Quanto à fundamentação, basta que ela permita às partes compreender o raciocínio do tribunal, sem necessidade de explicação autónoma de cada uma das razões. E o remédio para a ausência ou insuficiência de fundamentação não tem de passar pela anulação, visto que, se o Comité *ad hoc* concorda com a solução à luz dos dados do processo, pode ele próprio fundamentá-la *a posteriori*.

Em suma, o processo arbitral CIRDI/ICSID é um processo inteiramente autónomo. As regras processuais são as da instituição, aplicadas à luz da jurisprudência formada no seu seio. A jurisdição é definitiva e só no respectivo âmbito pode ser ainda contestada a validade da decisão e apenas por razões de *due process*. Não existe qualquer possibilidade de intervenção das instâncias nacionais, nem de aplicação da respectiva lei processual a não ser para efeito de execução das decisões arbitrais. Com efeito, nos termos do artigo 54.º da *Convenção de Washington*, cada Estado que nela seja parte obriga-se a reconhecer a obrigatoriedade de uma decisão proferida no respectivo quadro e a dar-lhe execução no seu território como se se tratasse de uma decisão final de um dos seus tribunais.

---

[21] Cfr. BISHOP/CRAWFORD/REISMAN, *Foreign Investment Disputes*, p. 1552.
[22] *ICSID Rules of Procedure for Arbitration* (1985), complementadas pelas *ICSID Rules of Procedure for the Institution of Conciliation and Arbitration Proceedings* (2003).
[23] Cfr. RUBINS/KINSELLA, *Dispute Resolution*, p. 364.

(ii) *Outras Arbitragens Institucionalizadas Não Apenas Focadas Sobre Diferendos Quanto a Investimentos Estrangeiros*

11. Quando se não submetem à jurisdição arbitral no quadro do CIRDI/ICSID, os Estados parecem preferir a arbitragem *ad hoc* (sobretudo de acordo com as regras da UNCITRAL) como modo de dirimir os diferendos sobre investimento estrangeiro, portanto sem utilizar os centros de arbitragem privados. O mesmo se não diga, porém, das empresas públicas, que são frequentemente partes em arbitragens desenvolvidas em instituições de arbitragem internacionais ou nacionais. Entre as primeiras, avulta a *Câmara de Comércio Internacional (International Chamber of Commerce – ICC)* e o *London Court of International Arbitration*. Entre as segundas, são particularmente referenciados os centros de arbitragem de Câmaras de Comércio como as de Estocolmo e Zurique[24].

12. Interessa, porém, fazer ainda uma referência a outra instituição baseada em convenções internacionais que também proporciona a realização de arbitragem sobre diferendos resultantes de investimentos internacionais: o *Tribunal Permanente de Arbitragem*, com sede na Haia (TPA). Este Tribunal foi instituído pela Convenção da Haia de 1899 sobre a Resolução Pacífica de Conflitos Internacionais e as suas competências decorrem desta e de uma outra, com o mesmo título, de 1907. O Tribunal dispõe de regras processuais muito semelhantes às da UNCITRAL e dá enquadramento institucional não apenas a arbitragens, como também a procedimentos de conciliação e de inquérito (*fact finding*). A jurisdição do Tribunal pode abranger não apenas conflitos inter-estaduais, mas também diferendos entre Estados e organizações internacionais e entre Estados e entidades privadas. Também, aliás, pode a arbitragem comercial internacional ser conduzida sob os seus auspícios.

O *Tribunal Permanente de Arbitragem* dispõe de um painel de árbitros formado por indicação dos Estados partes nas Convenções da Haia. Cada Estado pode nomear até quatro «juristas distintos» para o efeito. As partes numa arbitragem conduzida pelo TPA podem também escolher árbitros que não figurem no painel. O número de processos tramitados no

---

[24] Cfr. BOUCHEZ, in: *Prospects*, p. 124 a 126.

quadro do TPA tem vindo a aumentar nos últimos anos, provavelmente porque o seu secretariado, encabeçado por um Secretário-Geral, é formado por uma equipa jurídica e administrativa experiente, apta para prestar serviços de elevado nível de enquadramento e apoio logístico à tramitação das arbitragens[25].

13. O mais conhecido de todos os centros privados de arbitragem comercial internacional é o *Tribunal Arbitral da Câmara de Comércio Internacional (ICC International Court of Arbitration / Cour Internationsal d'Arbitrage de la CCI)*. Cada litígio é dirimido por árbitros designados para o efeito no quadro do Regulamento de Arbitragem da CCI de 1998. O Tribunal da CCI exerce um papel de supervisão, que compreende: a) a confirmação dos árbitros nomeados pelas partes; b) a decisão das impugnações da nomeação de árbitros sob alegação de conflito de interesses; c) a designação de árbitros em substituição das partes que a ela indevidamente não procedam; d) a aprovação dos *termos de referência*, sobre o objecto do litígio, os particularismos processuais, o direito substantivo aplicável e a língua da arbitragem; e) o exame prévio dos projectos de decisões arbitrais para efeito do controlo da observância das regras processuais – incluindo a das regras processuais injuntivas da ordem jurídica nacional do lugar da arbitragem – e de chamamento de atenção dos árbitros para deficiências na fundamentação ou ainda para a tomada de decisões fora do âmbito de poder de cognição; f) fixação dos honorários dos árbitros[26].

Os membros do Tribunal Internacional de Arbitragem da CCI – um Presidente, vice-presidente e outros vogais – são nomeados para um mandato de três anos pelo Conselho da CCI[27]. A intervenção correctiva

---

[25] O autor do presente estudo tem a honra de integrar o painel de árbitros do TPA. Os Estados-Membros do TPA são, na actualidade, em número de 106. O Tribunal emite um boletim de informação electrónico no sítio Internet/Website: www.pca-cpa.org/http: / /www.pca-cpa.org e edita um relatório anual.

[26] Cfr. BISHOP/CRAWFORD/REISMAN, *Foreign Investment Disputes*, p. 428 e 429; SCHÄFER/VERBIST/IMHOOS, *Chambre de Commerce Internationale*, p. 68, 157 a 160, 191 e 192.

[27] A Câmara de Comércio Internacional, com sede em Paris foi criada em 1919, por industriais e comerciantes, com a natureza de associação privada de direito francês. Hoje em dia, é constituída por comités nacionais e exclusivamente gerida por entidades privadas. O Tribunal Internacional de Arbitragem é um órgão independente da CCI, instituído

do Tribunal no processo de nomeação dos árbitros, a monitorização da tramitação do processo e o exame prévio dos projectos de decisão (em termos mais preventivos do cometimento de nulidades do que realmente substitutivos) representa uma mais valia assinalável no que toca à eficácia e a à qualidade da jurisdição arbitral.

Este perfil tão peculiar explica o sucesso da instituição, bem demonstrado pela circunstância de ela agrupar hoje em dia cerca de 80 comités nacionais localizados em todos os continentes[28].

Neste, como noutros centros institucionalizados de arbitragem de natureza privada, o regime processual de cada arbitragem resulta de uma combinação assaz flutuante de normas injuntivas do direito processual arbitral do local da arbitragem (*arbitral situs*), das regras processuais da instituição (que poderão, ou não, ser afastadas e substituídas por acordo das partes) e das decisões proferidas sobre os termos do processo pelos próprios árbitros na medida em que para tanto lhes assista competência (*arbitrators procedural orders*).

(iii) *Arbitragens não institucionalizadas e regras da UNCITRAL*

14. É frequente que os diferendos decorrentes de contratos de investimento sejam arbitrados fora de qualquer contexto institucionalizado[29]. Mas a constituição puramente *ad hoc* de um tribunal arbitral não significa necessariamente a improvisação – por acordo das partes ou decisão dos árbitros – das regras da arbitragem. É, com efeito, frequente a escolha de entre um dos modelos preparados pelas mais diversas instituições[30].

---

em 1923. Cada comité nacional propõe um membro para o tribunal, em geral juristas com currículo na arbitragem comercial internacional. Os membros são independentes em face dos comités nacionais que os propõem. Cfr. SCHÄFER/VERBIST/IMHOOS, *Chambre de Commerce Internationale*, p. 17 e 18.

[28] Cfr. BISHOP/CRAWFORD/REISMAN, *Foreign Investment Disputes*, p. 428 e 429. Comentam estes Autores que, «*this unique quality control mechanism makes ICC arbitration the world's most reliable arbitration system*». Idem. P. 429.

[29] Vejam-se os sumários de várias decisões conhecidas proferidas nestes termos em BISHOP/CRAWFORD/REISMAN, *Foreign Investment Disputes*, p. 435 s.

[30] O carácter *ad hoc* da arbitragem também não é incompatível com o pedido, pelas partes, a um centro institucionalizado, de exercício de algumas das funções de supervisão (ou até meramente logísticas) do género das proporcionadas pelo Tribunal da CCI. O

As mais frequentemente usadas para este efeito são as regras da UNCITRAL, designadamente nos litígios entre Estados e empresas[31].

Por permitir a escolha pelas partes (ou pelos árbitros para o efeito mandatados) de regras mais adequadas à natureza do litígio, a arbitragem *ad hoc* proporciona maior flexibilidade, revelando-se particularmente indicada perante causas de acentuada complexidade (designadamente no que toca à extensão da matéria de facto) ou de perfil invulgar. Em contrapartida, a colocação da arbitragem fora dos auspícios de um centro institucionalizado poderá forçar alguma das partes a ter de recorrer aos tribunais domésticos para lograr o arranque do processo arbitral, a constituição do tribunal arbitral, o pagamento de preparos ou a exibição de meios de prova detidos pela outra parte (*discovery*)[32].

15. As *Regras de Arbitragem da UNCITRAL* foram aprovadas em 1976 pela *Comissão das Nações Unidas para o Direito do Comércio Internacional* (*United Nations Commission on International Trade Law*). A circunstância de os Estados Unidos e o Irão terem acordado, em 1981, que o então instituído *Iran-United States Claims Tribunal* se se regeria em larga medida pela Regras da UNCITRAL faz com que disponhamos hoje de uma extensa e consistente jurisprudência sobre a aplicabilidade e a interpretação das regras, sujeitas a uma ampla utilização em situações muito adversativas. E, ao mesmo tempo, ganhou-se a certeza da respectiva adequação à arbitragem comercial internacional[33].

As Regras da UNCITRAL são apenas aplicáveis à arbitragem sobre litígios emergentes de relações contratuais[34].

§ 5. ESTRATÉGIA PROCESSUAL

16. Numa curta exposição, não poderíamos pretender abarcar os múltiplos ângulos da estratégia das partes nas arbitragens sobre litígios emergentes de investimento estrangeiro. Trata-se, pois, de uma escolha

---

Tribunal Permanente de Arbitragem, na Haia, recebe por vezes solicitações desse género. Cfr. BISHOP/CRAWFORD/REISMAN, *Foreign Investment Disputes*, p. 442.

[31] Cfr. RUBINS/KINSELLA, *Dispute Resolution*, p. 311.
[32] Cfr. RUBINS/KINSELLA, *Dispute Resolution*, p. 312.
[33] Cfr. BAKER/DAVIS, *UNCITRAL Arbitration Rules*, p. 1 a 3.

de alguns tópicos interessantes de entre outros possíveis. E, não perdendo de vista os litígios sobre investimento estrangeiro, nem por isso deixámos de recorrer a fontes respeitantes à arbitragem comercial internacional em geral quando aquilo que ali se considera é absolutamente aplicável. Note-se, aliás, que muito de quanto se segue não perde interesse em face das arbitragens de mero direito interno.

17. *(i) Escolha dos árbitros*
Na escolha dos árbitros, as partes têm de combinar o cuidado na observância das regras processuais eventualmente aplicáveis com outro tipo de considerações que, como observam RUBINS/KINSELLA, transformam o processo de escolha «mais numa arte do que numa ciência»[35].

No plano estritamente jurídico, haverá que tomar em conta os possíveis requisitos de qualificação para o desempenho do cargo e que confirmar a ausência de factores de impedimento ou suspeição.

Nas arbitragens da CCI, os árbitros nomeados pelas partes têm de ser confirmados pelo Tribunal, que vela, designadamente, pela observância do artigo 9.º, n.º 1, do *Regulamento*, que requer disponibilidade e aptidão profissional para conduzir a arbitragem. Para o efeito, o Secretariado solicita à pessoa designada o preenchimento de um *curriculum vitae* padronizado, que deve conter informação sobre as habilitações académicas, a actividade actual e a experiência profissional e os conhecimentos linguísticos para o efeito de conduzir a instrução e de redigir uma sentença sem necessidade de auxílio de um intérprete ou tradutor.

O Tribunal poderá, assim, não confirmar (ou, consoante os casos, não proceder à nomeação de) um árbitro que manifestamente não disponha de tempo, de conhecimentos linguísticos ou outros conhecimentos particularmente relevantes, ou cujo estado de saúde se revele particularmente precário[36].

De um modo geral, os diversos sistemas normativos exigem também a independência dos árbitros, incluindo a daqueles que sejam nomeados pelas partes. Assim, o artigo 39.º da *Convenção de Washington* exige que a maioria dos árbitros não tenha nem a nacionalidade do Estado parte no litígio nem a do Estado da nacionalidade do outro litigante. E, nos termos

---

[34] Cfr. DORE, *The UNCITRAL Framework*, p. 3.
[35] Cfr. *Dispute Resolution*, p. 340 e 341.
[36] Cfr. SCHÄFER/VERBIST/IMHOOS, *Chambre de Commerce Internationale*, p. 66 a 68.

conjugados dos artigos 40.º, n.º 2, e 14.º, n.º 1, também os árbitros que não incorporem o painel do CIRDI/ICSID deverão ser pessoas de elevado carácter e em relação às quais se possa confiar quanto ao exercício de um juízo independente. Os artigos 57.º e 58.º estabelecem os termos do incidente de desqualificação de um árbitro com fundamento em factos que indiciem a manifesta ausência daqueles requisitos.

Também nos termos do artigo 10.º, n.º 1, das Regras de Arbitragem da UNCITRAL, qualquer árbitro pode ser impugnado (*challenged*) se ocorrerem circunstâncias que justifiquem dúvidas sobre a sua imparcialidade ou independência. Mas, nos termos do n.º 2 desse artigo, a parte que nomeou um árbitro só poderá impugná-lo por motivos de que só haja tomado conhecimento após a nomeação.

Por seu turno, de acordo com o artigo 9.º, n.º 5, do Regulamento de Arbitragem da CCI, o árbitro único ou o presidente do tribunal arbitral deverá ter em princípio nacionalidade diferente da das partes. Dos árbitros – mesmo daqueles que hajam sido designados pelas partes – exige-se independência e neutralidade totais. Nos termos do artigo 7.º do Regulamento, todos os árbitros devem ser e permanecer independentes das partes. Antes da sua confirmação ou nomeação, cada árbitro deve entregar uma «declaração de independência» e dar conhecimento por escrito ao Secretariado dos factos e circunstâncias cuja natureza pudesse pôr em causa a sua independência no espírito das partes. O mesmo se exige, ao longo do processo arbitral, relativamente a factos supervenientes[37].

---

[37] Cfr. SCHÄFER/VERBIST/IMHOOS, *Chambre de Commerce Internationale*, p. 57.

A qualificação de factos enquanto possível causa de perda de independência pode, no caso das arbitragens levadas a cabo fora de um contexto puramente internacional como o do CIRDI/ICSID, dar lugar ao exercício de jurisdição pelos tribunais nacionais. Na decisão do *Court of Appeal (Civil Division)* sobre o caso *AT&T Corporation, 2, Lucent Technologies Inc. V. Saudi Cable Company* [2000], o tribunal britânico apreciou um pedido de anulação de decisões arbitrais proferidas no quadro da CCI e o reconhecimento do impedimento (*removal*) do presidente do tribunal arbitral. O Ministério saudita das telecomunicações organizara um procedimento concursal relativo a um projecto de expansão das telecomunicações (TEP 6). Duas de entre as sete empresas convidadas eram a *AT&T* e a *Nostel*, ambas grandes competidoras no mercado norte-americano das telecomunicações. No decurso do procedimento, as sete concorrentes assinaram contratos-promessa de negociação com a *Saudi Cable Company (SCC)*, nos termos do programa do concurso. De acordo com estas, quem beneficiasse da adjudicação deveria adquirir cabos à *SCC*. Os termos da aquisição deveriam ser negociados de boa-fé após a adjudicação.

18. Naquilo que se pode considerar a «arte» de escolha de um bom árbitro, muitos são os tópicos dignos de atenção.

Naturalmente que interessará, em primeiro lugar, alguém que não deixe dúvidas quanto às suas integridade, inteligência e boa preparação profissional quanto ao objecto do litígio. Uma particular predisposição para conjugar a capacidade de atenção aos pormenores com a capacidade de síntese constituirá um atributo importante. No tocante ao perfil psicológico, interessará alguém com uma personalidade articulada e aberta, capaz de desenvolver um bom relacionamento pessoal com os restantes árbitros e, em particular, com o árbitro presidente.

Na arbitragem de litígios envolvendo um Estado, a parte contrária tenderá a escolher um árbitro e pretender um árbitro-presidente de grande

---

A *AT&T* venceu o concurso mas não veio a chegar a acordo com a *SCC*. Requereu por isso uma arbitragem perante a CCI para obter uma decisão declaratória de que havia cumprido a obrigação assumida pelo *«pre-bid agreement» (PBA)*. O jurista designado árbitro-presidente não declarou a sua qualidade de administrador não-executivo da *Nortel* e foi proferida decisão arbitral favorável à *SCC*. Quando, mais tarde, foi confrontado com o facto – desconhecido pela *AT&T* à data da arbitragem – declarou que, enquanto administrador não-executivo, não tivera conhecimento da participação da *Nortel* no concurso e ofereceu-se para renunciar ao cargo naquela companhia. A *AT&T* argumentava (aparentemente com alguma razão...) que a *Nortel*, enquanto concorrente preterida, teria interesse na revogação da adjudicação que lhe abriria as portas para participar em novo concurso.

A *Court of Appeal* (Lord Woolf M.R.) interrogou-se sobre a questão do «*test*» mais apropriado para decidir sobre se haveria motivo de impedimento (*disqualification*): o «*test*» da «*real likelihood*», que se satisfaz com a capacidade objectiva das circunstâncias para afectar a confiança da opinião pública na imparcialidade do julgador, ou o «*test*» subjectivo da «*reasonable suspicion*» – preferido na Escócia, Austrália e África do Sul e aparentemente mais em consonância com a jurisprudência do Tribunal Europeu dos Direitos do Homem – mais direccionado para a probabilidade de conduta parcial. A *Court of Appeal* inclinou-se para o primeiro, que considerou igualmente aplicável a juízes, jurados e árbitros. Mas considerou que, à luz das circunstâncias do caso, não existia, em termos objectivos, «*real danger*» de predisposição contrária à *AT&T*. Não por se considerar relevante o facto – dado como provado – de o árbitro sempre ter estado no convencimento de que agia de forma correcta, mas porque o seu comportamento não fora de molde a justificar a tese de que o interesse indirecto e reduzido do árbitro na *Nortel* pudesse afectar o seu comportamento como julgador. Cfr. Jarvin/Magnusson, *International Arbitration Court Decisions*, p. 121 a 197.

Nos Estados Unidos, tem-se vindo a firmar na jurisprudência o *standard* da «*evident partiality*», segundo o qual «*a prospective arbitratior exhibits evident partiality if they do not disclose facts which might, to an objective observer, create a reasonable impression of the arbitrator's partiality*». Idem, p. 152.

renome e experiência, por se pressumir que pessoas deste tipo terão mais facilmente a resolução necessária para proferir condenações que possam ter amplas consequências económicas e políticas. Em contrapartida, o Estado deverá procurar (sobretudo se tiver de escolher um árbitro estrangeiro) alguém que conheça razoavelmente as condições prevalecentes no país, incluindo as razões de interesse público que terão ditado a conduta controvertida.

A escolha de um árbitro com «inclinação» para adoptar a posição sustentada na lide pela parte reveste-se de particular delicadeza. Na arbitragem internacional, exige-se de todos os árbitros uma capacidade de exercer um juízo independente na decisão do caso. Como escrevem BISHOP/CRAWFORD/REISMAN, não parece objectável que se escolha um árbitro da mesma nacionalidade (quando isso seja possível), do mesmo tipo de sistema jurídico, com a mesma cultura, provindo da mesma área de actividade, que tenha escrito ou ensinado sobre os institutos jurídicos relevantes ou, até, sobre o tipo de diferendos em que se enquadra o litígio em causa. Isso, desde que as posições assumidas hajam sido genéricas e não relativas ao próprio caso. Mas haverá um problema latente com respeito a um árbitro que se mostre «demasiado inclinado». Se os restantes árbitros se convencerem de que um de entre eles vem para o caso já disposto a votar num certo sentido, em vez de de espírito aberto para as razões de decidir que serão expostas e debatidas ao longo do processo, não se apresentará com a mesma credibilidade e capacidade de persuasão no decurso das deliberações. Ainda que difícil, parece por isso preferível para a parte que nomeie a indigitação de alguém que alie a um espírito aberto uma inclinação apenas genérica ou de princípio. Esta «inclinação» será apurada verificando que o hipotético árbitro não perfilha uma predisposição favorável às teses da parte contrária, nomeadamente manifestada em anteriores escritos académicos ou em anteriores decisões[38].

O que antecede não significa que o árbitro designado por uma parte se não deva considerar deontologicamente obrigado a conhecer aprofundadamente a posição da parte que o indicou e de a explicar sempre que necessário ao árbitro-presidente que é, em última análise, o autor material da decisão arbitral[39].

---

[38] Cfr. BISHOP/CRAWFORD/REISMAN, *Foreign Investment Disputes*, p. 1394.
[39] Cfr. RUBINS/KINSELLA, *Disputes Resolution*, p. 340 a 343.

19. *(ii) Postura dos advogados*
Quanto aos advogados que compareçam perante árbitros nos diferendos sobre investimento estrangeiro, sublinham os autores que os fundamental é a credibilidade e que os grandes ingredientes desta são a honestidade e a preparação profissional.

Se o advogado tiver credibilidade perante o painel de árbitros, estes ouvirão a sua argumentação com abertura de espírito, em vez de cepticismo *prima facie*. A credibilidade do advogado sairá reforçada se cumprir os compromissos informais de ordem processual estabelecidos com os árbitros, se reconhecer os factos que lhe são desfavoráveis mas não mereçam grande dúvida, se não apresentar uma visão truncada *ad hoc* do enquadramento jurídico e se responder com transparência às questões postas pelos árbitros. E, se o advogado demonstrar um perfeito conhecimento dos factos e do direito aplicável, tornará mais provável a procedência das conclusões que sustenta. Nas instâncias às testemunhas, deverá manter a civilidade, só eventualmente atenuada quando insistirem em inverdades evidentes. Os seus objectivos nessa inquirição deverão ser os de trazer à superfície factos favoráveis ocultados ou negligenciados pela parte contrária, evidenciar as inconsistências no depoimento da testemunha e obter a confirmação de factos ou da autenticidade de documentos quando necessário. O advogado não deverá em geral depositar demasiadas expectativas na inquirição das testemunhas alheias e contar sobretudo com as suas e dispor tanto quanto possível de um plano de contingência e de uma estratégia de saída para momentos inesperadamente difíceis. Não deverá formular questões relativamente às quais não tenha qualquer expectativa fundada de uma resposta útil. As perguntas não devem ser vagas, mas dirigidas ao ponto relevante e não se deverá deixar as testemunhas dissertar sobre aspectos que não interessem à decisão. As perguntas devem versar sobre factos e não sobre juízos conclusivos. A testemunha deve ser ouvida com atenção a fim de que possam ser oportunamente dissecados os aspectos inesperados mas relevantes que aflorem no depoimento. Se possível, a inquirição deverá iniciar-se e findar sobre pontos relativamente aos quais haja fundadas expectativas de obter respostas confirmativas de pontos fortes na posição da parte patrocinada.

Em suma, a posição do advogado deverá distinguir-se pela organização, clareza e auto-contenção. Uma emotividade descontrolada desvalorizará a pertinência das suas proposições. Mas o lado humano dos árbitros não deverá ser negligenciado e, sem forçar a nota, o advogado tentará tão cedo quanto possível criar uma pré-compreensão sobre aquilo que há de justo (*wright*) na posição da sua parte e de injusto (*wrong*) nas pretensões da parte contrária[40].

20. *(iii) Um plano estratégico*
Falam os Autores na conveniência em «*strategizing the Case*». Como, com incontestável autoridade, nomeadamente baseada na prática, opinam BISHOP/CRAWFORD/REISMAN, o aspecto mais importante do papel do advogado consiste em desenvolver um plano estratégico sólido, orientado para a vitória no caso. Para além das decisões tácticas necessárias para responder aos estratagemas a que a parte adversa vá lançando mão ao longo do processo, «*an overaching blueprint that sketches a path to victory is critical*»[41].

Por outras palavras, na mente dos advogados deverá estar presente uma cadeia de raciocínio jurídico susceptível de conduzir à decisão pretendida. No estabelecimento do plano estratégico, será de toda a conveniência antecipar os argumentos da parte contrária e preparar uma contra-argumentação e, a partir daí, uma forte concentração nos argumentos próprios[42]. Por outras palavras, sem que se descure a defensiva, é na prioridade concedida à ofensiva que mais provavelmente se encontrará o caminho da vitória.

21. *(iv) Escolha do local de arbitragem*
Se exceptuarmos o caso das arbitragens CIRDI/ICSID, a escolha do local de arbitragem (*arbitral situs*) é uma decisão de alto relevo estratégico.

Para o efeito, importa, em primeiro lugar, analisar as normas jurídicas processuais injuntivas de cada ordem jurídica nacional considerada e concluir sobre o impacte positivo ou negativo que poderiam exercer sobre o enquadramento processual desejável para a arbitragem concreta. Entre essas normas, avultam pela sua importância aquelas que possam delimitar o âmbito material da arbitrabilidade, em particular no tocante aos contratos públicos. Outro tópico de grande relevo é o da admissibilidade de providências cautelares que, obtidas através dos tribunais estaduais, possam neutralizar o *periculum in mora* subjacente ao tempo de decurso da arbitragem. Importa também considerar o regime nacional de

---

[40] Cfr. BISHOP/CRAWFORD/REISMAN, *Foreign Investment Disputes*, p. 1497 a 1501.
[41] *Foreign Investment Disputes*, p. 1393.

execução das decisões arbitrais, embora a sua importância haja declinado à medida que alastrou o número de Estados que ratificaram a *Convenção de Nova Iorque sobre o Reconhecimento e Execução das Decisões Arbitrais Estrangeiras,* ratificada por Portugal em 1994. Por fim, interessa aquilatar a fiabilidade do sistema de recursos e pedidos de anulação perante os tribunais judiciais, incluindo a familiaridade destes com tais tipos de processos[43].

22. *(v.) Requerimento de arbitragem (Request for Arbitration)*

A peça pela qual o autor desencadeia o processo arbitral tem diferentes denominações e regimes nos distintos sistemas, variando, designadamente, o modo como se articula com a constituição do tribunal arbitral. De um modo geral, trata-se, porém, de um momento capital para a delimitação do âmbito objectivo e subjectivo da arbitragem.

Em termos de estratégia processual, a importância deste documento decorre do facto de ser aquele que primeiramente vai ser lido pelos árbitros. Se apresentar a pretensão de uma forma persuasiva e clara, o autor pode estabelecer uma impressão favorável duradoura no espírito dos árbitros. Por outro lado, a solidez dos fundamentos de facto e de direito conferirá maior força negocial numa qualquer tentativa de transacção.

Em compensação, o pleno desvendar prematuro da argumentação do autor redundará em tempo adicional para preparação da defesa do réu e reforça o risco de ter de mudar abertamente de posição mais tarde, se a resposta do réu ou a instrução do processo trouxerem factos novos que a isso obriguem. Parece, pois, avisado o conselho de que o requerimento de arbitragem contenha uma descrição sintética mas compreensível dos factos basilares e do quadro dos fundamentos de direito, mas que reserve a enunciação pormenorizada da argumentação jurídica para uma peça posterior que, normalmente, cabe apresentar já depois da constituição do tribunal[44].

---

[42] *Idem, ibidem.*

[43] Cfr. RUBINS/KINSELLA, *Dispute Resolution,* p. 325 a 327. Segundo estes Autores, inquéritos levados a cabo pela CCI mostram que os países cujas ordens jurídicas suscitam um maior sentimento de conforto a potenciais litigantes são aqueles que dispõem de uma lei moderna e completa sobre arbitragem comercial internacional e de um sistema judicial habituado a lidar com tais casos.

[44] Cfr. RUBINS/KINSELLA, *Dispute Resolution,* p. 332 a 334.

Essa peça processual, que se não confunde com o requerimento de arbitragem (*request for arbitration*) e pela qual o autor enuncia o pedido e a causa de pedir, cons-

23. (vi.) Posicionamento nas audiências preliminares

Na arbitragem comercial internacional, é quase sempre requerida a realização de uma ou mais audiências preliminares em ordem a proceder ao enquadramento do processo[45].

De entre os centros institucionalizados de arbitragem internacional, o Tribunal Permanente de Arbitragem terá sido provavelmente o primeiro a estabelecer uma lista de tópicos merecedores de consideração (*checklist*), destinada a guiar os trabalhos por modo a tentar evitar que fique esquecido algum ponto relevante para a programação do processo arbitral. Hoje, tanto o CIRDI/ICSID, como a UNCITRAL propõem uma «agenda modelo» ou «Notas sobre a organização do processo arbitral»[46]. O artigo 18.º do Regulamento de Arbitragem da CCI não impõe a realização de uma reunião para ajuste dos termos de referência. Na prática, ela terá lugar quando não seja possível obter o consenso das partes sobre um projecto de termos de referência preparado pelos árbitros[47].

---

tituída por todos os fundamentos de facto e de direito que considera relevantes, é normalmente designada, na arbitragem internacional, «*written submissions*». É esse virtualmente o primeiro momento processual das arbitragens internacionais a partir do momento em que o tribunal se encontra constituído. Quando, porém, as partes não tenham ainda estabelecido uma convenção de arbitragem na qual se defina com clareza o objecto do litígio, será normalmente essa a função da primeira troca de peças pelas quais as partes enunciam as suas pretensões (*written submissions*). Tanto as «*submissions*» para o simples efeito da definição do objecto da arbitragem como aquelas em que se enunciam o pedido e as causas de pedir são fundamentais para o autor, que se arrisca a que o réu venha a excepcionar com a falta de jurisdição do tribunal quanto a determinado «*claim*» ou grupo de «*claims*» insuficientemente explicitados no momento processual oportuno. Para o réu, é importante que a convenção de arbitragem ou os termos de referência prevejam a possibilidade de dedução de pedidos reconvencionais. Cfr. REDFERN/HUNTER, *International Commercial Arbitration*, p. 241 a 247.

[45] Cfr. REDFERN/HUNTER, *International Commercial Arbitration*, p. 235. Observam estes Autores, que, embora os juristas ingleses refiram usualmente esta reunião com a expressão «*preliminary hearing*», os termos «*preliminary meeting*» são provavelmente mais adequados para sublinhar o informalismo e, sobretudo, a ausência de carácter adversativo. Isto a menos que o tribunal tenha de decidir desde logo sobre controvérsias, por exemplo, sobre a sua jurisdição ou a admissibilidade de certos meios de prova. *Idem*, p. 236.

[46] Vejam-se os respectivos textos em BISHOP/CRAWFORD/REISMAN, *Foreign Investment Disputes*, p. 1402 s.

[47] Cfr. SCHÄFER/VERBIST/IMHOOS, *Chambre de Commerce Internationale*, p. 116.

Ao prepararem-se para uma audiência preliminar, os advogados deverão ponderar cuidadosamente a «*checklist*» ou guião equivalente por modo a disporem de opinião sobre as soluções processuais preferíveis e, se necessário, de argumentação para as defender. Se houver lugar à apreciação, neste momento, da configuração do objecto da arbitragem, poderá tratar-se de uma primeira oportunidade para procurar deixar claro na mente dos árbitros o essencial quanto ao pedido e à causa de pedir.

BIBLIOGRAFIA CITADA

ASANTE, Samuel, *International Law and Investments*, in: BEDJAOUI (ed.), *International Law: Achievments and Prospects*, Paris/Dordrecht, Nijhoff, 1991 (citado: in: *Achievments and Prospects*).

BAKER, Stewart, *The UNCITRAL Arbitration Rules in Practice – The Experience of the Iran – United States Claims Tribunal*, Denver/Boston, Kluwer, 1992 (citado: *UNCITRAL Arbitration Rules*).

BISHOP, R. Doak / CRAWFORD, James / Reisman, W. Michael, *Foreign Investment Disputes – Cases, Materials and Commentary*, Haia, Kluwer, 2005 (citado: *Foreign Investment Disputes*).

BOUCHEZ, *The Prospects for International Arbitration: Disputes Between States and Private Entreprises*, in: SOONS (ed.), *International Arbitration: Past and Prospects*, Dordrecht, Nijhoff, 1990 (citado: in: *Prospects*).

DORE, Isaak, *The UNCITRAL Framework for Arbitration in Contemporary Perspective*, London/Dordrecht/Boston, Graham & Trotman/Nijhoff, 1993 (citado: *The UNCITRAL Framework*).

JARVIN, Sigvard / MAGNUSSON, Annette, *International Arbitration Court Decisions*, Huntington, JurisNet, 2006 (citado: *International Arbitration Court Decisions*).

REDFERN, Alan / HUNTER, Martin, *International Commercial Arbitration*, London, Sweet & Maxwell, 1986 (citado: *International Commercial Arbitration*).

RUBINS, Noah / KINSELLA, N. Stephan, *International Investment, Political Risk and Dispute Resolution, A Practioner's Guide*, Oxford, University Press, 2005 (citado: *Dispute Resolution*).

SCHÄFER/VERBIST/IMHOOS, *L'arbitrage de la Chambre de Commerce (Internationale (CCI) en pratique*, Berne/Bruxelles, Staempfli/Bruylant, 2002 (citado: *Chambre de Commerce Internationale*).

VAN HARTEN, Gus, *Investment Treaty Arbitration and Public Law*, Oxford, University Press, 2007 (citado: *Investment Treaty Arbitration*).

A ARBITRAGEM VOLUNTÁRIA (JURISDIÇÃO DOS CIDADÃOS) NAS RELAÇÕES TRIBUTÁRIAS

Diogo Leite de Campos[*]

1. Introdução: do "problema" da jurisdição dos cidadãos ao "problema" da jurisdição do Estado

A jurisdição das partes (arbitragem voluntária) tem sido apresentada como um "problema": que lugar pode ocupar num sistema judicial monopolizado pelo Estado e pelos seus juízes, uma composição privada dos conflitos?

Seria um meio alternativo, marginal, reservado a certos ramos do Direito, mais caracterizadamente "privados", com direitos "disponíveis". Mas sempre enquadrado e disciplinado pelo Direito do Estado, nomeadamente pelo Direito processual; e controlado, em segunda ou última instância, pelos ("verdadeiros") tribunais, os do Estado.

Há sinais claros de que este discurso se tem vindo adoçar, ou mesmo a inverter, primeiro na realidade, depois nos princípios. Em termos de o "problema" ser cada vez menos o da jurisdição dos cidadãos; para começar a exigir-se antes a justificação, já não só do monopólio dos tribunais do Estado, mas da própria legitimidade destes, num Estado democrático-dos-direitos e dos-cidadãos.

---

[*] Professor Catedrático da Faculdade de Direito de Coimbra

2. Arbitragem tributária em Direito português

Hoje, já existe no Direito português arbitragem nas relações tributárias, desde a ratificação por Portugal da Convenção europeia de arbitragem em matéria de preços de transferência (Convenção de 23 de Julho de 1990).

3. A nova concepção da posição da pessoa perante o Estado

O desvio progressivo do problema é contemporâneo de uma nova concepção de Estado e de sociedade; e da posição da pessoa perante a sociedade e o Estado.

Primeiro (e não quero estabelecer hierarquias ou precedências temporais) pelo aprofundamento do Estado-dos-direitos, em que o Direito, geral e abstracto, prévio a cada caso, e a todos, tem vindo a perder terreno perante a afirmação de direitos individuais que, em conflito, "só" permitem composições concretas, em termos de "direito" de cada caso. Composição que parece derivar mais facilmente da acção de árbitros privados escolhidos "ad hoc" pelas partes.

Depois, pelo progressivo desequilíbrio (ainda muito no seu início) das relações de força entre o Estado e a Sociedade, a favor desta. Em que o Estado aparece como um simples instrumento da sociedade civil, colocada antes e acima dele. Passando-se a analisar criticamente o Estado, já não com um dado indiscutido e indiscutível; mas como uma organização a definir e gerir de acordo com interesses que lhe são estranhos. Em termos de ser ele a precisar de justificação, e não a sociedade civil; de serem os tribunais do Estado a precisarem de justificação na sua existência e funcionamento; e não as jurisdições escolhidas pelas partes.

Isto é contemporâneo de algum desgaste do Direito e dos juízes do Estado, que tem levado a que a função de julgar, vista como poder soberano, parece anacrónica. Transitando para um mero "serviço público" concorrendo, em regra de subsidiariedade, com a resolução dos conflitos pelas partes.

4. O desgaste da concepção tradicional do juiz do Estado

Temos vindo a ultrapassar a configuração "utópica" de um juiz do Estado, erudito, objectivo, racional e ilustrado, subsumindo todos os casos nas factualidades típicas previstas nas leis. Pelo contrário, a função de julgar (interpretar/aplicar) de dizer o Direito, envolve uma margem de subjectividade, dado o carácter necessariamente indeterminado de todos os conceitos. Indeterminação que se vem acentuando pelo rápido evoluir do comércio jurídico, dos aprofundamentos sobre a pessoa e o seu estatuto jurídico, das representações sociais, que determinam a caducidade dos velhos conteúdos de conceitos jurídicos que têm de ser preenchidos de novo ou afastados, com todas as incertezas que daqui decorrem.

Daí que os juízes do Estado apareçam cada vez mais como criadores do Direito, das normas que regem as condutas das pessoas. E não como meros aplicadores/interpretes de normas anteriores. Aliás, os tribunais superiores, que assumem cada vez mais declaradamente uma função de uniformização da jurisprudência, figuram-se como legislador; como fonte de normas, de precedentes vinculativos para os tribunais inferiores e para eles próprios. Facilmente determináveis nas bases informatizadas de jurisprudência. Como legisladores, repito. A exemplo dos tribunais anglo--saxónicos e das suas decisões vinculativas.

O juiz do Estado é hoje radicalmente diverso do juiz de ontem, tanto a nível das suas funções de dizer o Direito, como quanto ao seu papel social. É declaradamente um actor/autor político. Daqui a necessidade de o repensar, e à sua legitimidade, nos quadros de Estado-dos-direitos e dos-cidadãos. Sobretudo quando se quer ver no juiz do Estado um membro de um "poder" judicial, superior aos cidadãos e que se imporia a estes.

5. A "natural" auto-composição dos conflitos (jurisdição dos cidadãos)

O Estado-dos-direitos tem a arbitragem como via natural de resolução dos conflitos. Os conflitos de direitos não se julgam, compõem-se. Isto, tanto nos direitos privados, como nos "públicos", nos danos, nas relações entre privados e o Estado (que tende a privatizar-se).

A ideia de conflitos de direitos e não de violação de normas, transitou do Direito privado para o Direito público.

A origem do julgamento pelo Estado da conduta dos particulares segundo normas de comportamento, está numa vontade de uniformização dos comportamentos através de critérios prévios, axiológicos, constantes de normas gerais e abstractas aplicáveis racionalmente por técnicos representantes do Estado que seriam capazes de apreender aquela racionalidade e aplicá-la uniformemente.

Hoje (re) descobriu-se a singularidade de cada caso, insusceptível de ser subsumida em normas gerais e abstractas. À ("desejável") uniformidade substituiu-se a "natural" diversidade.

Sendo a arbitragem precisamente (também) a consideração individualizada de cada caso, a (auto) composição dos direitos/interesses em conflito (mesmo quando se decide segundo critérios de legalidade), esta via de resolução de conflitos afigura-se como a via "natural" no Estado-dos-direitos.

A autonomia privada (anterior e superior ao Estado) abrenge "naturalmente" a resolução dos conflitos. E esta processar-se-á já não através de um juiz estranho e superior aos interessados. Mas ("naturalmente"), através dos advogados destas a quem compete dizer o "direito" das partes, com independência destas e seguidamente alcançar uma composição dos seus interesses.

6. Cidadão, advogado e jurisdição. A "jurisdição" dos advogados

A noção do advogado como causa dos conflitos, por assumir sem limites e sem controlo os egoísmos e o "não direito" dos seus clientes, deva ser ultrapassada. Só interessa aos que querem submeter cidadãos e os seus advogados à soberania do Estado-juiz.

A própria concepção da norma jurídica como "problema", em diálogo constitutivo com o caso a resolver, inerente à norma geral e abstracta do Estado-do-Direito, abriu – talvez involuntariamente – o caminho neste sentido.

Os juízes do Estado tendem a assumir o papel de árbitros. E não me estou a referir a concepções de "Direito social" ou livre, em que o critério de composição dos conflitos se vai encontrar no diálogo entre a sociedade e o caso. Refiro-me à natural tendência de o juiz dizer, desvinculadamente, o direito do caso concreto, e erigi-lo em norma de juízos futuros. O que o acaba por transformar em legislador (autor de Direito escrito, geral e abstracto). Adapta-se à evolução social para sobreviver, atento a cada caso, como é típico do Estad-dos-diretos; mas acaba por se arrogar um papel que não pode ser o seu, no Estado-dos-cidadãos, nem no Estado-de-Direito assente na lei, ao transformar-se em "poder" de criação de normas.

Isto, contra a tendência de, no Estado-dos-direitos e dos-cidadãos, a pessoa aparecer como o "único" actor social, pronto a assumir-se como o "único" autor de si próprio e dos outros. Dotado de uma vontade ilimitada e não limitável – sobretudo pela norma geral e abstracta, prévia à sua vontade. Em que o seu "direito" é assumido por advogados naturalmente independentes, veículos privilegiados de resolução de conflitos. Em que o Estado-dos-juízes se vem substituindo a jurisdição-social-dos--advogados.

Os cidadãos tendem a assumir, eles próprios, a resolução dos seus conflitos, através de estruturas montadas e desmontadas para cada conflito. Por outras palavras: através do recurso a juízes escolhidos por eles. Resolvendo, neste sentido, o seu conflito, não através de terceiro, do Estado, mas por si mesmos, através dos seus mandatários.

O Estado-dos-juízes tende a transformar-se no estado-dos-advogados, como representantes independentes dos cidadãos e dos seus interesses. Em vez de os cidadãos se dirigirem a um juiz do Estado através de advogados que falam a "linguagem" deste (Estado e juiz), que as partes não falam. Ficam-se pelos advogados (transformados em juízes/conciliadores privados) que conhecem o caso como ninguém e falam a linguagem das partes. Acabando por ser estas a negociar a composição dos seus conflitos, como é natural na sociedade de hoje.

Portanto, a arbitragem tem vindo a ocupar cada vez mais espaço em todos os ramos do Direito, à medida que a intervenção dos cidadãos na vida pública é directa e assumida. Ao Estado-dos-cidadãos corresponde um novo valor da arbitragem como modo de resolução dos conflitos. Já não como um meio alternativo perante os tribunais do Estado, nas como "um" dos meios de resolução desses conflitos, podendo tornar-se "o" meio típico de resolução dos conflitos.

7. A vontade dos cidadãos e a criação do Direito

Os cidadãos, organizados socialmente e utilizando o Estado como um dos instrumentos de vida em comum, têm vindo a erigir as suas vontades, colectiva e individual, como criadoras do seu "direito" e da resolução dos seus conflitos. Em vez de delegarem no Estado, uma vez por todas, o monopólio de criação do Direito e da função jurisdicional. A substituição progressiva da norma jurídica, geral e abstracta, constitutiva do Direito, por direitos individuais, opostos mas conciliáveis, com sentido e conteúdo muito dependentes do caso corrente, tem levado a pôr em causa a função jurisdicional do Estado, através dos juízes togados.

Pensado, desde há séculos, para as "aplicações" de normas jurídicas, previamente editadas, gerais e abstractas, o juiz togado tem encontrado alguma dificuldade para transitar para a composição concreta de conflitos concretos, em que a norma legal, mesmo entendida em termos de "norma – problema", cede perante o direito (e os direitos) de cada caso.

Direito de cada caso que serve cada vez menos de parâmetro para a resolução de casos futuros.

Estou a emitir juízos de realidade e não de valor.

8. O ocaso do Estado e do "poder judicial"

Deve afastar-se a ideia de um Estado que não só garante a ordem do Direito mas também que o cria, livremente, podendo servir-se da força sempre que necessário para o aplicar. Temo-nos mantido fiéis a uma ideia de soberania (assente na autoridade desvinculada da justiça) que pode criar ou derrogar as leis vigentes, decidindo, em caso de conflito, e a seu belo prazer, qual é a ordem justa e quando está justificada a intervenção do poder, se necessário pela força. Um Estado que ele, e só ele, conhece o que é justo.

Foi, aliás, para combater a ideia de Estado que acabamos de descrever que se criou a ideia – força dos direitos da pessoa, invioláveis pelo Estado na medida em que reconhecem no ser humano um indivíduo, com realidade própria independente de toda a organização e, por consequência, também do Estado.

Ser humano que, sendo elemento irredutível a todos os outros, pessoa em si mesma, não pode ser apreendido racionalmente, mas só aceite tal como é.

Os direitos do indivíduo, nesta medida, não são organizáveis pelo Estado, estão antes dele e fora dele. Tendo de ser composto, em regra, pelos próprios titulares dos direitos.

9. O desmascarar do poder (dos poderosos). O problema da jurisdição do Estado.

A sociedade contemporânea tem sido caracterizada por um elevado grau de monopolização – dos meios financeiros, policiais, judiciais, etc. Tal monopólio é contemporâneo da criação de um aparelho de dominação diferenciado, conhecendo no seu interior uma acentuada divisão do trabalho. O verdadeiro poder é detido por este aparelho administrativo. Os detentores de funções centrais neste aparelho adquirem um grande poder social, impõem-se aos "governantes" que são cada vez mais escolhidos entre eles. O afastamento entre *governantes* e *governados* acentua-se. Descobre-se que os governantes não são "eleitos", mas pessoas como todas as outras. E que o Estado não é uma ideia, uma vontade, um Leviathan, um Deus, mas um conjunto de pessoas, com os seus interesses próprios, as suas oposições, o seu inelimininável carácter de estrangeiros em relação aos seus concidadãos.

Velhos mitos são postos em causa; desde logo, a "sacralização" dos governantes pelo seu carácter representativo. O povo exige uma participação directa nas decisões políticas – lembremos as sucessivas crises universitárias, as lutas pelo equilíbrio ecológico. E os governantes tentam adquirir uma nova legitimidade através da sua conformidade a sucessivos inquéritos à opinião pública, da audição sistemática das forças sociais, do recuo perante movimentos reivindicativos.

A administração da justiça por juízes togados foi atingida por esta crítica, passando-se da aceitação acrítica deste monopólio, como resultante da natureza das coisas, à critica da própria legitimidade do "poder" judicial.

10. O monopólio do poder pelo Estado

Em Portugal, até ao século XVI, a administração da justiça era levada a cabo por uma rede difusa de pessoas, de organizações sociais, de centros de interesses.

Surgindo só em último recurso a figura do juiz, normalmente pessoa de prestígio na região, que era chamada a dirimir os conflitos mais graves ou insolúveis de outro modo. Mas tratava-se, sempre, de um juiz "social", tirado da sociedade.

A sociedade civil ia resolvendo a maior parte dos seus problemas, restando não muitos para serem decididos pelo poder público, fosse rei ou os grandes senhores.

Foi com os alvores do renascimento que o rei se revestiu do "imperium", do poder absoluto, injustificado ou injustificável, do "princeps" romano.

A vontade do rei, supostamente assente numa legitimação divina, transformou-se no único elemento coordenador e disciplinador da sociedade. Vontade expressa através da lei. A lei foi retirando o lugar aos costumes locais, constituindo instrumento ordenador e uniformizador da sociedade, do reconhecimento de valores e de disciplina comuns.

A exemplo dos novos exércitos profissionais e permanentes organizados pelo poder absoluto, como instrumento da sua vontade e do exclusivo da violência legítima, também a sociedade começou a ser uniformizada e disciplinada.

Mas não bastava criar uma lei uniforme. Era necessário que esta lei fosse entendida e aplicada uniformemente. O que não parecia possível, dada a diversidade das religiões, dos hábitos, dos costumes, das próprias pessoas que a iam aplicar, não tendo necessariamente uma formação comum que lhes permitisse aplicar uniformemente essa lei.

A composição social, difusa, dos conflitos passou a ser substituída por uma composição autoritária, centralizada, desses mesmos conflitos.

Os juízes de cada terra foram substituídos por "juízes de fora", indivíduos nomeados pelo Rei, frequentemente dotados de uma formação jurídica adquirida na mesma Universidade, no caso a Universidade de Coimbra.

E começaram a ser criados tribunais centrais sob a égide do monarca, constituídos por juristas profissionais dotados de uma formação uniforme.

Esta tendência só veio a crescer ao longo dos séculos à medida da acentuação do poder real. E veio a afirmar-se decididamente a seguir ao iluminismo.

Ao ser humano cristão e medieval, livre, autónomo na sua relação com o seu Criador, estirado entre os pólos opostos do bem e do mal pelos quais podia escolher, o Iluminismo substituiu outro ser humano. Partícula da matéria do cosmos, regido por leis uniformes assentes na matemática, explicável nos seus comportamentos e nos seus fins de grupo, por leis da natureza semelhantes às que regulavam outro qualquer conjunto material ou animal.

E daqui também que se tivesse passado a entender, sem grandes dificuldades, a aplicação da lei como um mero automatismo, mera subsunção do caso no quadro legal, levado a cabo por técnicos, semelhantes ao técnicos das ciências da natureza. Chegamos à física social de Comte ao materialismo histórico de Marx e ao positivismo de Durkheim. Os grandes exegetas franceses do século não ensinavam o direito civil mas o Código de Napoleão. E os juízes limitavam-se a aplicar, indiscutidamente, normas cujo sentido parecia textualmente evidente.

A seguir aos reis absolutos do Iluminismo, o parlamento, enquanto representante do povo que nunca se engana, passou a dizer a lei de ciência certa, e os juízes passaram a aplicar um texto indiscutido e indiscutível.

Este movimento veio a permitir, em estados mais centralizados como a França, um poder imenso dos tribunais na criação do Direito, aparentemente segundo a lei, mas na realidade muitas vezes para além da lei ou contra a lei. E uma subordinação das outras fontes do Direito, como por exemplo a doutrina que limita muitas vezes a reproduzir e a sistematizar o Direito criado pela jurisprudência.

Monopólio inquestionado e "inquestionável" do Estado na criação da lei e na sua aplicação.

A sociedade civil, libertando-se progressivamente do poder do Estado, tem vindo a entender que, tendo legitimidade para criar as suas próprias relações intersubjectivas, para criar o seu próprio Direito para além do Direito legislado, também deve ter legitimidade para resolver os seus próprios conflitos. Quem celebra um contrato deve resolver os conflitos inerentes.

Esta pressão tem sido cada vez maior à medida que o afrouxar do tecido social, o aumento da conflitualidade, o crescimento da densidade técnica dos problemas e a incapacidade do sistema judicial para lhes responder têm vindo a pôr a nu as insuficiências deste (que não são insuficiências da generalidade dos juízes).

11. O "problema" do "poder" judicial

Põe-se crescentemente o "problema" da jurisdição do Estado: qual a legitimidade dos "magistrados", detentores de poder, não eleitos? Qual a legitimidade da cooptação dos novos juízes pelos juízes já em exercício? Qual a legitimidade de julgarem (terem poder sobre) os "outros políticos", estes eleitos? Assim, tem vindo a surgir e a aprofundar-se o "problema" da jurisdição do Estado. Em termos de justificação do monopólio; mas cada vez mais como questionamento da legitimidade do seu "poder" (da sua existência) que parece dificilmente compreensível nos quadros do Estado-de-direito-democrático-dos direitos e dos-cidadãos e da própria legitimidade republicana. Aparecendo cada vez mais de acordo com a "natureza das coisas", que os cidadãos resolvam eles mesmos os conflitos entre os seus direitos. E não estejam submetidos à soberania de juízes (juiz-tal-como-os-outros).

Tanto é assim, que o "poder" político que necessita, para continuar a ser poder, de assegurar o monopólio da jurisdição, tenta encontrar uma nova legitimidade formal para aquele. Sob a designação de árbitros, peritos independentes, etc., o poder político vem assegurar o controlo da jurisdição apropriando-se destes novos julgadores, impondo listas por si escolhidas directa ou indirectamente, influenciando as escolhas, atribuindo o controlo desta nova jurisdição aos juízes do Estado, etc. Tudo mudando (talvez para muito pior) para o "poder" continuar a sê-lo.

12. O (falso) "problema" da arbitragem nas relações tributárias

Resulta do que foi dito até aqui que o "problema", suscitado pela arbitragem nas relações tributárias é falso, criado ou por *rotinas* ou por *vontades de poder*.

A afirmação corrente de que a relação de imposto é indisponível, não sendo por isso susceptível de arbitragem é rotineira não resistindo à mais simples tentativa de desmontagem. Com efeito, a arbitragem não vem dispor de direitos indisponíveis – não mais do que a jurisdição do Estado o faz. Tal afirmação assenta no preconceito de que a jurisdição dos cidadãos/arbitragem, é uma jurisdição de segunda ordem perante a jurisdição do Estado através de juízes togados. Menos fiável no que se refere à rigorosa aplicação da lei, podendo pôr em causa as relações tributárias criadas e definidas pela lei.

Não é assim. Bastará lembrar que juízes escolhidos com base na sua preparação específica para o caso concreto, com formação, por ex., em finanças, economia, contabilidade, etc., poderão entender melhor e melhor resolver o litigio, do que juízes preparados uniformemente em escolas de magistrados, orientados para a subsunção (pretensamente da automática) factualidade concreta no quadro legal.

A cobrança de receitas dos impostos e a sua utilização constituem um dos últimos comportamentos do poder político sobre os cidadãos. O poder não se limita a criar as leis de impostos (legislativo) e a aplicá--las (poder executivo). Não quer abandonar o poder judiciário, o poder de resolver como quer os conflitos decorrentes da criação e aplicação dos impostos. Encontra-se aqui a última "razão" de ilegítima e absurda recusa da arbitragem nas relações tributárias.

Recusa que foi vencida pela convenção europeia sobre a arbitragem tributária em matéria de preços de transferência, já referida.

Devendo a arbitragem tributária entrar pela porta aberta constituída pela aceitação da arbitragem em Direito administrativo, mas só quanto aos direitos "disponíveis".

É só seguir este caminho.

ÍNDICE

ABERTURA ....

1º Painel
Quadro normativo e a convenção de arbitragem

Balanço dos vinte anos de vigência da Lei de Arbitragem Voluntária
(Lei n.º 31/86, de 29 de Agosto): sua importância no desenvolvimento
da arbitragem e necessidade de alterações
Dr. Armindo Ribeiro Mendes 13

Portugal e as Convenções Internacionais em matéria de arbitragem
Prof. Doutor Dário Moura Vicente 71

Convenção de arbitragem: conteúdo e efeitos
Prof. Doutor Carlos Ferreira de Almeida 81

2º Painel
Tribunais judiciais e arbitragem

Tribunal arbitral e providências cautelares
Prof. Doutor João Calvão da Silva 99

A intervenção do tribunal judicial na arbitragem: nomeação de árbitros
e produção de prova
Dr. João Raposo 109

3º Painel
A Decisão Arbitral: eficácia e impugnação

A execução em Portugal de decisões arbitrais nacionais e estrangeiras
Profª Doutora Paula Costa e Silva 131

Recurso e anulação de decisão arbitral: admissibilidade, fundamentos
e consequências
PROF. DOUTOR LUÍS DE LIMA PINHEIRO 181

4º Painel
Arbitragem no Direito Público

A resolução dos litígios sobre investimento estrangeiro em direito arbitral
comparado
PROF. DOUTOR JOSÉ MANUEL SÉRVULO CORREIA 199

A arbitragem voluntária (jurisdição dos cidadãos) nas relações tributárias
PROF. DOUTOR DIOGO LEITE DE CAMPOS 223